学校司書のための

のための

学校図書館サービス論

学校図書館問題研究会 編

樹村房

刊行に寄せて

塩見　昇（大阪教育大学名誉教授）

　学校に「欠くことのできない基礎的な設備」として学校図書館の設置が法定されて半世紀を超えますが，学校教育の遂行に図書館の存在やはたらきが欠かせないという認識がどれほど学校関係者の中に定着しているかと問えば，心もとないことは否めません。そこにはいろいろな問題が錯綜していますが，学校の図書室＝本のある特別教室（学校に数ある特別教室の一つ）という受け止めが今も学校関係者の中に根強いことがありましょう。

　それを克服するには，図書館が単なる場所や設備ではなく，はたらきとして存在することにより，どのように学校の教育や子どもたちの学校生活の体験が豊かで魅力的なものになることにつながっているかの事実が普及し，広く周知されることが大切です。

　学校が子どもたちの成長・発達にとって果たす役割は，人間として，市民として生涯を生きていくための基礎となる知識や技能，言いかえると基礎的共通教養を育むことです。それを各教科やその他の教育課程の中に組み込み，似通った年齢集団の中での相互関係をも生かして計画的，組織的に遂行します。そういう学校が備える総体としての教育力がよりよく発揮されるように，学校にはそれを支え，発展させるいろいろな環境の整備が必要です。学校図書館の整備もその一つであり，独自で積極的な意味を持った存在です。

　学校図書館の役割は法によって「教育課程の展開への寄与」と「教養の育成」に資することと規定しています。この内容を学校の教育力を高めることとの関連で掘り下げて考えてみましょう。子どもたちが学校で学ぶ内容は，公教育としての基礎的，標準的な共通内容が教育課程として編成され，教科書を主要教材として修得されるのが普通です。そのかぎりではどうしても授業は受け身的であり，個々の興味関心に根差した主体的なものになりがたいことは否めません。これは集団学習としてやむを得ないことです。そこで教育課程をあらかじめ規定された計画だけに限定するのではなく，子どもたち自身が自らの意思で設定し，追求する学びの過程をも含めて捉えるように受け止めることが重要です。

　子どもたちの自発的な学びは授業のなかで触発されて，ということもあるし，クラブ活動や友達との遊びをきっかけに，ということもあるでしょう。「なぜだろう」「もっと知りたい」という問いかけが新たな学びを拓き，それを探究していく主体的な営みが，授業等のクラスの学習に際して，意欲や積極性として結果することは充分予期できることです。彼（女）らが面白い本を次々と見出だし，読書の世界を広げていく蓄積と過程を見れば，そこに人として生きる力が主体的に育まれていることは確かでしょう。

　学校はあらかじめ設定され，カリキュラムに組まれた授業等において子どもたちに学び

を経験させるだけではなく，一日のかなりの時間を過ごす場に身を置き，友達と共通の時を持ったり，あるいは一人で何かに没頭したり，といった多様な行動の総合として生涯を生きる力を身につけていく場であり，文化を生み出す営みだといえましょう。そのための確かなある部分を担うものとして学校図書館があると捉えることが重要です。

　学校図書館は教員の授業の進行や教材研究にとっても大事な役割を負っていますが，ここでは児童生徒との関係に絞って考えることにします。「教育課程の展開に寄与する」という内容は，授業の中での調べ学習や先生からの的確な学習資料の紹介などが最もわかりやすいでしょうが，教科で習ったことをもっと深く知りたい，授業で触発された興味や疑問を解き明かしたいとひとりで図書館の書架に向かい，いろんな本で調べてみる，という主体的な探究にとって欠かせない環境です。そこには調べ方の技法，手段についての専門的な助言が得られることが重要です。何か面白い本がないかな，と訪れ，夢中になれる一冊と出会う楽しみも図書館の活用ならではの経験です。

　図書館を活用する際に得られるこうした経験を保障する営みが学校図書館サービスであり，それを担当する専門職員が学校司書です。学校図書館がこういうはたらきのために学校に不可欠なものとして法定され，半世紀以上もたつのに，そういう学校図書館像が教育社会に乏しいのは，その担い手の確保が長年にわたって放置され，図書館活動の実態が非常に乏しかったためです。それが2014年にようやく学校図書館法の改正で「学校司書」という職名で法に明記され，その職務が，学校図書館の運営改善，児童生徒や教員の利用の促進に資するため「専ら学校図書館の職務に従事する」ものであり，その「職務の内容が専門的知識及び技能を必要とする」ことからその配置，資格のあり方，養成について速やかに必要な措置を講じることを法の条文と付則に明記しました。

　これにしたがって文部科学省は協力者会議の検討を経て，学校司書養成のモデルカリキュラムを提示し，学校司書の養成を意図する大学にこのカリキュラムの開講を奨励しています。その中で，唯一ほかの関連資格〈教員，司書，司書教諭〉の取得に必要な科目との読み替えを認めない科目として設定したのが「学校図書館サービス論」という科目です。

　本書は，学校図書館サービスの担い手である学校司書の仕事に長年従事し，優れた実践を交流してきた学校図書館問題研究会のメンバーによる共同著作で，メンバーの多くはこれまでに司書教諭養成課程の指導経験も持っており，この科目の学習内容を提供できる最適の人たちによる労作です。学校司書養成課程の教材，学校図書館のはたらきについてさらに学びを深めようとする人たちの参考として，活用を強くお奨めする次第です。

はじめに

　この本は，私たち学校図書館問題研究会が「学校司書のモデルカリキュラム」の中の「学校図書館サービス論」のテキストとして編集しました。

　2014年，学校図書館法が一部改正され，「学校司書を置くように努めなければならない」という言葉が盛り込まれました。それに伴い，文部科学省は，2016年，各都道府県教育委員会に「学校図書館の整備充実について（通知）」を送り，その別添資料として，「（学校図書館の運営上の重要な事項についてその望ましい在り方を示す）学校図書館ガイドライン」を示しました。つまり，初めて国として，学校司書のいる学校図書館像を公にしたわけです。同時に，そこで働く学校司書養成のための「学校司書のモデルカリキュラム」を，全国の国公私立大学などに示しました。2017年度からすでにいくつかの大学でこれに従った授業が開講されています。

　「学校司書のモデルカリキュラム」には10科目（20単位）があげられていますが，この中で，唯一，司書や司書教諭などのほかの養成課程の科目で読み替えのきかないものが「学校図書館サービス論」です。つまり，学校図書館における利用者（児童生徒・教職員）へのサービスの方法や理論が，初めて形になって語られることになったのです。

　2016年度「学校図書館の現状に関する基本調査」（文科省）によれば，学校司書の配置は，小学校59%・中学校58%・高校67%ですが，その中で常勤職員は，小学校12%・中学校17%・高校55%となっています。非常勤の中には，雇用時に資格を問われない場合も多く，勤務も週に1日，または2校3校と兼務しているという実態もあります。学校図書館法が改正され，「学校司書」が明記され，少しずつ学校司書の配置は増えているように見えますが，残念ながら学校図書館の機能が理解された配置状況だとは言えません。

　しかし，今日のような，最先端の技術が5年先には陳腐化する変化の時代に，自分の判断基準を持ち，しっかり渡っていける生涯学習者を育てることは，学校教育の使命であり，当然，学校図書館の使命でもあります。学校司書による学校図書館サービスの理論と実践が求められているのです。

　この本は，モデルカリキュラムに沿いつつ，学ぶ人に「学校図書館とは何か」を考えてもらおうとしています。そのために，同じ事柄が何章にもわたって出てくることもあります。それは，どの仕事でもバラバラに存在するわけではなく，学校図書館を作り上げるために有機的につながっていることを示しています。また，ここに出てくる理論や事例は，それだけが唯一絶対というわけではありません。学ぶあなたが，一つひとつていねいに考えることを求めています。

学校図書館の姿はひとつではありません。児童生徒も教職員も地域の状況もすべて違いますから，100の学校には100の学校図書館の姿があるはずです。さまざまな資料で学び，仲間と共に考え，情報を求め，それでも目の前の子どもたちや教職員のために何をすべきかを迷ったら，どうぞ「学校図書館とは何か」に立ち戻って考えて下さい。そのサービスは何のためにするのでしょうか。ずっとそうするものだと思ってやってきたことは，本当にそうなのでしょうか。

「相互の実践研究を持ちよって，それらを検討し，発展させ，理論化して日常の図書館活動に活かすことで学校図書館の充実と発展に努める」と綱領に掲げて，仲間とともに学校図書館活動に取り組んできた私たち学校図書館問題研究会の「サービス論」です。学校司書を目指す学生，すでに学校図書館で働いている人，さらに学校図書館にかかわる多くの人の学びの役に立ちますように。

今後の学校図書館の発展を願って。

この本を出版するにあたって，多くの方々にご協力いただきました。多忙な中，時間をさいて執筆をしていただいた著者の皆様，学校図書館での実践が伝わる写真や資料を提供していただいた方々，専門的なアドバイスをいただいた方々，素敵なイラストを描いてくださった京子さん，そして，巻頭に推薦文を寄せてくださった塩見昇先生，ありがとうございました。この場を借りて御礼申し上げます。

最後になりますが，さまざまな相談にのっていただいた樹村房の大塚栄一社長，私たちの細かい注文に応えつつ発行までこぎつけてくださった編集担当の石村早紀様に深く感謝申し上げます。

2021年1月末日

学校図書館問題研究会「学校図書館サービス論」編集委員会

編集長　田村　修

編集委員　飯田寿美　江藤裕子　小熊真奈美

坂内夏子　篠原由美子　鈴木啓子　山口真也

学校図書館問題研究会 綱領

学校図書館は，平和な社会をになう若者を育てるために，資料提供をとおして，児童生徒が学ぶよろこびや読む楽しさを体験できるよう援助するとともに，すぐれた教育活動を創り出す教職員の実践を支えるという役割を持っている。

私たちは，その役割を充分に果たしうる図書館作りを目ざして民主的な研修の場を組織する。

会員は，相互の実践研究を持ちよって，それらを検討し，発展させ，理論化して日常の図書館活動に活かすことで学校図書館の充実と発展に努める。

本書の構成（授業担当の方へ）

　私たち学校図書館問題研究会は，1985 年の設立当初から，学校図書館の役割や機能について研究し，学校図書館活動を通して学校教育を支える学校司書のあるべき姿を考え続けてきました。その中で考え構築してきた理論，交流してきた実践をもとに，「学校図書館サービス論」のテキストとして本書を編集しました。そのため，以下のような特徴を持ちます。

- 従来は図書館サービス論の援用でしかなかった内容を，学校図書館を中心にサービス論としてまとめている。
- 実例を多く紹介したので，学校図書館のサービスを具体的に想像してもらえる内容になっている。
- 司書教諭科目「学習指導と学校図書館」と内容が重なるところはあるが，本書では図書館サービスの「支援」として述べたところに違いがある（以下の第 7〜9 章を参照）。

また，各章は次のような内容になっています。

- 第 1 章：館種共通の図書館サービスの意義を押さえた上で，学校図書館サービスの特徴を明らかにした。
- 第 2 章：学校教育のなかに学校図書館を位置づける重要性を述べ，学校図書館全体計画や運営計画の実例を示した。
- 第 3 章：学校図書館サービスの中心である資料提供サービス・情報サービスの意義と内容を述べた。特に，資料提供することはどういうことか，子どもたちの要求に応えることは図書館の自由の観点からどのように考えられるかを示した。
- 第 4・5 章：充実した直接的サービスをするための環境整備のポイントの内，第 4 章は図書館資料の整備，第 5 章は施設・設備・場の整備を扱った。
- 第 6 章：読書の意義を押さえた上で，児童生徒に読書を勧め，読書の楽しさを味わってもらうためのさまざまな活動を紹介した。
- 第 7 章：児童生徒が情報リテラシーを育むための学習支援に焦点をあて，探究学習における支援方法について述べた。
- 第 8 章：情報リテラシーを育てるための基礎となる利用教育を扱った。小学校の具体的な事例を多く紹介した。
- 第 9 章：教員への支援を扱った。授業支援の方法も手順を追って説明しているので，授業支援をイメージしやすいことだろう。
- 第 10 章：特別な教育的ニーズを持つ児童生徒への教育の概念と意義を押さえ，具体

的な支援方法を紹介した。チーム支援の重要性を示した。

- 第 11 章：広報活動の意義を押さえ，具体的な事例を紹介。また，渉外活動も広い意味での広報活動と捉え，学校外の機関・団体や人々との連携の事例を多く紹介した。
- 第 12 章：著作権の理解は，文部科学省が示す「学校図書館サービス論」の「ねらいと内容」には含まれていないが，学校図書館サービスを行う上で大切な観点である。著作権の基本を押さえ，ケーススタディを通して著作権の考え方を身につけられるようにした。

もくじ

⦿本文中，脚注の URL は別途記載のない限り，2021 年 1 月に確認しています。

第1章　学校図書館サービスの意義と方法

□□ 学校図書館は，学校教育に不可欠なものです。学校には必ず学校図書館があります。
□□ 学校図書館のサービスとはどのようなものでしょうか？　その意義はどんなところにある
のでしょうか？　公共図書館と違うとしたらどこが違うのでしょうか？
□□ 学校図書館への理解を踏まえたうえで，学校図書館サービスの概要をつかみましょう。

1. 学校図書館サービス

1.1 学校図書館とは

　学校図書館という場合，小・中・高等学校（義務教育学校，中等教育学校，特別支援学校を含む）に置かれている図書館のことをいいます。

　日本では，学校図書館法（1953 年制定）で，定義，運営，職員など学校図書館にかかわる基本的なことが定められています。学校図書館の目的は，学校教育に必要な図書館資料を収集，整理，保存して，児童生徒および教員の利用に供することによって，①教育課程の展開に寄与し，②児童生徒の健全な教養を育成することです（第 2 条）。学校図書館は教育に欠くことのできない基礎的な設備であり，必ず設置されなければならないとされています（第 1，3 条。巻末資料 1 参照）。

　なお，学校図書館法では，学校図書館は学校の「設備」であるとしていますが（第 1，2 条），学校図書館を校舎や運動場などと同列にとらえることはできません。図書館は，人の働きがあってはじめて意味をもちます。学校図書館は，単に図書館資料がある設備ではないのです。その意味では，「設備」ではなく，図書館という働きをする「機関」ととらえておくのがよいでしょう。

1.2 教育に欠くことのできない学校図書館

　学校図書館が学校教育に位置づけられたのは，太平洋戦争敗戦後まもなくのことです。1947 年，文部省令「学校教育法施行規則」で学校に図書館を設けなければならないことが定められました[1]。当時の日本は占領下にあり，アメリカによる強い指導で教育改革が進められていました。この教育改革は，個人の能力と適性に応じた教育が行われるべきだ

1　第 1 条に〈学校には，その学校の目的を実現するために必要な校地，校舎，校具，運動場，図書館又は図書室，保健室その他の設備を設けなければならない〉とある。

という考えのもとで進められました。教育改革の指針になった「アメリカ教育使節団報告書」は，これからの日本の教育は，〈内容および教授方法あるいは教科書を規制すべきではなく〉〈教授の内容や方法を自由に採択できるようにさせられるべきである〉と述べています[2]。学校図書館は，このような教育を進めていくうえで不可欠なものであるという考えのもとに導入されたのです。

　戦前にも図書館を使った教育の実践はありましたが，私立学校等の一部の学校でした[3]。むしろ学校教育においては，国定教科書の使用が義務づけられ，副教材の使用が禁止されました[4]。国家統制による注入主義の教育が行われていたのです。

　戦後は新教育の運動が盛んになり，カリキュラム（教育課程）の研究や実践が多数こころみられました。ただし，それらと学校図書館がうまく結びついたとはいえません。財政難，専任職員の不在，国や行政の学校図書館に対する理解の不充分さ，教育政策の変更など種々の要因で，学校図書館は充分な発展をすることはできませんでした。その状況は，1953年に「学校図書館法」が制定されても変わりませんでした。

　1980年以降になって学校司書による図書館活動が紹介されるようになり[5]，教育に寄与する学校図書館活動が徐々に理解されるようになってきました。1980年代後半から1990年代にかけては各地で学校図書館に人（学校司書）を置く市民運動が活発に行われるようになり，あらたに学校司書が配置された地域の学校からも教科活動に活かした学校図書館の活動が報告されるようになりました。

　とはいえ，学校図書館の働きがなくても（図書室という設備はあっても図書館サービスを行う人がいない学校図書館），学校教育は行われます。2000年から総合的な学習の時間が導入された際は，学校図書館関係者からは図書館が必要とされる機会になると期待されましたが，かならずしも学校図書館には結びつけられませんでした。

　しかし，学校図書館の働きを活かした教育は，児童生徒の情報リテラシーを育て，教科の内容を豊かにしていきます。従来の教育方法が見直されるなかで，学校図書館が求められる機会も増えてきています。2014年の学校図書館法改正で学校司書が法制化されたことも，またその役割の一つに「教育指導への支援」が位置づけられたことも[6]，その証左といえるでしょう。

2　村井実全訳解説『アメリカ教育使節団報告書』講談社，1979，p.30-31.

3　塩見昇『日本学校図書館史』全国学校図書館協議会，1986.「第2章大正自由教育と学校図書館」に詳しい。

4　1924(大正13)年5月，文部省から各地方長官に宛てて，教科書以外の図書を副教科書や参考書として使用するのは厳重に取り締まるように，という通牒（通達）が出された。このことが同年9月の川井訓導事件（長野県の松本女子師範附属小学校の訓導（旧制の小学校の教員の名称。現教諭のこと）川井清一郎が国定教科書を使わず副教材を使ったことで処分を受けた）につながった。

5　塩見昇『教育としての学校図書館：学ぶことの喜びと読む自由の保障のために』青木書店，1983.
　塩見昇，土居陽子『学校司書の教育実践』青木書店，1988.

　2020年度から順次始まった新しい学習指導要領[7]では，とりわけ児童生徒が主体的に学ぶことが求められています。学校図書館を活かすチャンスです。今後は学校図書館が，名実ともに学校教育に欠かせない存在になることが期待されます。

●コラム：情報リテラシーとは

　情報リテラシーとは，情報社会の今日において，誰にも求められている情報を使いこなす能力のことです。リテラシー（literacy）とは本来「読み書き能力（識字）」を意味しています。そこから派生して，「……できる力（能力）」の意で用いられています。

　ここでいう情報は，デジタル資料に限らないすべての情報を指しています。図書，雑誌，AV資料など図書館におなじみの情報資源，テレビ，ラジオ，新聞等のマスメディア，広告・チラシ・パンフレットなどの非売品，ミニコミ誌や機関紙・誌，各種報告書など流通にのっていないもの，ウェブサイトやSNSなどインターネット等を通して得られる情報，それから人からもたらされる情報も含まれます。

　それらの情報の中から，①自分が必要とする情報を探して入手し，②内容を正確に読み取り，③利用する能力，が情報リテラシーです。

　一般に情報リテラシーという場合，②のなかでも特にクリティカルシンキングが重視されます。クリティカルシンキングは，情報を利用する際，それらの内容が間違っていないか，偏向していないか，信用に足るものであるか，情報発信者の意図はどこにあるのかなどを見極める力です。これも大事な力ですが，図書館関係者は，それを含めてもっと広い情報利用の観点から情報リテラシーを捉えています。①では情報探索力，②では読解力，③ではまとめる力，発信する力も含まれます。

　これらの力は，一朝一夕で身につくものではありません。また，直接教える指導にも限界があります。そこで学校図書館は，図書館利用教育を行うとともに，図書館サービスを通して児童生徒の自由な図書館利用，探究活動を支援します。そのことが，個々人の情報リテラシーが育っていくことにつながります。そして，それが生涯にわたって学ぶ力を高め，自立する力を育むのです（本章4.4，第7章1.4，第8，9章参照）。

　なお，情報リテラシーは，コンピュータスキルと同義語のように使われることがありますが，実際はそれよりも広い概念です。また，文部科学省の推進している情報活用能力は，新学習指導要領では，言語能力や問題発見・解決能力と同様に，全ての学習の基盤となる資質・能力であると位置づけられています。情報リテラシーに近い面はありますが，ICT活用能力を軸に学力育成を図るものであり，範囲と目的が狭くなっています。

6　文部科学省「学校図書館ガイドライン」（https://www.mext.go.jp/a_menu/shotou/dokusho/link/1380599.htm）（本章2.3参照）。（4）に記載されている。

7　学習指導要領は，学校における教育水準を全国的に確保するために，教育課程の基準を大綱的に定めたもので，各教科等の教育目標や学習内容が記載されている。

1.3 学校図書館サービスとは

　学校図書館サービスとは，学校図書館で行われる図書館サービスのことです。

　図書館サービスは，図書館資料や施設設備をもとに行われる人的サービスです。この点では図書館の種類（館種[8] という）にかかわらず，図書館サービスは同じように行われます。ただし館種によって，図書館サービスの内容や蔵書の性格に違いが出てきます。なぜなら，それぞれの館種がサービス対象としている人々（利用者）と，それぞれの館種が属している機関の目的が異なっているからです。

　公共図書館は，地域社会の住民にサービスを行い，個々の情報ニーズを満たすとともに，地域社会に貢献することを目的としています。一方，学校図書館のサービス対象は児童生徒と教職員であり，学校教育に寄与することが目的です。

　したがって学校図書館サービスとは，学校の構成員である児童生徒と教職員を対象にして，個々の情報ニーズを満たすとともに，学校教育の目的に沿った支援を行う図書館サービス，ということになります。

1.4 学校図書館は指導機関だから「サービス」という言葉はなじまない？

　「学校図書館は指導機関だから『サービス』という言葉はなじまない」と考えられていた時期がありました。今でもそう思っている人がいるかもしれません。しかしこれは，①「サービス」という語義の取り違え，②図書館サービスのもつ教育力への無理解から生じている誤解です。以下 2 つの点から，学校図書館にも「サービス」が必要だということを解説します。

(1)「サービス」の語義

　小学館『日本国語大辞典』では，「サービス」の語義の一番目に〈物財を生産しないが，物財の運搬・配給を行ったり，金融・通信・教育・医務など物の形をとらないで，生産や消費に必要な役務を提供したりすること。交通業，商業，公務，自由業などに分けられる〉とあります。

　図書館サービスの「サービス」は上記のように〈物の形をとらない〉〈必要な役務を提供したりする〉行為です。ですから，「図書館サービス」は，図書館の活動そのものを意味しています。けれども，「サービス」の語がほかに，「客の気に入るように世話をすること」「人のために尽くすこと」といったサービス精神につながる意味をもっていることから，

8　館種は一般に，国立図書館，公共図書館，学校図書館，大学図書館，専門図書館，その他の図書館と分ける。

この2つは混同されがちです。図書館サービスは対人で行われるものですから，もちろん接遇や応対等におけるサービス精神は必要です。ただし，図書館サービスの「サービス」とサービス精神とは区別しておく必要があります。

　なお，民間企業経営を対象にしたマーケティングの理論は，今日では公共機関のような非営利組織においても通用すると考えられています[9]。確かに顧客のニーズを把握するマーケティングの理論は，公共サービスを遂行するうえで参考になります。ただし注意しておかなければいけないのは，公共機関における顧客（＝市民）は，与えられるものを受けとるだけの，サービスの質の良し悪しを選ぶだけの消費者ではないということです。税金を払っている主権者です。能動的にサービスにかかわることのできる存在です。

　同じ意味で，学校で行われる教育活動を教育サービスということができます。学校における児童生徒は教育サービスを受ける立場ですが，同時に学ぶ主体でもあります。児童生徒がいない学校はありませんから，彼らは学校を構成している中心となる存在です。児童生徒をサービスを享受するだけの受け身にしてはいけません。図書館サービスについても同様です。よりよい図書館サービスを提供することで，受け身ではない図書館利用者を育てることが大切です。

（2）図書館サービスの教育力

　学校図書館は図書館である以前に学校に付属する施設である，とする学校図書館観があります。その場合，学校図書館と公共図書館の違いが強調されて，学校図書館に直接教えこむ指導が持ち込まれることがあります。例えば，良書を読ませなければいけないとか，偏った読書傾向は是正されなければならない，というようにです。

　しかし，たとえ学校の図書館であっても，直接教え込む指導はふさわしくありません。一般的に図書館の学びは，利用者が図書館や図書館資料を使うことを通しておのずから達成されていくものです。学校図書館の学びもまた，児童生徒の主体的な図書館利用によって獲得されます。その活動を支援し，可能にしていくのが学校図書館サービスです。学校図書館サービスは，そのような形で充分に教育に寄与しています。

　このことを，塩見昇は学校図書館の教育力は「図書館の教育力」がベースになっていることを述べて説明しています。

　図書館の教育力は三層になっており，一番下層（A）に本や読書することで得られる教育的作用があるといいます。そして第二層（B）に図書館の蔵書のもつ教育力があり，第

9　経営学の泰斗フィリップ・コトラー（Philip Kotler）による『社会が変わるマーケティング：民間企業の知恵を公共サービスに活かす』（英治出版，2007）がある。また，後述するIFLA学校図書館ガイドライン（本章2.2，5.4参照）においても，マーケティングの理論に基づいた記述がみられる。

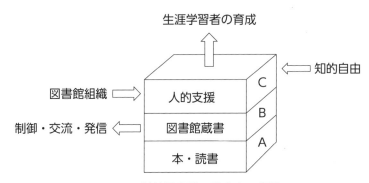

図 1-1　学校図書館の教育力の構造
(出典：塩見昇『学校図書館の教育力を活かす：学校を変える可能性』日本
図書館協会, 2016, p.75.）

三層（C）に資料を結び付ける役割をする人的支援による直接的な教育力があると述べています。第二層と第三層が図書館サービスの働きによるものです。

　一番下層の本や読書することそれ自体にも教育的な意義はあります。しかし，第二層と第三層の図書館サービスが提供されることによって，児童生徒が自立した生涯学習者になる手助けをするのです（本章 3.1 参照）。

　学校図書館は図書館サービスを土台にした学校図書館サービスを行うことによって，学校教育に寄与しているといえるのです。

2. 学校図書館サービスを支える理念

2.1　学校図書館を支える基本理念と法的基盤

　人は，必要とする情報をだれからも制限されることなく自由に入手する権利「知る自由」をもっています。この権利は，1948 年国連総会で採択された「世界人権宣言」に「表現の自由」として掲げられています。また日本国憲法第 21 条においても，基本的人権の一つとして「表現の自由」が明記されています（憲法解釈では，「表現の自由」のなかに「知る自由」が含まれているとされています）。図書館の基本理念は，「知る自由」を保障して資料と施設を提供することにあります。

　「知る自由」は，年齢にかかわりなく認められる権利です。1989 年国連総会で採択された「子どもの権利条約」でも，表現の自由（「知る自由」含む）は条文に謳われています。学校図書館においても，「知る自由」は尊重すべき理念です。「教育的配慮」の名の下で自由な読書が規制されることがないよう，留意しなければなりません（第3章 1.3 参照）。

　なお，学校図書館の法的な根拠としてもっともかかわりのあるのは，1.1 でも取りあげ

た学校図書館法です。学校図書館法は，法体系として「日本国憲法」「教育基本法」「学校教育法」につらなっています。したがって，これらの法規を踏まえた運営・サービスを行います。

2.2 学校図書館サービスを支える理念

ここでは学校図書館法以外の学校図書館を支える基本理念を紹介します。

（1）図書館の自由に関する宣言

「図書館の自由に関する宣言」（巻末資料3参照）は，1954年に発表され，1979年に改訂されました。これは，図書館員の職能団体である日本図書館協会が，戦前に思想善導機関だった反省を踏まえて，図書館の利用者に対する約束として宣言したものです。

前文では，〈図書館は，基本的人権のひとつとして知る自由をもつ国民に，資料と施設を提供することを，もっとも重要な任務とする〉と述べています。4つの主文では，資料収集の自由，資料提供の自由，利用者の秘密を守る，検閲に反対することを宣べ，結文で〈図書館の自由が侵されるとき，われわれは団結して，あくまで自由を守る〉としています。

これら宣言の原則は，〈すべての図書館に基本的に妥当する〉と記されています[10]。当然のこととして，学校図書館においても遵守されるべきものです。

（2）図書館員の倫理綱領

専門職団体は，専門的な職務を遂行していく際の行動規範を，倫理綱領という形で成文化することがあります。「図書館員の倫理綱領」[11]は，1980年日本図書館協会の総会で採択されました。この倫理綱領は，「図書館の自由に関する宣言」と表裏一体になっており，図書館員は「宣言」でいう社会的責任を自覚して，自らの職責を遂行していくことが求められています。綱領では，図書館員は，館種，館内の地位・職種・雇用形態・資格の有無が問われていません。したがって学校司書も対象です。学校司書は，「図書館の自由に関する宣言」と併せて，この倫理綱領の理解が必要です。

12からなる条文のなかで特にサービスに直接かかわることでは，〈第2　図書館員は利用者を差別しない〉〈第3　図書館員は利用者の秘密を漏らさない〉〈第4　図書館員は図書館の自由を守り，資料の収集，保存および提供につとめる〉が挙げられます。また，きちんとした資料提供サービス・情報サービスを行うためには，〈第5　図書館員は常に資

10　同宣言の前文6参照。

11　日本図書館協会「図書館員の倫理綱領」（http://www.jla.or.jp/library/gudeline/tabid/233/Default.aspx）.

料を知ることにつとめる〉の条文も重要です。

（3）ユネスコ学校図書館宣言，IFLA 学校図書館ガイドライン

「ユネスコ学校図書館宣言」（巻末資料2参照）は，学校図書館について世界共通の基本原則を述べたものです。IFLA（国際図書館連盟。「イフラ」と読む。International Federation of Library Associations and Institutions の略称）が作成し，1999年，第30回ユネスコ総会で正式文書として採択されました。1980年の「学校図書館メディア奉仕宣言」の改訂版です。改訂にあたっては，〈より広範な図書館・情報ネットワークと連携する〉ため，1994年に批准された「ユネスコ公共図書館宣言」に形式・内容を類似させています。

1999年の宣言の副題は「すべての者の教育と学習のための学校図書館」となっています。学校図書館の使命は，情報の形態や媒体を問わず学校の構成員全員に対して学習のためのサービスや情報資源を提供することとし，ほかにも図書館職員の役割，教師との協力，平等な利用，通常の図書館利用ができない人への配慮，国際連合世界人権宣言に基づいたサービスや蔵書などについて宣べられています。

宣言の理念を実務に活かすため，2002年に「IFLA 学校図書館ガイドライン」が策定されました。ガイドラインはその後改訂されて，2015年に第2版が刊行されています[12]。

（4）その他

学校図書館サービスにかかわる法律や理念には，ほかにも「子どもの読書活動の推進に関する法律」「障害者権利条約」「障害者差別解消法（障害を理由とする差別の解消の推進に関する法律)」「読書バリアフリー法（視覚障害者等の読書環境の整備の推進に関する法律)」「著作権法」などがあります。読書にかかわることは第6章，障害者にかかわることは第10章，著作権は第12章で扱います。

2.3 学校図書館ガイドライン

「学校図書館ガイドライン」は，2015年に文部科学省が招集した審議会「学校図書館の

---

12 IFLA「IFLA School Library Guidelines（2nd revised edition)」2015（https://www.ifla.org/files/assets/school-libraries-resource-centers/publications/ifla-school-library-guidelines.pdf).

13 学校図書館の整備充実に関する調査研究協力者会議「これからの学校図書館の整備充実について（報告)」文部科学省，2016.10.20（https://www.mext.go.jp/component/b_menu/shingi/toushin/__icsFiles/afieldfile/2016/10/20/1378460_02_2.pdf).

14 「学校図書館の整備充実について（通知)：28文科初第1172号」2016.11.29（https://www.mext.go.jp/a_menu/shotou/dokusho/link/1380597.htm).

整備充実に関する調査研究協力者会議」の報告書[13] で発表され，2016 年 11 月 29 日付で各都道府県教育委員会教育長等の学校を所管する責任者宛てに通知されました[14]。「学校図書館ガイドライン」は，〈学校図書館の運営上の重要な事項についてその望ましい在り方を示したもの〉で，〈本ガイドラインを参考に，学校図書館の整備充実を図ることが重要である〉とされています。

　このガイドラインは次の 7 つの項目について述べられています。

　（1）学校図書館の目的・機能，（2）学校図書館の運営，（3）学校図書館の利活用，（4）学校図書館に携わる教職員等，（5）学校図書館における図書館資料，（6）学校図書館の施設，（7）学校図書館の評価，です。

　この学校図書館のとらえ方は行政や公的な場での基準になるものです。この枠組みを理解しておく必要があります。

　しかし，実際に学校図書館を運営する場面では，これらのガイドラインの内容に縛られる必要はありません。たとえば，ガイドラインは学校図書館の機能を「読書センター」「学習センター」「情報センター」の 3 つとしていますが，常にこの 3 つであると固定的に考えなくてもよいのです。学校図書館の機能は，時代や学校図書館観によっても異なってきます。全国学校図書館協議会は，従来は「読書センター」「学習センター」「資料センター」であるとしてきました。日本図書館協会は，2016 年の報告書[15] で「資料・情報提供の役割」「教育的役割」「『場』を提供する役割」としています。大事なことは，自分自身でも学校図書館は何をするところか，学校図書館はどんな働きがあるか考え，学校図書館についてのいろいろな考え方を柔軟に理解していくことです。そのようにして学校図書館の可能性を広げていきましょう。

3. 学校図書館サービスの意義

3.1 すべての館種に共通する図書館サービスの意義

　学校図書館サービスは，図書館サービスが基本になっています。そこでまず，図書館サービスの意義を確認しておきましょう。

　図書館サービスの一番の意義は，資料提供や情報提供を通して，一人ひとりの資料要求に応えることです。これにより図書館の利用者は，啓発されたり，充足した時間を過ごしたり，自己学習に活かしたりすることができます。

15　日本図書館協会学校図書館問題検討会「学校図書館職員問題検討会報告書」2016.9（http://www.jla.or.jp/Portals/0/data/content/information/gakutohoukoku2016.pdf）.

　それぞれの利用者は利用の目的，ニーズ，能力などが異なりますが，図書館にはそのような多様な個人が利用できるしくみが整っています。利用者を想定して用意されている蔵書，利用しやすいように組織化されて排架されている資料，一冊一冊の本にアクセスするための蔵書目録などです。これらによって，利用者は自力で資料にアプローチできます。また，自力で探すことができない場合は，図書館員が援助するサービスがあります。レファレンス，読書相談，相互貸借などです。

3.2　学校図書館サービス特有の意義

　学校図書館においても，一人ひとりの資料要求に応えることが学校図書館サービスとしての一番の意義です。学校図書館は，読みたい本，知りたいことに応えます。読みたい本，知りたいことに制限はかけられません。彼らの知的欲求に応えることは，人格をもった一人の個人として尊重することでもあります。彼らは，図書館資料や図書館の利用を通して，主体的に学ぶためのスキルと態度を身につけていきます。この力は，生涯にわたって学び続ける力になります。

（1）学校教育に寄与する

　学校図書館は，〈教育課程の展開に寄与〉（学校図書館法 第2条）します。たとえば授業に関していえば，児童生徒が主体的な学習ができるように，興味関心を喚起する資料を用意し，一人ひとりの資料要求に応えます。教師との連絡を密にし，資料を準備したり，図書館での学習に協力したりして，授業づくりを支援します。

　学校図書館を初めて担当する人を念頭にして書かれた『学校図書館スタートガイド』に，〈学校内のことで図書館に関係ないことなどない！〉という一文があります[16]。学校で行われていることは，授業以外のことでも教育活動そのものです。校内でどのような活動が行われているかを把握し，図書館としてできることを行います。たとえば，学校行事や部活動に必要な資料を揃える，校長が講話で紹介した本を図書館で展示する，校内で開かれる講演会に備えて関連する資料を用意する，というようなこともできます。学校図書館は，学校教育を図書館サービスという側面からサポートしているということができます。

（2）読書の楽しさを伝え，情報リテラシーを育む

　学校図書館は，児童生徒の〈健全な教養を育成〉（学校図書館法 第2条）します。児童生徒の成長には，計画的なカリキュラムだけでなく，社会や文化にふれたり体験をしたり

16　学校図書館スタートガイド編集委員会編著『学校司書・司書教諭・図書館担当者のための学校図書館スタートガイド：サンカクくんと問題解決！』少年写真新聞社，2015，p.20.

することが欠かせません。その際，読書は成長を促す大きな力になります。読書によって，知的好奇心が育まれ，感情が揺さぶられ，視野が広がります。

　読書への意欲や読書力の向上は，読書の楽しさを実感することから始まります。そしてそれが生涯にわたって必要な力（読書力，情報リテラシー，探究する力等）を獲得することにもつながります。これらは強制的に行われるべきものではありません。児童生徒が自らとりくむことで効果を発揮します。だからこそ，個々の児童生徒に直接対応する図書館のサービスが有効なのです。

（3）多様な文化や異なる価値観に出合う場をつくる

　学校図書館では，さまざまな種類の図書館資料だけでなく，時事ニュース，授業で作られた作品，関心のあるテーマ展示などに触れたり，他学年の児童生徒や先生，ボランティアの人々に接する機会があります。児童生徒は，学校図書館に出入りするだけで新しい情報や多様な文化に接することができるのです。図書館は文化センターであり，世界を理解する入り口です。児童生徒の家庭の文化的環境や経済状態などはさまざまでも，意欲さえあれば，それぞれが異なった価値観に出合うことによって，他者を発見し理解する機会を持つことができます。それは，自分を相対化することにもつながります。これも成長を促す機会です。

（4）自発的，自主的な利用を促し，学校生活の一部を形づくる

　学校図書館には，児童生徒が，何か面白い本はないか，何か新しい情報はないか，と気軽に立ち寄ります。授業で必要なものだけでなく，授業のなかで啓発された「知りたい」という気持ちを満たしたいと，当たり前のように自発的に自主的に図書館を訪れます。授業に関連したことだけでなく，興味を持ったり疑問に感じたりしたことを図書館に調べに来ます。学校図書館は，毎日開館して図書館サービスを行うことによって，児童生徒にとって学校生活の一部になります。

（5）居心地のよい場を提供する

　学校図書館は，気軽に立ち寄れる場所です。目的がなく立ち寄っても不審に思われません。一人で居られる場所です。集団行動が中心の学校内にあって，他人と一緒に行動することが苦手な子どもや，教室に居場所のない子どもたちが利用できる居心地のよい場，ほっとする場，憩いの場になります。また，このような場では，人との出会いも生まれます。クラスや学年をこえて交流する場にもなります。創造する場にもなります。学校図書館には広場機能があるのです。

4. 学校図書館サービスの種類と方法

4.1 直接的なサービスと間接的なサービス

　図書館サービスには，利用者に直接対応する閲覧，貸出，レファレンスなどのサービスと，利用者にとって間接的な収集・組織化・保存などのサービスがあります。前者を利用者サービス（パブリックサービスともいう），後者をテクニカルサービスといいます。

　テクニカルサービスの技術的なことは学校司書のモデルカリキュラムの「情報資源組織論」「情報資源組織演習」等の科目で扱いますので，本書では主として利用者サービスを扱います。ただし利用者サービスを適切に行うためには，テクニカルサービスも含めたサービス全体を理解しておく必要があります。そこで「モデルカリキュラム」には扱われていませんが，本書では第 4 章に図書館資料の整備について扱う章を設けました。

　利用者サービスの内容については，次章以降で詳しく述べます。本章では利用者サービスの概要と種類を紹介します。

4.2 利用者サービス

　利用者サービスのなかでももっとも基本的なサービスは，資料提供サービスと情報提供サービス（以下，情報サービス）[17] です。資料提供サービスは，閲覧，貸出など図書館資料を利用者に提供するサービスをいいます。情報サービスは，利用者の資料相談や資料調査を援助するなど，モノを提供しない人的サービスをいいます（第 3 章参照）。

　学校図書館は，児童生徒，教職員の情報要求に対して資料を提供（貸出，閲覧等）し，また資料へのアクセスや調査の援助（レファレンス，レフェラルサービス，資料相談・案内等）を行います。これらは，利用者一人ひとりに対して行われるものです。これにより，それぞれの情報ニーズが満たされ，自己充足や自己学習につながります。また，それが日常的に行われることによって図書館そのものへの信頼にも結びつきます。それは，生涯にわたって学習していく力にもつながっていきます。

　資料提供サービス・情報サービスには直接行われるもの以外に，情報ニーズを掘り起こす活動も含まれます。たとえば，図書館だよりや校内放送などで本の紹介をしたり，ブックトークのように口頭で本について話をしたり，各種の関連行事を行ったりというようなことです。また，提供されるものは，所蔵している資料だけでなく，図書館のネットワー

17　デジタル資料を「情報」ということがあるので，デジタル情報を提供するサービスと区別するため，特に断らない限り，本書では情報提供サービスは情報サービスと呼ぶ。

クを利用して他館や他の類縁機関から取り寄せたり，情報を提供したりする活動も含まれます。

　資料提供サービス・情報サービス以外には，図書館主催で行う集会活動・文化活動があります。また，新着図書案内や図書館の話題を盛り込んだ広報紙の発行，図書館活動や統計の報告などの広報活動もあります。これらは，資料提供サービス・情報サービスを補ったり伸展したりするために行われる場合が多いですが，集会活動・文化活動そのものを目的として行うこともあります。

　また，学校図書館の特徴として，教職員に対する教育支援活動も学校図書館サービスの一つとして挙げることができるでしょう。チームティーチングや利用教育を行います。

　そのほかに，図書館の施設・設備を整えて「場」として提供するサービスがあります。単に学習机や読書席を用意するだけでなく，誰でもが居心地のよい場にしたり，人と人が交流できる場や機会を設けたりといった「場」の提供機能は，図書館の役割として注目されています。

　これらのサービスの区分を図 1-2 に整理しました。

　なお，それぞれのサービスは，明瞭に区分できない場合があることを承知しておいてください。たとえば，パスファインダーは，第3章で間接的なレファレンスサービスとして紹介していますが，図 1-2 では，発信型情報サービスの中に含めました。発信型情報サービスとは，レファレンスサービス等のように個々の求めに応じてサービスするのではなく，一定の利用者を想定して必要と思われる情報を発信するサービスをいいます。パスファインダーは調べものをする人を想定して調べ方の案内をするという意味では発信型情報サービスといえるからです。また，パスファインダーは，学習支援のツールとして考えれば，利用教育に含めることもできます。

　また，図 1-2 では，展示や HP による発信は広報に区分していますが，発信型情報サービスに含めることもできます。

　このように，くっきりと区分できないサービスがあります。しかし，サービス内容を把握してサービスの全体像をつかむには，図 1-2 が役立つことと思います。

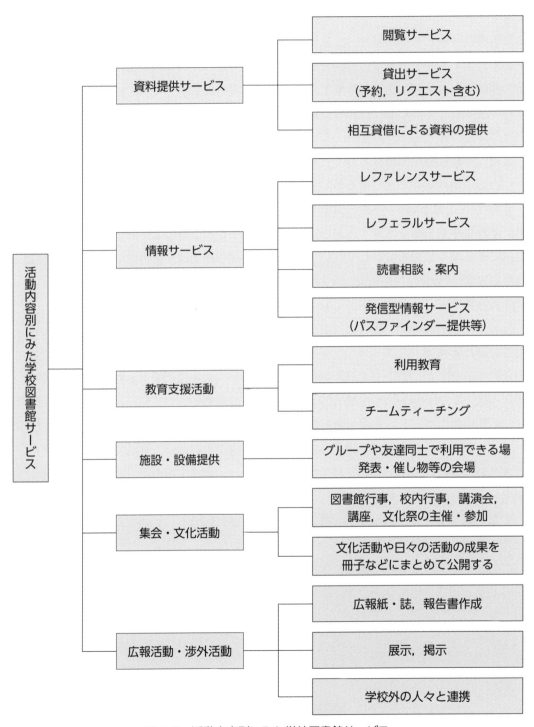

図 1-2　活動内容別にみた学校図書館サービス

4.3　利用対象者別にみた学校図書館サービス

学校図書館のサービス対象は，個々の児童生徒と教職員，ならびに校内の組織です。これらのサービスの内容を表1-1にまとめました。

表1-1　利用対象者別学校図書館サービス

①児童生徒へのサービス　特別な教育的ニーズを持つ児童生徒へのサービス	児童生徒に対するサービスは，学校図書館サービスの中心です。一人ひとりが知る自由・学ぶ権利を享受できるよう支援します。特別な教育的ニーズを持つ児童生徒へのサービスのためには，支援に役立つ知識や技術を獲得することや，利用の姿をよく観察して必要な配慮をすることが求められますが，サービスを支える理念は変わりません。（第3，6～8，10，11章参照）
②教職員へのサービス	教職員が授業の準備をしたり，教育活動のために研究したりする際の支援をします。よりよい教育が行われるためにも，教職員へのサービスは不可欠です。（第3，9，11章参照）
③校内組織へのサービス	児童会生徒会へのサービスや，各委員会や部活などにサービスします。児童会生徒会活動では，過去の学校の記録（生徒会誌，学校史など）が役立つことがあります。また，学校行事や委員会・部活動の際に資料提供サービス・情報サービスをすることもあります。（第3章参照）
④校外へのサービス	保護者や地域の人々・団体に図書館資料の貸出をしたり，レファレンスに応えたりすることがあります。また，地域の読書振興のため，保育園で読み聞かせをしたりすることもあります。上記①②③がきちんと行われていることが前提ですが，サービスを通して学校図書館の理解を増やしたり，共に活動するきっかけになったりすることもあります。（第11章参照）

4.4　学校図書館の特徴的なサービス

図書館サービスは基本的にどの館種にも共通して行われます。しかし，学校図書館は，利用者である児童生徒の年齢がある程度決まっていること，学校教育を支える役割が求められることから，他の館種にはない特有の活動があります。また，他の図書館よりも重視されるサービスもあります。以下は学校図書館の特徴となるサービスを目的別に整理したものです。

（1）学習支援（第 7，10 章参照）

　児童生徒に対し，授業に関連して，資料を提供したり，調査方法をアドバイスしたり，相談に応じたりします。辞書の引き方や発表の際のまとめ方などをアドバイスしたり，調べものに役立つツール類（ブックリスト，パスファインダーなど）を用意したりすることによって，一人ひとりの学習を応援します。

　授業以外のことで興味を持ったことや自己学習に対しても同様に対応します。

（2）授業支援（第 7 ～ 10 章参照）

　教職員に対し，資料提供，資料相談，教材準備等で授業の支援をします。また，授業時にチームティーチングを行うこともあります。上記（1）の児童生徒への学習支援も含まれます。

（3）読書支援（第 6，10 章参照）

　読書環境を整え，一人ひとりに読みたい資料を提供し，読書相談に応じます。また，ブックトークや読み聞かせ，読書行事などを行い，読書の楽しさを共有したり，読みたい気持ちを引き出したりするための活動を行います。

　学校図書館は，児童生徒の一番身近な図書館として一人ひとりに対応することができます。読み物は公共図書館に任せればよいということではなく，学校図書館こそ児童生徒の興味関心のある図書をそろえて，読書支援を行いたいものです。

（4）情報リテラシー育成（本章 2，第 6 ～ 8，10 章参照）

　児童生徒が生涯にわたって学び続ける力を高め，自立するための活動です。利用教育（利用者教育，利用指導ともいう）として，図書館オリエンテーションや，授業で図書館を使う際，図書館の利用方法や図書館資料の使い方を指導します。また，個々の利用の際には，必要に応じてアドバイスしたり，手助けをしたりします。

　校内での情報リテラシー教育推進に，図書館として参画します。

5. 学校図書館サービスを支える人々

5.1 学校司書の役割と司書教諭との協働

　2014 年の学校図書館法改正により，学校司書の位置づけは，〈学校図書館の運営の改善及び向上〉（学校図書館法 第 6 条）に携わる職員とされました。従来の学校司書の位置づ

けに比べると大きな変化です。法制化以前は学校司書の名称は使われず[18]，学校図書館担当職員とされてきました。学校図書館担当職員は〈学校図書館資料の発注，帳簿記入，分類作業，修理・製本，経理，図書の貸出・返却の事務等に当たる職員〉[19] というように，図書館事務を担当する職員だと説明されてきたのです。実際には学校図書館を機能させるため，学校司書の多くは事務的な処理にとどまらない図書館サービスをそれまでも行ってきました。2014 年以降は，法的にも図書館運営を担う責務があることが認められたことになります。

　文部科学省は，学校司書の役割として次のように述べています[20]。

　　学校司書は，学校図書館を運営していくために必要な専門的・技術的職務に従事するとともに，学校図書館を活用した授業やその他の教育活動を司書教諭や教員とともに進めるよう努めることが望ましい。具体的には，１児童生徒や教員に対する「間接的支援」に関する職務，２児童生徒や教員に対する「直接的支援」に関する職務，３教育目標を達成するための「教育指導への支援」に関する職務という３つの観点に分けられる。

　学校司書は，図書館運営と図書館資料に精通した専門的職員として学校図書館サービスの中心的役割を担います。また教職員の一員として，学校教育に携わります。では，学校図書館法で〈学校図書館の専門的職務を掌らせる〉（第５条）とされている司書教諭との在り方をどう考えたらよいのでしょうか？

　私立学校では専任の司書教諭が配属されている場合があります。その場合には，条文どおり，学校図書館の専門的職務に携わるのは司書教諭です。しかし，大半の公立学校の場合，司書教諭は教科や担任を持ちながら学校図書館にかかわります。必然的に学校図書館の業務に携わる時間は限られてきます。したがって，日々学校図書館で児童生徒と接する学校司書が学校図書館の実質的な職務を担い，司書教諭は，教諭としての立場を活かした学校図書館運営への参画がふさわしいと考えられます。

　司書教諭は，教育職員としての専門性を活かして学校教育の中に学校図書館を位置づけます。また，司書教諭の職務として，児童生徒や教職員を図書館とつなぐ役割があります。

18　文部科学省が公式に「学校司書」の名称を使用したのは，「子どもの読書サポーターズ会議」の審議報告書「これからの学校図書館の活用の在り方等について（報告）」（2009.3）が最初だとされる。この後，「いわゆる学校司書」という表現が使用されることが増えた。
19　文部科学省が 2009(平成 21)年４月に公表した「平成 20 年度『学校図書館の現状に関する調査』結果について」に学校図書館担当職員の説明として述べられている。
20　前掲注６参照。

図書館の専門性をもつ学校司書と教育の専門性をもつ司書教諭の両者が，同じ方向を見ながら学校図書館計画を共に立て，図書館を機能させ活用させていくとよいでしょう。

　学校図書館問題研究会機関誌『がくと』35号に白山市（石川県）の松任中学校の学校司書と司書教諭が両輪となって，「職員全体・チームで行う図書館運営」の実現に向け取り組んだ活動が報告されています[21]。松任中学校の図書館運営の方針は，校訓「生き方を学び合おう高め合おう――生徒も先生も保護者も」に則り，「チーム（教職員，保護者，地域の人々，生徒）」となって多角的に図書館運営をおこなうというものです。学校司書と司書教諭は，この方針を立案してさまざまな活動（全教職員による全校一斉「本の読み語り」，親が子に薦める本のメッセージを集めて展示したり冊子にしたりする，保護者も加わるビブリオバトル等々）を行い，活発な図書館活動をおこなっています（第2章1.2参照）。

5.2 図書委員会との協働

　図書委員会は，児童会活動・生徒会活動の一部です。正規の教育活動としてカリキュラム上は特別活動（特活）に位置づけられています。

　中学校・高等学校の学習指導要領には，生徒会活動の目標について次のように書かれています。〈異年齢の生徒同士で協力し，学校生活の充実と向上を図るための諸問題の解決に向けて，計画を立て役割を分担し，協力して運営することに自主的，実践的に取り組むことを通して，第1の目標に掲げる資質・能力を育成することを目指す〉[22]。小学校の学習指導要領も，「生徒同士」という言葉が「児童同士」となっているだけで，ほかは同じ文です。特別活動では，集団活動を通して集団や自己の課題を解決し，成長のための資質・能力を身につけていくことが求められています。

　図書委員会はカリキュラムの一環として行われる活動ですから，委員会の指導はほとんどの場合，司書教諭か係教諭が行います[23]。しかし，図書委員会の活動は図書館で行われることが多いので，実際には学校司書がかかわる場面も多くなることでしょう。したがって委員会担当教員と情報を共有しながら，教職員の一員として活動の支援を行います。

　図書委員は，もっとも身近なところにいる利用者です。児童生徒の代表者であり，代弁者でもあります。また，クラスの他の児童生徒を図書館と結びつける役目を果たします。彼・彼女らの自発的な発案や考えを大事にして，図書館を舞台に活動したり，図書館を支えたりする独自の活動を促すことができるとよいでしょう。

21　藤田実代子，平田奈美「学校図書館を知的好奇心のわくわく工場にしよう！：チームで取り組む図書館運営」『がくと』35，2020，p.28-39.

22　『中学校学習指導用要領（平成29年告示）』『高等学校学習指導要領（平成30年告示）』それぞれ「特別活動」の「第2　各活動・学校行事の目標及び内容」から抜粋。

23　自治体によっては，神奈川県のように学校司書が委員会の顧問となることが認められている例もある。

5.3 サービス対象者との協働

　学校図書館では，児童生徒や教職員はサービスの対象者であるだけでなく，図書館活動を主体的に担う側になることもあります。学校司書が，校務分掌で図書館係になった教職員（係教諭）や図書委員会の児童生徒らとともに活動することは一般に行われていることですが，そのような校内の役割分担とは関係なく，特別なことに興味をもつ児童生徒と共に活動したり，さまざまな専門性をもつ教職員に得意なことを披露してもらったりすることもできます。「協働」とは，お手伝い・援助ではなく，同じ目的のために協力して働くことです。利用者をサービスを受ける消費者ではなく，運営に参加する主体者にするということです。こうしたことによって，図書館の活動を多様にしたり，図書館の利用層を広げたりすることができます。

　中・高校などで専門の先生に講義を依頼して，教養講座を開講したり，小学校の夏休みに理科の教諭に頼んで実験教室を開催したりすることは，比較的よく行われていることです。また，鉄道好きの児童が工作で鉄道博物館をつくったり，鉄道についての冊子を作ったり，といった自主的な企画が行われた岡山の小学校の例もあります（第5章7参照）。

5.4 多様なグループ・組織・機関・人との連携・協働

　校内の連携・協働の例では，養護教諭と連携して感染予防や歯の衛生指導の展示をした例や，栄養教諭や栄養士と連携して物語や絵本にでてくる料理を給食に取り入れる「コラボメニュー」[24] などが報告されています。

　校外の機関や組織などと連携・協働する例もあります。神奈川県立田奈高等学校では，NPOと連携して月1回のカフェを開き，誰でも来られる居心地のよい場を提供するとともに，困難さを抱えている生徒が支援をうけやすい環境をつくっています[25]（第11章3参照）。

　「IFLA学校図書館ガイドライン」[26] では，学校図書館を支える関係者（ステークホルダー）との協力の必要性を述べています。「ステークホルダー（利害関係者）」は，企業経営で用いられる用語ですが，近年では企業以外の組織でも"かかわりのある人たち"という意味合いで使われるようになっています。学校図書館のステークホルダーとして考えられるのは，校内の教職員，児童生徒，保護者，ボランティア，教育委員会，議員などです。もう少し範囲を広げて，卒業生，地域の人々，学校・公共図書館や地域の類縁機関（博物

24　前掲注16，p.81，および『学図研ニュース』403，2019.9，p.11-13.
25　居場所カフェ立ち上げプロジェクト編著『学校に居場所カフェをつくろう！：生きづらさを抱える高校生への寄り添い型支援』明石書店，2019.
26　前掲注12参照。

館，美術館等）の関係者，書店，図書館用品会社などを含めて考えることもできます。

　学校図書館は校内で開かれた場所ですから連携・協働を始めやすい機関でもあります。国の施策でも学校を地域に開いて連携・協働していくことが求められています[27]。

　学校図書館が校内外の組織や人等と連携・協働する意義は，子どもたちの成長に共に参画していくところにあります。児童生徒も視野を広げたり，学校以外の社会にふれることで心の安らぎを得られたりします。また，ステークホルダーの存在を意識し，その人々と対話やコミュニケーションをとることは，学校図書館の理解を得る上でも意義あることといえます。

まとめ

　学校図書館サービスとは，学校の構成員である児童生徒と教職員を対象にして，個々の情報ニーズを満たすとともに，学校教育の目的に沿った支援を行う図書館サービスです。図書館サービスの中心は，他の館種と同じように資料提供と情報提供です。学校図書館は，これらのサービスを通して，児童生徒の自立を支援して生涯にわたって学び続ける力を育てるとともに，学校教育を支える役割があります。

　学校司書は，図書館運営と図書館資料に精通した専門的職員として学校図書館サービスの中心的役割を担います。利用者や学校図書館をとりまく多くの関係者と連携・協働しながら，学校図書館サービスを進めていきましょう。（篠原由美子）

27　中央教育審議会「新しい時代の教育や地方創生の実現に向けた学校と地域の連携・協働の在り方と今後の推進方策について（答申）」2015.12.21（https://www.mext.go.jp/b_menu/shingi/chukyo/chukyo0/toushin/1365761.htm）.

第2章 学校図書館の運営

📖 学校図書館は，全体計画や運営計画に則って，計画的・組織的に運営されます。学校図書館の機能を充分に発揮するためには，学校の経営方針に図書館教育と図書館活動が組み込まれることが重要です。
📖 学校図書館サービスを通して，学校司書が学校教育にどうかかわっていくのかを，運営の面から考えます。

1. 学校図書館の運営

　学校図書館の活動を継続的・発展的に行うためには，学校図書館の運営が計画的・組織的に行われる必要があります。そのため学校の経営方針に基づいて学校図書館の全体計画を立て，全体計画を押し進めていくための運営計画を考えます。学校司書は学校図書館の運営の実務を担う立場ですから，全体計画の段階からかかわっていく必要があります。

1.1 運営のための組織

　学校図書館の運営を円滑に行うためには，学校図書館を学校教育に位置付けることが必要です。校長は，教育目標を達成するためにどのような経営をするかを示した学校の経営方針を策定します。この方針には，学校の教育目標や重点目標，校内組織や具体的な取り組み，評価などが明記されています。

　文部科学省が 2013 年に設置した協力者会議は，校長が学校図書館の積極的な利活用を学校経営方針・計画に盛り込み，学校図書館の運営・活用・評価に関してリーダーシップを発揮する，と報告しています[1]。つまり，校長は学校図書館を活性化させる責任を負っているということです。

　学校図書館は，経営方針に則って組織として校内に位置づけられている必要があります。校内組織には，校務を遂行するために「校務分掌」と呼ばれる，校内業務分担のための組織系統があります。図書館の運営を計画的・組織的に行うためには，校務分掌に図書館の分掌が必要です。図書館の担当は，学校によってさまざまですが，学校司書・司書教諭のほかに，図書館係の教諭（係教諭）などで構成されています。また，学校全体で図書館教

1　学校図書館担当職員の役割及びその資質の向上に関する調査研究協力者会議「これからの学校図書館担当職員に求められる 役割・職務及びその資質能力の向上方策等について（報告）」2014.3.31, p.7（https://www.mext.go.jp/b_menu/shingi/chousa/shotou/099/houkoku/1346118.htm）.

育に取り組んでいくために，これとは別に校内の学校図書館委員会などが組織されることも重要です。

1.2 計画の策定

（1）全体計画

　学校図書館は，学校図書館全体計画を策定します。この全体計画は，学校の教育目標を達成するために，図書館教育の目標を示したものです。

　全体計画には，日本国憲法や学校図書館法などの法律（第1章2参照）を根拠として示し，学校の教育目標，図書館教育・図書館活動の目標，その年の重点と具体的な取り組みなどを提示します。法律のほかにユネスコ学校図書館宣言（巻末資料2参照）も参考にするとよいでしょう。例えば，白山市立松任中学校（石川県）の全体計画（図2-1）は，生涯学習を目標として策定されています。他にも，鳥取県教育委員会が策定した『つなげる・ひろげる・そだてる学校図書館：学校図書館活用ハンドブック』[2] にも全体計画の例が掲載されていますので参考にしてください。

　このような全体計画を策定するにあたっては，形だけの計画にしないために，校内組織を設けて体制をつくることが重要です。また，学校図書館を充実させる要素として，必要な予算があり，設備が整備されていること，図書館に学校司書がいて，児童生徒が在校中にはいつでも開館（長期休暇中なども含む）していること，他の機関との連携があることなども求められるべきでしょう。

　学校図書館の全体計画を策定したら，校内に周知し，教職員で共通理解を図ります。そうすることによって，教職員の図書館への協力が得られ，学校全体で図書館教育に取り組むことができます。その際に学校司書と司書教諭が学校図書館の校内研修も計画すると，図書館教育と図書館活動の理解が深まります。

（2）運営計画

　学校図書館では，上記の全体計画の目標や具体的な取り組みをもとに，学校司書が司書教諭や係教諭などと連携しながら，「運営計画」を策定していきます。

　運営計画は，学校図書館として運営する基本的な計画を書くだけではなく，教育目標を達成するために学校全体の取り組みとなるよう，学校のカリキュラムや行事と結びつけるようにします。そのためには，年間行事や学習の情報などを収集する必要があります。学

2　鳥取県教育委員会編『つなげる・ひろげる・そだてる学校図書館：学校図書館活用ハンドブック』鳥取県教育委員会・県立図書館・学校図書館支援センター，2016，p.13.　鳥取県立図書館サイトで全文が公開，2017年に追補版が出ている（http://www.library.pref.tottori.jp/support-center/post-40.html）。

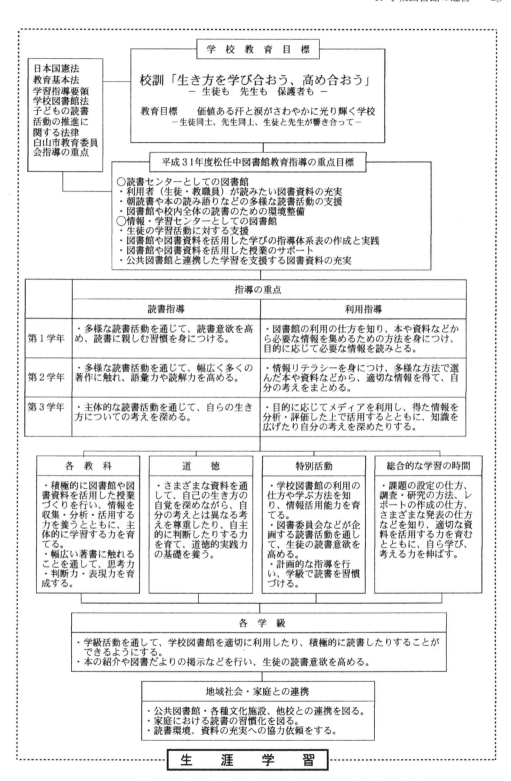

図 2-1　学校図書館全体計画（2019 年度 白山市立松任中学校）

（出典：「学校図書館教育全体計画」『平成 31 年度　学校管理運営計画』白山市立松任中学校，2019，p.35.）

校司書も職員会議の構成員となって，出席できることが大切です。日常的に学校内の教職員とコミュニケーションをとることも有効です。地域や外部の人との連携でイベントや行事など行うこともあるので，学校外の情報収集も求められます（第11章3参照）。

　運営計画は，運営の目標や方針とその内容などを盛り込みます。図書館の利用規定（開館時間，貸出期間と冊数，予約サービスなど）を入れてもよいでしょう。運営計画は教職員に分かりやすい言葉や表現を使い，図書館の活動を理解して，利用してもらえるようにしましょう。図2-2は高校図書館での運営計画の一例を示したものです。

　さらにこの運営計画をもとに，「学年別　学校図書館教育年間指導計画表」（第8章3参照）や「学校図書館活用シラバス」などを作成すると，より計画的に活動ができます。

　運営計画は，常に刷新を計るために，毎年作成し，校内で提示することが大切です。年度はじめに「運営計画書」という形にして職員会議で示し，学校全体で共通理解を図ります。年度の終わりには職員会議で一年の総括を報告します。

　また，運営計画と運営報告の記録は，担当者が替わっても，引き継いで計画的に運営を行うことができるように残しておきます。

　児童生徒が主たる利用者である学校図書館は，彼らの意見が反映されるように，児童生徒が運営計画に関わることができるようにするとよいでしょう。例えば，図書委員の意見や児童生徒にアンケートをとった結果を生かすようにしましょう。

（3）運営マニュアルの作成

　図書館を計画的・継続的に運営するために，運営マニュアルを作成します。運営マニュアルは，学校司書が運営計画を実施するための確認方法として有効です。また，新しく着任した学校司書への引継ぎにも必要です。

　マニュアルに記載する内容は，学校図書館の理念・機能，運営と組織，収集方針，選択・除籍基準，業務内容と役割分担，図書館教育や図書館活動などです。

　学校図書館の危機管理として，地震や災害，児童生徒の事故，感染症対策などの対応についても決めておきます。感染症対策として，養護教諭と相談し，ビニール袋，トイレットペーパー，次亜塩素酸消毒スプレーなどノロウイルスによる嘔吐処理対応のセットを置いている学校図書館もあります[3]。手洗いの石鹸，アルコール消毒液，ビニール手袋やマスク，救急セットなども常備しましょう。

　自治体のなかには，学校図書館担当者（学校司書・司書教諭・係教諭など）が学校間で共通する運営マニュアルを作成しているところがあります。自治体内の学校で共通したマ

3　岡田友美「冬の七つ道具」『学図研ニュース』409, 2020.3, p.10.

○○○○年度　●●高等学校図書館運営計画

１．目標

　生涯学習の育成のために，生徒の読書や豊かな学びを支えます。

２．運営方針

　生徒の興味・関心が学習につながるように日常の図書館活動を充実します。そのため，生徒の読みたい・知りたい要求に応えるために，資料や情報を提供します。また，教職員の授業を支援して，学びの充実を図ります。図書館が憩いの場，交流の場となるように環境を整えます。

　（１）生徒・教職員の要求に応えるために，資料や情報を提供します。

　（２）生徒が読書の楽しみを味わえ，読解力が身につくように読書活動を支えます。

　（３）充実した深い学びのために，多様で豊かな資料を提供します。

　（４）生徒が情報リテラシーを身につけるために，図書館利用教育や学習支援を行います。

　（５）授業や教材研究のための資料や情報を提供して，教員の教育実践を援助します。

３．実施内容

（１）図書館活動

- 学校のカリキュラムや行事と結びつけた資料や情報の提供：修学旅行，遠足，文化祭など
- 図書館の行事・催し：講演会，お話会など
- 図書館の広報活動：図書館だより・新着図書案内の発行，図書館ウェブサイトの活用など
- 図書委員会活動：ビブリオバトルの実施，図書館報の発行，文化祭のイベントなど

（２）図書館教育

- 読書教育と図書館利用教育：学校図書館教育年間指導計画表・学校図書館活用シラバスの作成など
- 授業の支援

　　パスファインダーやブックリストの作成，思考ツールの利用など

　　読み聞かせ，ブックトークの実施など

（３）環境づくり

- 利用しやすく，落ち着き憩える場所としてのレイアウト・排架・表示などの工夫

４．収集方針・図書館の利用規定

- ここには収集方針と利用規定をそのまま入れる。

図 2-2　学校図書館運営計画の例

ニュアルを作成すれば，その地域のどの学校でも利用者が同じサービスを受けることができます。また，各地でこのようなマニュアルがしっかり整備されれば，教員がどの自治体に転勤しても同じ水準で授業をすることが保障されます。マニュアルは作成したら終わりではなく，常に更新が必要です。みんなでマニュアルを検討し続けることが，図書館の理念やスキルを伝える貴重な研修になっていきます[4]。

2. 収集方針と選択・除籍基準

2.1 収集方針

　資料を選択して蔵書をつくることは，学校図書館を機能させるための基盤となる仕事です。蔵書はその学校図書館の理念や姿勢を表わすものとなります。運営の目標や方針に基づき，体系的に組織化して蔵書を構築していくために，収集方針を持つ必要があります。

（1）収集方針とは

　収集方針とは，収集する図書館資料についての基本的な考え方を成文化したものです。図書館は〈各種の図書およびその他の資料（図書館資料）や，情報を収集・組織・保存して利用者の要求に応じて提供する公共的サービス機関〉[5] です。収集方針は，どのような資料を評価し，収集するか，どのような蔵書を構築するかという，図書館サービスの基盤を示す指針となります。

　収集方針は，学校の教育目標と合致することはもちろんですが，同時に図書館の理念に基づくものでもなければなりません。選書に迷ったり，蔵書にクレームが付いたりしたときなどに，根本に立ち返って，判断するよりどころとなるべきものです。学校司書など選書をする担当者が恣意的な判断で選書しないためにも収集方針は必要です。

（2）収集方針の内容・基本的な考え方

　塩見昇は，館種を問わず，図書館全般の収集方針の内容として，その図書館の奉仕対象とサービス活動が基本的にめざすところを示し，知的自由の理念に則ること，資料の範囲で留意すること（図書以外のメディアについてもふれる）や利用者からの要求（リクエスト）に応じること，蔵書に対する批判への対処法，蔵書からの除去・廃棄の基本的な考え方を盛り込むべきであると述べています[6]。

　学校図書館の場合は，この盛り込むべき内容を踏まえて学校図書館の役割と，利用者である児童生徒および教職員に対してどのような資料を集め提供するのかを明記します。そこで大切になるのが，読むべき資料こそが必要という「価値論」と，利用者が読みたい資

4　「姫路市・枚方市における学校司書研修について：訪問調査からの考察」における箕面市の事例『図書館界』71（1），2019.5，p.65-67. に掲載。

5　図書館用語辞典編集委員会編『最新図書館用語大辞典』柏書房，2004，p.379.

6　塩見昇「収集方針の成文化・公開の意義と図書館の自由」『収集方針と図書館の自由』日本図書館協会，1989，p.23-25.

料を揃えるという「要求論」という考え方です。学校図書館は学校の中の図書館ですから，子どもの成長・発達のために読んでほしいと大人が願う資料を集める機関であると同時に，子どもたちが自由に楽しみ，心を豊かにするような資料を集める機関でもあります。どちらか一方の考え方に偏らず，両方の理論に目配りした上で，収集するべき資料を方針として掲げることが大切です。

（3）収集方針を作成する上での留意点

　ところで，学校図書館では，児童生徒の「この本を読みたい」という要求と，教職員や保護者の「子どもたちにこの本は読ませたくない」という要求との衝突が起こることがあります[7]。そうした場合に，クレームが寄せられそうな資料について，トラブルを回避したいという気持ちから，蔵書として加えることに何らかの自己規制が生じることも考えられます。しかし，資料提供サービス・情報サービスを行うなかで，児童生徒の読みたい・知りたい要求に応え，同時に授業も含めて幅広く興味・関心を高めることは大切な図書館の役割です。

　こうした2つの要求の衝突をどう解決するかについては，第3章1.3で詳しく述べていますので，ここではこうしたトラブルをできるだけ回避できるようにするために，収集方針に盛り込むべき要素について3つ触れておきます。

① 収集する上での法的な根拠

　外部からのさまざまな声に右往左往することなく，資料収集を行うためには，なぜその資料を収集したのか，収集の根拠を示すことが必要となります。収集の根拠として外部への説得力をもつものは，法令との関わりです。

　子どもたちの知る自由・知る権利を基本的人権として保障すると明記することは特に重要です。そして，知る自由を保障するための具体的な収集方針としては，以下の「図書館の自由に関する宣言」（巻末資料3参照）の副文も参考にしつつ，多様な資料が集められなければならないこと，資料の価値は一面的ではないことなどを記すとより具体的な内容となるでしょう。

　　図書館は，自らの責任において作成した収集方針にもとづき資料の選択および収集

7　2013年8月，島根県松江市内の公立小中学校において，前年の市教育委員会の要請を受けて，描写が残虐であるという理由から，図書館の開架書架からマンガ『はだしのゲン』（中沢啓治，汐文社，1975-1987.）が撤去されていたことが報道されて批判を受けた。市教委は要請を撤回して現状の回復，選書基準の作成と各学校で話し合って対応することを依頼したため，ほとんどの学校が開架書架に戻した（経緯は，『図書館の自由ニューズレター集成』4（2011-2015），日本図書館協会，2016，p.171-175. に掲載）。

を行う。その際,

1．多様な,対立する意見のある問題については,それぞれの観点に立つ資料を幅広く収集する。
2．著者の思想的,宗教的,党派的立場にとらわれて,その著作を排除することはしない。
3．図書館員の個人的な関心や好みによって選択をしない。
4．個人・組織・団体からの圧力や干渉によって収集の自由を放棄したり,紛糾をおそれて自己規制したりはしない。
5．寄贈資料の受入れにあたっても同様である。

　図書館の収集した資料がどのような思想や主張をもっていようとも,それを図書館および図書館員が支持することを意味するものではない。

② 拡張型の表現形式

　収集方針の表現形式についても留意が必要です。ライヒマン（Henry Reichman）は〈検閲者は資料を排除する理由を探す。選択者は,理路整然としたゴールを持ち明確に定められたカリキュラムの中で,可能な限り多種多様な教科書,図書館資料,カリキュラム補助資料を組み込む方法を求める〉と述べています[8]。したがって,収集方針を策定する際は,「入れられない」という抑制型ではなく,「入れられる」という拡張型の方針をつくるようにこころがけましょう。

　具体的には,このような資料は収集できないと表現するのではなく,このような資料を収集する,という表現を用いるようにします。どのような資料であっても,子どもに読ませたくないように感じる「部分」はあります。その部分がことさらクローズアップされて特定の本が排除されるようなことが起こらないようにすることが大切です。

③ 寄贈本への対応方針

　資料収集への外部からの干渉は,「寄贈」という形でも起こりうることがあります。特定の団体・個人からこの本を子どもたちの読ませたいと学校図書館に本が届くこともありますが,これらの寄贈資料を全て蔵書に加えなければならないわけではありません。寄贈資料もまた収集方針に基づく選択の対象となる資料です。

　必要な資料だけを蔵書とするために,また,蔵書としなかった場合の寄贈者からの不満にも対応できるように,収集方針には寄贈本の受け入れについての考え方を明記しておく

8　H. ライヒマン,川崎良孝訳『学校図書館の検閲と選択：アメリカにおける事例と解決方法』青木書店,1993,p.8.

とよいでしょう。

（4）収集方針の承認と公開

　収集方針は，クレームなどが生じた場合のよりどころとなるものですので，職員会議で提案して承認を受ける必要があります。学校司書が中心となって収集方針をつくった経緯と収集方針（図 2-3）を報告していますので，参考にしてみてください。

　前述のとおり，収集方針は利用者の権利に深く関わるものですから，教職員はもちろん，児童生徒にも広く伝わるようにすることも大切です。また，収集方針の公開は，第 1 章でも述べた学校図書館を支える関係者（ステークホルダー）が図書館づくりへ参加する根拠にもなります。そのため，収集方針を図書館に掲示し，児童生徒や教職員に毎年オリエンテーションや職員会議で示します。図書館の利用案内に掲載して，周知する方法もあります。学外のステークホルダーに知ってもらうためには，学校のウェブサイトで公開するのもよいでしょう。運営方針・収集方針・除籍基準をウェブサイトで公開しているところも

兵庫県立西宮今津高等学校資料収集方針（1991 年作成）

　西宮今津高校図書館は生徒・教職員のために情報・資料提供のサービスを行う機関である。そのサービスは創造性豊かな自己教育の実現と知的自由の保障を希求しておこなう。

　図書館運営にあたっては全ての利用者の要求と利便を尊重し，特定の価値観を強制しない。

　この理念と原則をうけて資料の収集は以下の方針によって行う。

（1）利用者の多様な必要性（ニーズ）に基づいて資料を収集する。

　　①教科学習・課題学習関連資料は，積極的に収集する。

　　②利用者の新規購入要求（リクエスト）についてはできるかぎり応じる。

　　③利用者の購入要求が予想されるもの，利用が見込まれるものを収集する。

（2）参考資料，郷土資料などの基本的文献は積極的に収集する。

（3）資料は図書のほか，雑誌などの逐次刊行物，パンフレット類，視聴覚資料等多様な形式のものを収集する。

（4）時代に対応する今日的な資料を収集し，時代に合わなくなった資料は書庫に保管及び除籍し，蔵書全体を利用者にとって魅力のあるものにしていく。

（5）障害者・在日外国人などの利用者の存在に留意し，点字・録音資料，母語資料など，関係資料の収集についても配慮する。

（附）この収集方針は生徒・教職員の意見を求め 3〜5 年ごとに見直すこととする。また，時代に即した実質的な収集方針をつくりあげる努力をし，蔵書が豊かで奥行の深いものになることをめざす。

図 2-3　収集方針（兵庫県立西宮今津高等学校）

（出典：鈴木啓子「子どもたちの『読みたい，知りたい』気持ちに応える」『学校司書って，こんな仕事：学びと出会いをひろげる学校図書館』かもがわ出版，2014，p.75.）

あります[9]。

　児童生徒・教職員を中心にステークホルダーの意見を聞き，時代に合ったよりよいものにつくり替えていくことも必要です。そのため，収集方針はつくった後，意見を聞いて図書館担当者で話し合い，職員会議に諮って改正していきます。

2.2　選択基準

　選択基準は，収集方針に基づいてどのような資料を収集するかを決めるためのものです。収集する資料の種類（図書・雑誌・新聞・パンフレット類・AV 資料など）を具体的にあげます。それらの資料について，児童生徒・教職員に対して，内容的に相応しいか，出版年は新しいか，信頼できる出版社か，製本がしっかりしているか，図版は鮮明か，表現方法として適切か，価格はどうか，利用頻度は高いかなどを観点として選書のよりどころとします。この基準は，電子資料などにも適用されます。

　現在の蔵書で分類に偏りがないか，多様な資料があるかを確認して選書することも重要です。ただし，あまり細かく決めても，基準にこだわりすぎて迅速に資料の収集や提供ができません。あくまで指針であり，児童生徒をよく見て，場合によって基準に合わなくても応じるような柔軟な対応も必要です。

2.3　除籍基準

（1）除籍とは

　除籍とは，図書館の蔵書から資料を除去することです。蔵書目録（図書原簿）からの除去と同時に資料そのものも処分します。こうした活動によって蔵書は刷新され，利用者に新しい情報を提供することができるため，広い意味では「収集方針」の一部に含まれるものとして説明されることもあります。

　除籍の対象となる資料については，蔵書目録から記載事項を除去し，そこに除籍の理由や日付などを記入します（蔵書目録がコンピュータ化されている場合は，データ上で行えます）。除籍の記録は，新たに購入するかどうかや蔵書冊数を確認するためにも必要です。除籍は，恣意的なものにならないようにするため，基準を作成します。

　除籍の対象となる資料は，
- 破損・汚損がひどく修理できない資料
- 利用されなくなった資料（その学校や地域に関わる資料は除く）
- 国名の変更が反映されていなかったり，新しい知見が載っていないなど，内容が古く

9　甲南高等学校・中学校図書館「図書館について」（http://www.konan.ed.jp/lib/act/index.html）.

　なったり，時代と合わなくなったりした資料
・蔵書点検の結果，所在不明の資料

などです。例えば，所在不明資料については蔵書点検で年数を決めて「３年連続で資料が見つからない場合，除籍する手続きを行う」というように基準を決めます。

　蔵書点検は，原則年１回実施します。資料の紛失の確認だけではなく，資料が古くなっていないか，不足している分野はないか，などを確かめます。これは，次年度の運営計画の策定にも参考になる活動です。できる限り，定期的にていねいに行いましょう。

　なお，所在不明資料の除籍基準は，自治体の教育委員会が決めている場合もあるので，確かめてから行いましょう。

（2）除籍の意義

　除籍の意義は，本来，除籍されるべき資料がそのまま書架に置かれていることのデメリットをまとめるとよくわかります。

・古い情報・データや間違った情報が提供されてしまい，学習活動やセルフレファレンス（利用者自身による調査活動）を妨げることがある。〈例〉古い世界地図，恐竜の絶滅理由を書いた本など。
・利用頻度が極端に低くなった資料が書架に並べられていると，棚の鮮度が落ちてしまう。流行に敏感な児童生徒にとって居場所というイメージが弱くなってしまう。〈例〉タレント本・ベストセラー本
・汚損・破損した古い資料が書架に放置されていると，全体的に暗いイメージを与える。
・蔵書点検で所在不明の資料をそのままにしておくと，OPAC（Online Public Access Catalog，利用者用のオンライン蔵書目録のこと）にある資料が見つからないということが起こり，利用者の効率的な資料探索を妨げてしまう。
・書架に隙間がなく資料があふれていると資料がとりにくく，威圧感を与え，せっかくの新しい資料が目立たなくなり，必要な資料も見つけにくくなる。

　このように，除籍は，蔵書の「新陳代謝」には欠かせないものですが，上のデメリットがある資料をすべて除籍してよいわけではなく，その学校や地域に関わる資料は，除籍しないでできるだけ修理して使えるようにし，状態が悪いものは書庫に保管します。

　利用されなくなった資料を除籍するかどうか迷う場合は，「除架」といって一旦資料を閲覧書架から除き，書庫などに移動させ，その後の利用状況をみてまた書架に戻すことも検討します。書庫に移動する場合にも，必ず蔵書目録のデータを変更し，場所が分かるようにしておく必要があります。除架の方針もあればよいでしょう。

　除籍を通して，開架書架は，利用者が手に取りたくなるような新しい魅力的な資料が見

えるものにしましょう。そのためにも除架や除籍が必要です（第4章3参照）。

3. 記録・統計

　学校図書館の運営には，記録や統計が必要です。記録や統計は，学校司書が仕事を見直し，図書館の活動を評価して改善するための資料として必要なものです。同時に，学校図書館活動を「見える化」するための資料になります。記録や統計に基づいて運営の報告を行い，計画を立てます。

　記録や統計の種類としては，以下のようなものがあります。

- 活動記録：レファレンス，教科への支援（授業内容），利用教育，広報，行事，図書委員会活動など
- 利用統計：開館日数，来館者数，貸出冊数，予約件数，相互貸借の冊数，授業時間数，レファレンス件数など
- 蔵書統計：蔵書冊数（分類別冊数），受入・購入冊数，除籍冊数，寄贈冊数など

　以上のようなデータ類は1年に1～数回，報告が求められることがありますので，日常的な記録が必要です。そのため，「業務日誌」をつけておくと記録のまとめや学校司書の仕事の振り返りに役立ちます。業務日誌に記入する項目は，年月日，天気，学校の行事など，開館時間，来館者数，貸出冊数，予約件数，相互貸借冊数，授業利用（科目・クラス・担当者・テーマ・授業時間など），レファレンス（簡単な内容・件数），業務内容，備考欄などがあります。レファレンスの詳細は，別に書式を決めてレファレンス記録をとりましょう。備考欄は，その日の図書館の状況や児童生徒の様子，できごとなどをメモすると，統計だけではなく，学校図書館の様子を伝えることができ，教職員と共通理解が図れるでしょう。

　年度の終わりには，必要な記録や統計をまとめて，年間活動の報告書を作成します。活動報告の項目は，例えば図書館の行事や利用教育，授業支援（授業時間数，授業内容）の報告，図書館の貸出冊数・予約件数・相互貸借冊数・レファレンス件数などです。

4. 会計作業・予算管理

4.1 資料の予算

　予算は，会計の収入と支出の計画です。図書館は一定の資料がなければ運営できません。そのために資料の購入予算が必要です。

　文部科学省は 1993 年に「学校図書館図書標準」[10]（公立の小・中学校と特別支援学校の学校図書館が備えるべき蔵書の標準）を策定しています。この冊数基準では，義務教育の学校に限られているので，高等学校（高等部）は対象になっていません。

　例えば，小学校で 18 学級の場合は，10,360 冊，中学校で 15 学級の場合は，12,160 冊となります。専ら視覚障害者に対する教育を行う特別支援学校（小学部）で，10 学級の場合は 3,932 冊，専ら聴覚障害者に対する教育を行う特別支援学校（小学部）で，10 学級の場合は 3,320 冊となります。しかし，この数字に達しているところは，小学校 66.4 ％，中学校 55.3 ％，特別支援学校（小学部）14.0 ％しかないという結果が出ています[11]。

　また，この標準に達しているからよいというものではありません。蔵書の更新は必要です。図書標準冊数を維持するために除籍してはいけないと管理職などから言われているという例もあります。蔵書は量だけではなく質も大切です。蔵書が更新されなければ，新しい情報や必要な資料は提供できません。

　児童生徒のさまざまな学びに対応して，豊かで多様な資料を提供するためにも，資料の冊数は，その学校の教育に必要な蔵書数になります。蔵書の更新や新たな資料を購入するために予算の確保は欠かせません。

　文部科学省は，「学校図書館図書整備等 5 か年計画」[12] として，学校図書館図書標準の達成のための学校図書館の整備費を小・中学校に配分しています。学校図書館の図書や新聞の購入費，学校司書の配置の費用に充てられることになっています。学校図書館の新聞購入費については，小学校 1 紙，中学校 2 紙が基準です。また，この購入費には高校も含まれており，高校で 4 紙が基準になっています。

　しかし，この費用は，用途を縛らない地方交付税交付金として各自治体に配分されるため，学校図書館関係の用途として予算化されず，別の用途に流用されてしまうことがあります。予算化を実現するためには，各自治体の教育委員会などへ要望する必要があります。予算を獲得するために積極的に管理職に働きかけましょう。

4.2　予算の執行

　図書館の経費は，施設・設備費から資料費，資料を装備する費用などがあります。改修や書架などの大きな経費は，そのつど予算要求をしていくことになりますが，資料やその

10　文部科学省「学校図書館図書標準」(http://www.mext.go.jp/a_menu/sports/dokusyo/hourei/cont_001/016.htm).
11　文部科学省「平成 28 年度『学校図書館の現状に関する調査』の結果について」2016.10.13, p.8 (https://www.mext.go.jp/a_menu/shotou/dokusho/link/1378073.htm).
12　文部科学省「学校図書館関係の地方財政措置について」(https://www.mext.go.jp/a_menu/shotou/dokusho/link/1360320.htm).

装備の経費は，毎年一定の予算がつかなければ計画的・継続的に運営ができません。毎年運営に必要な経費がつくように学校として組織的に組み込まれることが必要です。

　学校図書館では，資料や図書館用品など，その財産を管理するために金銭の収支の記録（会計作業）も行われています。予算案は，児童生徒や教職員の資料の利用状況を把握している学校司書が中心となって作成して学校図書館の校務分掌で検討します。

　資料の購入方法は，計画的に選書して購入する場合とは別に児童生徒・教職員からのリクエスト，授業で必要な資料，話題の資料などがすぐに購入できるようにすることも重要です。学校によっては，年に数回しか買えないところもあるようですが，必要な資料が随時発注できなければ，予約サービスや学習支援に対応できません。児童生徒が求める資料をできる限り早く手渡すことは，児童生徒の読みたい・知りたいという気持ちを大切にし，興味・関心を広げて，知的好奇心を喚起することにつながります。教員への授業支援も迅速に行え，多様な資料が提供でき，学びの質が向上します。こうした年間を通じて資料の購入が可能になるような予算執行方法を求めましょう。

　予算は確実に執行して，年度末に会計報告できるようにします。決算でどのように予算が使われたかを確認して，次年度の予算を要求するときの資料とします。

5. 資料・文書の管理

　図書館では，市販されている図書や雑誌などの資料以外にさまざまな資料（パンフレットやリーフレットも含む）や文書を保管します。ここで取り上げる資料や文書は，学校内で作成したものと外部から送られてきたものの内，今後児童生徒や教職員が調べたり，授業で利用したりする際に役立つと考えられるものです。必要な資料や文書は，ただ保管するだけではなく図書館資料として利用できるようにすることが重要です。

　以下の 5.1，5.2 のような資料・文書は，管理が継続的に行われるために，管理マニュアルを作成します。管理マニュアルは，蔵書とするもの，永久的に保管するものと年限を決めて廃棄するものとその保管方法・保管場所（書庫がない場合）などを校内で定め，必要なときに提供できるようにしておきます。

5.1 学校内の資料・文書の種類と管理方法

　学校内の資料・文書には，学校図書館の資料・文書と学校図書館以外の資料・文書の 2 種類があります。こうした文書は，失われると二度と手に入らない資料です。学校の歴史を保存するという学校図書館の仕事として，欠けることのないよう丁寧な収集と保管が必要です。そのために，学校司書は校内で収集する資料・文書を教職員に伝えて，協力体制

をつくりましょう。

（1）学校図書館の資料・文書

- 運営に関するもの：全体計画・運営計画，収集方針などの計画や方針・基準，図書館活動を総括した年間報告や評価など
- 活動に関するもの：利用教育や授業支援の資料，職員会議に提案した資料，図書館だよりや新着図書案内などの広報紙，図書館活動や図書委員会活動の記録（写真・動画を含む），研修資料など

これらの資料は，計画の見直しや引継ぎなどのためにデータでも保管しましょう。

（2）学校図書館以外の学校内の資料・文書

- 学校要覧や研究紀要，職員会議で提出される学校の経営方針・年間計画や各分掌・学年の取り組みや行事の記録など
- 児童生徒の成果物，文化祭や修学旅行・遠足・体験学習の資料など学校行事の記録，卒業文集や学年通信など学年の記録，部活動の記録など
- PTA や同窓会などが発行している広報紙

　例えば，授業で卒業論文を作成している学校は，児童生徒が卒業生の論文を読むことで論文を執筆する際の参考になったり，モチベーションにつながったりします。また，担当の教員の論文指導にも役立ちます。文化祭の動画を図書館で保管して，視聴できるようにしている学校もあります。学校や児童生徒が掲載された新聞記事などの資料も学校の歴史に関する資料として保管しましょう。

5.2 外部の資料・文書の種類と管理方法

　外部の資料・文書は，公文書のほか，さまざまな団体や個人から送られて来るもので，国や文部科学省，自治体や教育委員会などの資料や公文書，学校図書館の研究団体からの資料・文書，他の団体や企業の資料・文書などがあります。重要度や利用価値などをよく吟味して，保管するものを決めましょう。

6. 学校図書館の評価

　学校図書館の運営を機能的に行うために，PDCA サイクルで評価して，改善します。計画（Plan）→実行（Do）→評価（Check）→改善（Act）の活動を繰り返します。運営計画を立てて，計画を実施し，評価を行い，新たに改善した計画を立てます。計画通りに達成でき

なかった項目は，なぜ計画通りにできなかったのかの検証が必要です。PDCA サイクルで行うことでプロセスが明らかになり，継続的に改善できる利点があります。

　評価の意義は，運営計画が計画通り行われているかどうかを確認することです。目的は，組織運営の改善，図書館教育と図書館活動の改善と向上です。評価の方法は，項目を作成してチェックする方法や質問紙法や記述式などがあります。学校の現状に合わせて，負担が少なく評価がわかる方法を考えましょう。

　例えば，学校図書館の活動を評価し，改善していくためのチェックリストとして，学校図書館活動ができているかどうか確認できる「学校図書館活動チェックリスト 2002 年版」[13] があります。そこには，評価内容の項目として運営方針，資料収集，閲覧，貸出，レファレンス・読書相談，教育活動への援助，相互協力，図書館利用支援・オリエンテーション，広報，集会行事があります。また，「学校図書館活性化チェックリスト」[14] もあります。こうしたものを利用して，しっかりとした目標や計画を立てることによって，その時々の思いつきの対応ではなく，継続したサービスを行うことができます。

　蔵書構成を評価することも重要です。データに基づいて必要な分野の優先順位を決めるために役立つツールとして，コレクション・マップを作成するという方法もあります[15]。

　評価には，自己評価と外部評価があります。自己評価は，司書教諭・学校司書など学校図書館担当者が行います。記録や統計をまとめて評価の参考資料とします。外部評価はコミュニティ・スクール（学校運営協議会）などによって行われます[16]。児童生徒，教職員，保護者，地域の学校関係者などに全体計画や運営計画を周知し，意見を求めます。学校は教育目標などについての評価を毎年教職員や児童生徒・保護者などに行っていますので，学校図書館も評価の中に組み込まれるようにします。

　図書館は，利用者一人ひとりへのサービスを大切にします。児童生徒から図書館への要望や意見を知るために，カウンターで彼らの声に耳を傾けることが必要ですが，ほかにも図書館に意見箱を置いたり，児童生徒へのアンケート調査を行ったりしましょう。利用者の要求を知ることは，図書館の改善につながります。生徒を対象に学校図書館満足度調査を行っている学校もあります[17]。

　学校図書館の評価が学校図書館の改善に活かせるように，評価の方法を決め，評価の結

13　学校図書館問題研究会「学校図書館活動チェックリスト」2002（http://gakutoken.net/opinion/2002checklist/）.

14　前掲注 2，p.28.

15　アメリカ公教育ネットワーク，アメリカ・スクール・ライブラリアン協会，足立正治・中村百合子監訳『インフォメーション・パワーが教育を変える！：学校図書館の再生から始まる学校改革』高陵社書店，2003，p.74-88.

16　文部科学省「コミュニティ・スクール（学校運営協議会制度）」（https://www.mext.go.jp/a_menu/shotou/community/index.htm）.

果から問題点などを洗い出します。評価は，改善するためだけではなく，評価から「図書館とは何か」を考えることが必要であり，また，学校司書の仕事を振り返るためにも重要です。見直しをして改善があって，はじめて学校図書館の運営が計画的・継続的に行われることになります。改善は，長期的になることもあるので，運営計画は，記録として保管し，継承できるようにします。

まとめ

　学校図書館は，サービスが円滑に行われ，その機能が充分に発揮されるように運営されなくてはなりません。学校全体で図書館教育や図書館活動が理解され，計画的・組織的に運営されていけば，次章以降で述べるさまざまな学校図書館サービスの展開が可能になっていくでしょう。

　学校司書は，学校図書館サービスを通して学校教育に深くかかわっています。運営に必要なさまざまな方針や基準を整え，毎年の活動を総括し，発信して評価を求め，また改善を加えるといった地道な繰り返しによって，学校図書館の姿を伝え，教職員や児童生徒と共に，よりよい学校図書館運営を図っていきましょう。(鈴木啓子)

---

17 「分科会5 利用者の満足度で学校図書館を評価する」『がくと』34, 2018, p.70-74.
　松山裕輝「レフェラルサービスや利用者満足度調査をやってみました！」『がくと』35, 2020, p.140-149.

第3章　資料提供サービス・情報サービス

📖本章では，学校図書館サービスの基盤となる資料提供サービス・情報サービスの意義について説明し，その基本的な種類と具体的な方法を紹介します。また，サービスの提供において求められる学校司書の専門性について，教員とはまた異なる視点をもつ専門家として配慮すべきことを考えていきます。

📖資料提供サービス・情報サービスとはどのようなものなのでしょうか。それを支える学校司書独自の視点とはどのようなものなのでしょうか。

1. 資料提供サービス・情報サービスの意義

　資料提供サービス，情報サービスにはどのような意義があるのでしょうか。2つのサービスの区分については第1章で述べていますので，ここではこれらのサービスの基盤となる，「資料」と「情報」・「情報資源」の意味や教育的配慮との対立という問題に触れつつ，資料提供サービス，情報サービスの意義を考えていきましょう。

1.1 「資料」と「情報」・「情報資源」のとらえ方

　「資料」とは，本や新聞，雑誌，CD・DVD など，物理的に形があるものを指します。「資料提供」とは，こうした形があるものをイメージして使われることが多い用語です。棚に並んでいる本や雑誌を閲覧してもらうことや，貸し出したりすることはもちろん，利用者の「読みたい」「知りたい」「分かりたい」という幅広い興味関心に応えるために，他の図書館からその蔵書を借り受けて一時的に利用できるようにすることもあります。

　利用者の要求に応えようとする場合，学校司書が提供するものは，形がある資料そのものではなく，資料の中に含まれる「情報」であったり，またはウェブサイトや図書館で契約している新聞記事等のデータベースの中に含まれる「情報」であったりする場合もあります。例えば，レファレンスサービス（2.4 参照）のなかでの学校司書の仕事は，利用者が求める情報が掲載されていそうな資料（本や雑誌など）を「はい，どうぞ」と手渡して終わるだけでなく，利用者がもっているヒントからその資料にたどり着くプロセスやその資料の使い方を説明しつつ，求める情報が掲載されている箇所まで利用者をナビゲートすることも含まれます。そうした場合に学校司書が提供しているものは，厳密には資料の中に含まれている情報そのものとなりますので，そうしたサービスについては，「情報サービス」という用語を用いたほうが適切でしょう。

　なお，学校図書館がサービスのなかで扱うものを考える場合には，「資料」と「情報資源」という用語の違いも理解しておく必要があるでしょう。図書館情報学の分野では，「資料」という用語は，各図書館が収集方針の下で購入し，コレクション（蔵書）としているもの，という狭い意味で使われる一方で，「情報資源」という用語は，図書館が管理している蔵書だけでなく，図書館の外にある多様な資料・情報を含めた意味で用いられることが一般的です。例えば，利用者の幅広い知的好奇心に応えていくためには，図書館にある資料（本や雑誌，新聞）だけではなく，インターネット上の情報も信頼性や公平性に配慮しつつ活用しますし，博物館や美術館の資料室などの外部機関の資料も扱います。

　ただし，こうした学問上の「資料」「情報資源」の使い分けは，学校図書館の現場では一般的とは言えません。現実の学校図書館サービスのなかで，「資料」という用語を使う場合には，「情報資源」との違いを意図的に区別することはほとんどなく，「情報資源」を含む広い意味で使われることが多いようです。本テキストでは，こうした現実に合わせて，「資料」という用語を，ネットワーク上の情報も含む広い意味で用いることにします。

1.2 法令にみる資料提供サービス・情報サービスの意義

　資料提供サービス・情報サービスが，学校図書館にとって大切であることを学校図書館に関連する法令から読み取ってみましょう。まず「学校図書館法」に注目すると，学校図書館の目的を定めた第2条において，次のように書かれています。

　　第2条　この法律において「学校図書館」とは，（中略）　図書，視覚聴覚教育の資料その他学校教育に必要な資料（以下「図書館資料」という。）を収集し，整理し，及び保存し，これを児童又は生徒及び教員の利用に供することによって，学校の教育課程の展開に寄与するとともに，児童又は生徒の健全な教養を育成することを目的として設けられる学校の設備をいう。

　「資料を〜利用に供すること」とは，資料やその中に含まれる情報を提供するという意味になりますので，法に定められた2つの目的，つまり「学校の教育課程の展開に寄与する」と「健全な教養を育成する」ことを実現していく上での，唯一の直接的な手段として資料提供サービスと情報サービスが位置付けられていることがわかります。とすると，学校図書館における資料提供サービス・情報サービスの意義を捉えるためには，「学校の教育課程の展開に寄与する」と「健全な教養を育成する」という，学校図書館固有の目的を理解する必要があります。

　「学校の教育課程の展開に寄与する」という目的については第1章で述べたとおりです

ので，ここでは簡単に触れます。学校の中にある図書館として，学校図書館は児童生徒の
さまざまな学びを支援することが求められます。具体的には，各教科や総合的な学習の時
間での調べ学習，学校行事などの事前学習に必要な資料・情報を児童生徒へ提供すること
はもちろん，授業で習ったことをもっと深く理解したいという気持ちになった児童生徒へ
の資料提供サービス，情報サービスも含まれます。サービス対象は児童生徒だけではあり
ません。その学びを支える教員や事務職員へ授業づくりや学校運営などに必要な資料・情
報を提供することも含まれます。それらの活動を通して，学校教育が豊かに展開されるよう
にサポートすることが学校図書館の目的であり，同時に，資料提供サービス・情報サー
ビスの役割です。

　では，資料提供を通して学校図書館が目指すべき「健全な教養を育成する」とはどのよ
うなことを意味しているのでしょうか。

　「健全な教養を育成する」が「学校の教育課程の展開に寄与する」ことと並んで書かれ
ているということは，ひとまず授業とは離れて，利用者一人ひとりの，日々の生活のなか
で生じるさまざまな疑問，知りたい・読みたい・分かりたいという知的好奇心に応えてい
くことと捉えられます。学校図書館は，学校の中にある図書館ですが，児童生徒はそこで
授業で教わった範囲以上のことを知ってはならないわけではありません。児童生徒は一人
ひとり多様な性質をもっていますので，体系化された授業が営まれる教室には居場所を見
いだせない子どももいるかもしれません。塩見昇はそうした子どもたちに〈寄り添い，コ
ミュニケーションを交わすことで，子どもたちが学校図書館で心を開き，自らの「学び」
を発見する〉と指摘しています[1]。「授業に関係がない」「あなたにはまだ早い」と言って子
どもたちの要求を安易に退けるようなことはせずに，彼らの知的好奇心がのびのびと育ま
れるように，資料・情報要求に応えることは法律の趣旨からいっても当然のことです。

　「健全な教養を育成する」という目的を理解するうえで，よく引き合いに出されるものが，
公共図書館の目的を定めた「図書館法」です。図書館法第2条では，学校図書館法とは同
じようなキーワードを用いつつも，異なる表現がなされていることに気づかされます（下
線筆者）。

　　第2条　この法律において「図書館」とは，図書，記録その他必要な資料を収集し，
　　整理し，保存して，一般公衆の利用に供し，その教養，調査研究，レクリエーション
　　等に資することを目的とする施設で，地方公共団体，日本赤十字社又は一般社団法人
　　若しくは一般財団法人が設置するもの（学校に附属する図書館又は図書室を除く。）

1　塩見昇『学校図書館の教育力を活かす：学校を変える可能性』日本図書館協会，2016，p.73.

をいう。

　図書館法にも，学校図書館法と同じように，「教養」という言葉が出てきます。しかし，「教養……に資すること」としか書かれておらず，学校図書館法のように「健全な」というような形容詞がありません。この違いに注目して，学校図書館での資料提供サービス・情報サービスは，公共図書館とは違って自由ではない，一定の制約があるという説明がなされることもあります。しかし，「健全な」と一口に言っても，何をもって健全とするのか，その捉え方には個人差があるでしょう。さらに言えば，心を豊かにするためには，多様な学問・知識に触れるべきであり，その中には時には，批判や分析の対象として「健全ではない」情報が含まれることもあるかもしれません。

　学校図書館法と図書館法との違いを見出すのであれば，むしろ，学校図書館法の中の「育成する」という部分をピックアップするべきでしょう。学校図書館は公共図書館と比べてより直接的に児童生徒に働きかけることができる教育機関です。多様な情報へのアクセスを保障しながら，豊かな心を育てるようなさまざまな働きかけを行うことが，学校図書館法の目的であり，資料提供サービス・情報サービスの意義と考えることができます。

　このことは，学校図書館法において，学校の中の本がある場所を「図書館」と表現し，「図書室」と表現していないことにも表されていると言えるでしょう。「館」という漢字には，人やものが集う大きな建物という意味があります。子どもたちが何かをとことん学びたい，知りたい，探究したいと願ったときに，小さな学校図書館の蔵書だけではニーズに応えることは到底できません。しかし，学校図書館は，学校司書がいることによって，他の図書館と連携し，相互貸借制度（未所蔵資料を図書館同士で貸し借りできる仕組み）やレフェラルサービス（2.4 参照）等を通して資料・情報を届けることができます。だから，学校図書「館」と言えるのです。反対に，児童生徒の情報アクセスが制限され，学校の中にある資料にしかアクセスできないのが図書「室」です。学校図書「室」法ではなく，学校図書「館」法という名称が用いられていることからも，資料提供サービス・情報サービスが学校の外の世界に開かれていることを積極的に読み取っていくべきでしょう。

1.3　子どもたちの要求と教育的配慮との関係

　以上のような資料提供サービス・情報サービスの意義を学校図書館において実践しようとする場合，子どもたちの知りたい・読みたいという要求と，いわゆる「教育的配慮」が対立した場合にどうするか，という具体的な問題に直面することがあります。

　学校図書館では，限られた予算を使って資料を選ぶのですから，第2章で述べたとおり，一定の基準をもって選択することはもちろん必要ですが，「選択（購入・収集）しない」こ

とは「提供しない」こととイコールではありません。他の学校や近隣の公共図書館から取り寄せることもできれば，インターネット上に代替できる情報があればそれを検索して提供することもできます。しかし，世の中には子どもたちに「悪影響を与える」とされるような資料・情報もあり，これまでにも，ポルノ的なイラストが掲載されている，残虐な描写がある，作者が犯罪者である，政治的に偏りがある，生命を軽視している，差別的である，といった理由で，学校図書館での資料提供サービス・情報サービスが問題視されたこともありました。

　難しい問題ですが，子どもたちの要求と，教育上の配慮が対立する場合に，学校司書の専門性として備えておいてほしい視点を4つ紹介します。

① 資料の価値は「部分」ではなく「全体」で評価する

　昔話や童話などには残虐な表現が含まれることがありますが，それはあくまでも物語を構成する一部であり，子どもたちが作品を好む理由はそうした表現とは別にあるという指摘もあります。残虐な描写やポルノ的なイラストが問題であるように思えても，それは作品を構成する一部にすぎません。「資料のプロ」である学校司書としては，一部の表現だけに注目せず，利用者の心をつかむ要素があるのではないか，という視点でその資料全体を評価することが大切です。

　「名著」とされるような本であっても，暴力的だったり，差別的だったりする部分を探せば，1か所くらいは出てくるものです。学校図書館での「禁書」をテーマにしたアメリカのYA小説『誰だハックにいちゃもんつけるのは』の中には，子どもたちに悪影響という理由で禁書にすることを求める声への反論として，次のような司書の言葉が掲載されています。

　〈誰も傷つけない本があるんですか？　あったらみせていただきます。それは，誰ひとりきちんと読んだこともない本だと証明してさしあげます〉[2]。

　マイナスの面ばかりに注目していると，子どもたちに提供できる本は1冊もなくなってしまいます。資料の価値やそれに基づく資料提供の是非は，部分ではなく，全体をみて評価するようにしましょう。

② 子どもたちはサービスの受け手であると同時に主権者である

　「図書館の自由に関する宣言」（巻末資料3参照）によると，日本国憲法が定める「知る自由」（知る権利）という基本的人権に応えることは，学校図書館も含めてすべての図書

2　ナット・ヘントフ，坂崎麻子訳『誰だハックにいちゃもんつけるのは』集英社，1986, p.57.

館の使命とされています。こうした宣言の内容に対しては，「子どもたちがおかしな本ばかりリクエストしたらどうする？」「学校図書館にはなじまない」といった声が上がることもあります。

しかし，「自由宣言」は，図書館の利用者を単なる権利者として，あるいはサービスの受け手とだけとらえているわけではありません。そのことは，宣言の副文の前文で，そのほかの基本的人権と同

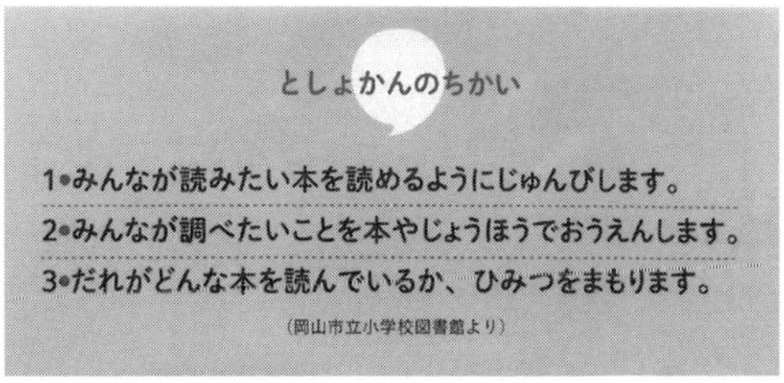

図 3-1　岡山市小中学校の「としょかんのちかい」

（出典：学校図書館問題研究会編『学校司書って，こんな仕事：学びと出会いをひろげる学校図書館』かもがわ出版，2014.）

様，知る自由もまた〈国民の不断の努力によって保持されなければならない〉と説明されていることからも読み取ることができます。

岡山市の公立小中学校の各図書館では，図 3-1 のような，やさしい言葉で図書館のはたらきを表現した「としょかんのちかい」というポスターをそれぞれ工夫して作成して掲示しています。そして，子どもたちが読みたい本であれば，どんな本でも必ず届けることを約束しつつ，もしもその要求を妨げる声が職員会議で挙がったら，要求を実現するためにいっしょに行動しなければならないと子どもたちに伝えている学校もあります[3]。

子どもたちはただ権利を保障される受け身の存在ではなく，自分の権利を実現するために行動する主権者でもある，そうした視点をもつようにレクチャーすることで，子どもたちの要求は一定の範囲におさまっていくのではないでしょうか。そうしたレクチャーを行いつつも，なお資料提供サービス・情報サービスにはふさわしくないと思えるような要望があった場合でも，①資料の価値は「部分」ではなく「全体」で評価する，という視点に戻って，子どもたちの要求を積極的に受け止めるようにしたいものです。

③ 問題を感じる資料も教材化できる・学校司書が働きかけながら提供する

1993 年に『完全自殺マニュアル』という本が出版され[4]，発行部数が 100 万部を超える大ベストセラーになりました。自殺の方法が具体的に詳細に説明されていることから，学校図書館はもちろん，公共図書館でもその多くが収集を控えたり，提供に制限をかけたりするという出来事がありました。著者によると，本書の出版の意図は別にあったとされていますが，発行当時から本書をめぐる自殺・心中事件が繰り返し報道されており，子どもの自殺も報じられたことから，1990 年代後半以降，一部の自治体で，青少年保護育成条

3　鹿野恵子「学校図書館は「学校の中にある図書館」」『がくと』30，2014，p.30-31.
4　鶴見済『完全自殺マニュアル』太田出版，1994.

例の「有害図書」に本書を指定する動きもみられました。学校図書館において，こうした類の資料が資料提供の意義を積極的には見出しづらいものとして扱われることは理解できないわけではありません。

　ただし，メディアで話題になればなるほどその本を見てみたいという好奇心が子どもたちに生じるのは自然なことです。また，そうした欲求は学校図書館で満たされなかったからといって消えてなくなるわけではなく，書店や古書店でもその本は買えますし，友達同士での貸し借りも可能です。ネットには同じような情報があふれていますし，大人が隠せば隠すほどその情報は子どもたちには魅力的に映ってしまうこともあるでしょう。そうだとすれば，資料への要求を断ることだけが学校司書の役割とは到底言えません。

　兵庫県の公立高校の司書であった土居陽子は，生徒からの『完全自殺マニュアル』の購入希望を受けて，校内の教員と何度も話し合い，この本を多くの生と死を扱った資料と共に「死を考える──それは生を考えること」というテーマで展示しました。その後，この学校では，現代社会の教諭がこの本を材料にした授業を行うという実践も見られました[5]。

　そうした教材化への協力が校内で得られない場合も，公共図書館よりも利用者との距離が近いという学校図書館の性質を生かし，カウンターでの利用者とのさりげない対話を通して，"この本のこういうところが社会的に問題だと言われている"，"こんな記事や資料も出ているから参考にしてほしい"，といったことを伝えながら提供していくことも可能です。学校図書館での「悪書」の提供には，教育的配慮の下で批判の声が寄せられることもありますが，資料提供を断って終わるだけでは決して教育的な対応にはならないこと，資料のプロとして本当の意味での教育的な対応を探り続けることが学校司書の役割です。

④ 学校図書館の資料提供はコレクション全体でとらえる

　図書館には多様な資料が存在します。そして，一つひとつがその資料にしかないユニークさを発揮し，時にはそれぞれの欠点を補いながら存在するのが図書館のコレクションとも言えます。暴力性やポルノ性等の面で，学校教育の理念に反するような意図を持つ資料が存在し，子どもたちの心を一時的に惹きつけることがあったとしても，学校司書の手によって，読書を通してこんなふうに育ってほしいといメッセージが伝わるような「棚づくり」がなされていれば，その本を棚に並べることの問題性がことさら批判されることはないはずです。

　こうした資料提供のあり方は，政治的な偏りが指摘されやすい資料の提供にも共通しています。最近も，安保法案の成立や憲法改正に反対する立場の資料が，「偏っている」とい

5　土居陽子「『完全自殺マニュアル』の予約をめぐって」『表現の自由と「図書館の自由」』日本図書館協会，2000, p.112-125.

う理由で排除されようとしたケースがありました[6]。18歳選挙権がスタートして以降，学校現場で「政治的中立性」が求められるようになったことも影響しているのでしょう。しかし，ここでいう「中立性」を「中庸」（穏当なこと・片寄らず中正なこと）というような意味でとらえることは誤りです。もちろん，特定の政治的な立場をことさらに利用者に押し付けるような方法は避けるべきですが，少数意見にも目配りしながら，多様な立場の資料を提供できるようなコレクションをつくることが学校司書の役割です。

2. 資料提供サービス・情報サービスの種類と方法

　資料提供サービス・情報サービスにはさまざまな種類があります。広義にはブックトークや読み聞かせといった読書活動の展開，展示コーナーの設置，学習活動の支援といった活動も含まれますが，ここでは他の章では取り上げない基本的な資料提供サービス・情報サービスの方法を取り上げて，その定義と活動内容を実践例とともに紹介します。

2.1 閲覧サービス

　「閲覧」とは，図書館が提供した資料・情報を，利用者が館内で利用する活動を意味します。閲覧サービスとはそうした活動を支えるサービスであり，利用者が効率よく，所蔵資料にアクセスできるようにするための配慮や物理的なアクセスの仕組みを整備することと説明されます。このサービスには，滞在利用を快適にする環境づくりやアクセス性を高める排架・展示，サイン等の設置なども含まれますが，そのことは第5章で取り上げますので，ここでは他の章では扱わない「フロアワーク」の重要性と方法を紹介します。

図3-2　小学校図書館での
フロアワークの様子
（岡山市立第二藤田小学校）

　フロアワークとは，学校司書がカウンターを離れてフロアを巡回しながら，利用者からの要求に応えていく活動を意味します。フロアは利用者が主人公となる場所であると同時に，さまざまな困りごと（情報要求）が生じる場所でもあります。そんなときに近くに学校司書がいることによって，利用者はその要求を迅速に，かつ率直に伝えることができます。自分の要求を言葉にして伝え

6　山口真也「「政治的中立性」と「図書館の自由」は対立するか？」『図書館雑誌』111（4），2017.4. p.215.

ることがまだ難しい低学年の利用者については特に重要な働きかけとも言われています。「一人職場」の学校図書館ではなかなかフロアワークに手間をかけられないという現実もありますが，返本（排架），書架整理などの機会を設けてできるだけフロアに出るように心がけましょう。排架や書架整理などと合わせてフロアワークを行うことには，利用者に「監視されている」という警戒心を与えないというメリットもあります。

　フロアワークの対応場面で，利用者の資料・情報への要求を引き出すには，「共感」を持って対応することが重要です。低学年の子どもであれば，体をかがめて視線を合わせること，分かりやすい言葉を使うこと，「こんなことも知らないんですか」「こんなこともできないんですか」といった態度は見せないようにすることが大切です。

　資料提供サービス・情報サービスとしては，貸出やレファレンスが注目されることが多いのですが，そうした他のサービスにつながる，情報を引き出す基盤的なサービスとして，フロアワーク・閲覧サービスに取り組むようにしましょう。

2.2 貸出サービス

　貸出サービスとは，図書館資料を利用者が館外へと持ち出し，個人利用を可能にするための活動です。ただし，資料を貸し出すための処理を行うだけでなく，「何かおすすめの本はない？」「泣ける本が読みたい」といった利用者からの相談に個別に応じたり，（プライバシーに配慮しながら）利用者が関心を持ちそうな別の資料を紹介したりして，読書の世界を広げたり，深めたりすることも，広く言えば，貸出サービスの範囲に含まれます。

　「何かおすすめの本はない？」という漠然とした問いかけに応えるためには，資料に精通していることはもちろん，利用者の興味関心を知っておくことも大切です。こうした活動は，「読書相談・読書案内」とも呼ばれており，シリーズものの続きの巻，同じテーマの資料，反対意見が書かれた資料などをさりげなく紹介する活動も，学校図書館のカウンターでは貸出サービスとともに日常的に展開されています。この他にも，貸出・返却時には状態に異変（汚破損）がないかをチェックし，丁寧に扱われていない場合には公衆道徳面での注意や図書の扱い方のレクチャーを個別に行うこともそのサービスの一部です。

　貸出サービスは，利用者個人が館外に資料を持ち出すことができるため，時間や場所を問わず，自由，かつ，独占的に利用できるというメリットを備えています。ただし，いくら自由度が高いと言っても，みんなのものをみんなでわけあって利用するところが図書館ですから，サービスを効果的に行うためには，それぞれの学校の事情や法令（著作権法）の制約を踏まえて次のように，利用対象，貸出点数・期間，貸出できる資料などの面で一定のルールを設けておく必要があります。

◆**利用対象**　　学校図書館のサービス対象は児童生徒と教職員です。近隣に公共図書館が設置されていない場合などには，保護者や地域住民への貸出を行っている学校もあります。ただし，学校図書館法に定められた目的からすると地域の人たちは本来の利用者ではありませんし，学校図書館が貸出サービスを行いすぎることによって，かえって，その地域での公共図書館の設置が阻害されるおそれもあります。これらの人

図 3-3　中学校図書館での貸出サービスの様子
（岡山市立中山中学校）

たちには，児童生徒・教員の利用を妨げない範囲で，例えば，曜日や時間を限定する，館内閲覧のみとする，といった方法で限定的にサービスを行うべきでしょう。

◆**貸出点数・期間**　　利用者の知りたい・読みたい，という要求に応えていくためには，本来は貸出点数・期間とも無制限がよいという考え方もあります。しかし，貸出サービスが備える「独占利用」という性質上，一人の利用者による長期間の独占的な使用は，棚に並んでいるからこそ実現できるより多くの利用者と資料との出合いを妨げる恐れもあります。また，利用者が返却日や借りていること自体を忘れてしまう恐れもあります。したがって，蔵書数や利用状況も踏まえつつ，上限の期間や点数を設定することが一般的です。

　学校図書館では，平日であれば毎日利用することができるため，点数・期間とも公共図書館よりもやや少なく・短く，2～5点，1～2週間程度に設定されることが多いようです。しかし，探究学習のレポート作成など（実業系の高校では卒業研究など）でたくさんの資料を借りる必要が生じることもありますので，自校の状況を踏まえて柔軟に設定することが求められます。特別貸出制度などを設けて，必要に応じてより多く・長く借りられる仕組みをつくっておくことも可能です。夏休みや冬休み，ゴールデンウィーク前には点数を増やすなど，臨機応変に対応することも大切です。

　返却期限を超えた場合は，延滞者への督促を確実に行うことが大切です。ついつい1日，2日程度延滞してしまうことはよくあることですが，「ブロークンウィンドウズセオリー（割れ窓理論）」[7] という考え方もあるように，小さなルール違反を見逃してしまうことには，いずれ大きなルール違反を頻発させてしまう危険性が含まれています。延滞がいたずらに長引けば，資料の紛失が生じやすくなり，弁済をもとめる事務上の手間も生じてしまいます。学校図書館の資料はみんなのものであること，その資料を待っている人がいること，リザーブが入っていなくても，棚にその資料が戻されることで手に取る機会が増えることなどをオリエンテーション等で説明し，延滞者が少なくなるようにすることも大切です。

延滞督促時のプライバシー保護上の注意点は 3.1 を参照してください。

◆**貸出できる資料の種類**　　図書，CD，著作権処理済みの DVD などの視聴覚資料，紙芝居などが貸出サービスの主な対象となります。電子書籍を利用者がもっているスマートフォンやタブレットに貸し出す学校向けのサービスもはじまっています[8]。

　辞書・事典類は，通読を目的とせず，一部分を多数の利用者が同時期に利用するというニーズがあることなどの理由から，通常は貸出できないことがわかるシールを背に貼付して排架します（同じ辞書・事典が複数ある場合は一部を貸出することもあります）。

　耐久性が乏しい新聞や，多数の利用が見込まれる雑誌の最新号についても貸出はせずに，館内利用に限定する方がよいでしょう。なお，新聞については耐久性が低いだけでなく，充分な目次や索引等がなく，検索性も乏しいため，調べ学習やレファレンスに必要な記事を切り取ってスクラップブックを作ったり，利用頻度が高い新聞については記事データベースが利用できるよう契約することも検討するとよいでしょう。

　最近の（海外の）公共図書館では利用者の課題解決を目指して，いわゆる本以外にも，さまざまなアイテムを貸し出すようになっています。例えば，日曜大工の本を貸し出す際に大工道具を，就職活動の本と一緒にネクタイを，ケーキの作り方の本といっしょにケーキの型や調理道具を，ギターの弾き方の本といっしょにギターを，というような広がりが見られます。館外でも多様な情報にアクセスできるよう，ポケット Wi-Fi を貸し出している公共図書館も海外にはあります。利用者が本から得た知識を実生活に役立てられるように，貸出できる資料の種類を広げていくことも検討してみましょう。

　公共図書館の役割を定めた図書館法第 3 条には，〈学校に附属する図書館又は図書室と緊密に連絡し，協力し，図書館資料の相互貸借を行うこと〉と定められています。この条文をもとに公共図書館では自治体内の学校図書館を対象に 50〜500 冊程度の本を一括して貸し出すサービス（＝団体貸出）を行っています。探究学習などで同じテーマの資料が複数必要になる場合に対応

図 3-4　他の図書館の資料も活用して調べ学習をする様子（埼玉県立新座高校）

できるよう，児童生徒向けの資料を多く準備している図書館もあります。このサービスは市町村立図書館だけでなく，都道府県立図書館でも行われています。他にも，学校図書館同士で不足する資料を調達しあうこともありますし，国立国会図書館国際子ども図書館による「学校図書館セット貸出し」[9] を利用して資料を補うこともできます。資料提供サービス・情報サービスを充実させるためにも，図書館ネットワークを積極的に活用しましょう。

2.3　予約サービス（リクエスト・リザーブ）

　「予約」という用語は，司書課程のテキストではいろいろ使われ方をしていますが，ここでは『図書館情報学用語辞典』の定義に従って，「利用者の求める資料が図書館の書架にない場合，その資料を原則として必ず提供するサービス」とします[10]。

　「予約」と同じような意味で使われる言葉としては，ほかに「リクエスト」や「購入希望」，「取り置き」「リザーブ（リザーブド）」「返却待ち」「相互貸借」といった用語がありますが，「予約」を最上位概念として説明すると，これらは以下のように整理することができます。

　図 3-5 に示したように，「予約サービス」という広い概念の中に，「リクエスト」と「リザーブ」というサービスが含まれています。予約サービスにおいては，所蔵資料に対してはリザーブで対応し（要求が多い場合は複本購入で対応することも），未所蔵の資料に対してはリクエストで，具体的には，購入希望として受け付けるか，あるいは，収集方針や選書基準に照らして蔵書に加えられないと判断した場合に，相互貸借に引き継ぐ，という流れで対応することになります。資料を他館からスムーズに取り寄せるためには，同じ自治体内の学校図書館や公共図書館，都道府県立図書館，または公共図書館や教育委員会内に設置される学校図書館支援センターと連携して，物流ネットワークを整備しておくことが大切です。

　「利用者の求める資料が，貸出中であったり未所蔵であったりして利用できない場合」には，予約サービスとして資料へのアクセスを保障することはもちろんですが，せっかくカウンターにやってきた利用者をそのまま帰さない工夫も必要です。利用者のニーズにぴったり合う資料はないとしても，テーマが近いもの，テーマに関連する資料を探したり，インターネット上で代替できるような情報がないかを調べたりすることも学校司書の役割です。利用者の多くは OPAC で調べて見つけた 1 冊や，いつも利用している特定の棚に

9　国際子どもと図書館による学校図書館に対する支援の一環として児童書等約 40 冊を貸し出すサービス。セットには，「国際理解」17 種類と，「科学」1 種類がある（「学校図書館セット貸出し」(https://www.kodomo.go.jp/promote/activity/rent/index.html).

10　日本図書館情報学会用語辞典編集委員会編『図書館情報学用語辞典（第 5 版）』丸善出版，2020，p.249.

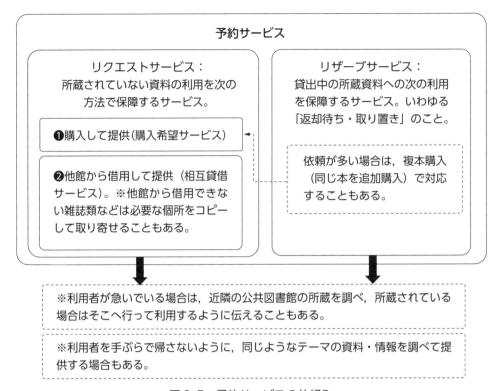

図 3-5 予約サービスの仕組み

しか注目していないケースがほとんどです。代替資料で利用者のニーズを満たし，新しい発見をしてもらうことも予約サービスの大切な働きの1つです。また，図3-5 には出てきませんが，実際には予約した資料が「絶版・品切れ」であったり，他館にも所蔵されておらず，提供できない場合にも，似たような内容の資料を探して提供することもあります。

2.4 レファレンスサービス

　学校図書館でのサービスは，利用者がもっている疑問や課題が解決できそうな資料を手渡したり，その所在を伝えたりして終わるだけでなく，それらの中にある回答そのものを一緒に探し出したり，その資料・情報にたどり着く前のサポートも含めて広く行われます。例えば，「小さいころに読んだ絵本をもう一度読みたいけど，タイトルを忘れてしまった」といった本に関する質問に答えたり，校庭でモグラを見つけた子どもが学校図書館にやってきて，「モグラはペットとして飼えますか？　何を食べますか？」と質問されたりした場合に，学校司書がさまざまな情報源を駆使して利用者とともに回答を探し出したりする活動をイメージしてみてください。これらの活動は「レファレンスサービス」と呼ばれています。

　こうした質問の場面は，日常生活の中だけでなく，調べ学習のなかで子どもたちが学校

2. 資料提供サービス・情報サービスの種類と方法　*51*

図書館を利用しているときにも見かけます。また，質問者には子どもたちだけでなく，教職員も含まれますので，例えば，教員からの求めに応じて授業研究のための実践研究論文を探したり，教員向けの「図書館だより」をつくり，授業に役立つ本の情報を定期的に提供したりすることも広く言えばレファレンスサービスの一部となります。

　レファレンスサービスは，利用者への直接的なサービスと，間接的なサービスの2つに区分して説明することもできます。それぞれのサービスの特徴を紹介してみましょう。

① 直接的なレファレンスサービス

　直接的なサービスは，上で紹介したような，利用者からの情報の入手に関係する相談や問い合わせがあった場合に，直接的に対応する活動を指します。利用者から最初に寄せられる相談・問い合わせはあいまいで，整理されていない場合も多いので，学校司書は「レファレンスインタビュー」を通してそのニーズを明確にしていきます。2.1で紹介したフロアワークのなかでも利用者から質問を受けることがありますが，そうした活動は「フロアワーク・レファレンス」と呼ばれることもあります。

　子どもたちや教職員から寄せられる質問は多種多彩です。学校図書館にある資料や契約しているデータベースでは調べきれない場合は，図書館をはじめとする専門機関がつくるネットワーク機能を活用しましょう。例えば，国立国会図書館は「レファレンス協同データベース（通称「レファ協」）」というサービスを実施しており[11]，参加館のレファレンスの事例を掲載しています。このデータベースには学校図書館も参加していますので，調査が難航する場合やヒントがほしい場合には参照することができます。また，質問内容が専門的な分野に及ぶ場合は，その分野の専門家や専門機関（博物館や研究所等）に照会して情報を提供したり，利用者に専門家や専門機関の窓口を直接紹介したりすることもあります。このサービスは「レフェラルサービス」と呼ばれています。公共図書館の新人司書の活躍を描くマンガ『夜明けの図書館』でもこのサービスは詳しく描かれており，レファレンスサービスのイメージが広がる内容になっていますので，参考にしてみてください[12]。

　なお，学校図書館では，授業に関わる質問は同じ時期に同じ学年の児童生徒から繰り返し寄せられることもあります。過去の記録は新しい質問に効率的に対応するための材料にもなりますので，レファレンス記録簿を作成し，積極的に調査の手順や参考になる資料の書誌情報などの記録を残すようにしましょう。これらの記録の内，広く共有したい事例があれば，「レファ協」に登録することも検討してみましょう。なお，記録を残す・共有する場合には，利用者個人が特定される情報（氏名や利用目的など）は削除するようにします。

11　「レファレンス協同データベース」(https://crd.ndl.go.jp/reference/).
12　埜納タオ「第二の人生を歩く」『夜明けの図書館』3，双葉社，2014，p.137-184.

② 間接的なレファレンスサービス

　間接的なサービスとは，利用者自身が情報を探し出して入手できるようにするための支援活動を意味します。具体的には，レファレンスブック（参考図書）の整備や各種データベースの契約，利用者用のPCの設置やタブレットPCの準備とそのためのネットワークの利用環境の整備，パスファインダーの作成などが含まれます。パスファインダーとは，特定のテーマに関する文献，情報の探し方・調べ方の案内を掲載したパンフレット・リーフレットを指します（付録参照）。学校図書館では，「環境・エネルギー問題」「LGBT」「方言」など，授業での調べ学習でよく取上げられるテーマごとに作成しておき，授業の様子を踏まえて随時アレンジするようにし，インターネットの検索サイト以外にも，調べる方法はいろいろあるのだということに気づかせるようにしましょう。

　最近の"スマホ世代"の利用者の多くは，図書館の資料を探す際にもまずOPACを利用して資料・情報を探す習慣があります。したがって，購入した目録用のデータをそのまま使うのではなく，利用者が授業や学校生活のなかでその資料を使う場面を想定しつつ，内容注記や件名標目を追加し，書名以外のキーワードでも検索できるようにすることも大切な支援となります。このような，利用者自身が学校司書のサービスを直接的には受けずに，自力で情報へアクセスする行動を「セルフレファレンス」と呼んでいます。

　レファレンスサービスにおいて，①他の専門職（弁護士や医師など）の判断が求められる場合，②鑑定や将来予測を求められる場合，③外国語文献の翻訳作業を求められる場合，④懸賞問題・クイズの答えなどの特定個人へ回答することによって不公平・不平等が生じる場合などについては，直接的な回答が制限されるケースがあります。授業にかかわる質問対応については，そのすべてが禁止されているわけではありませんが，「この計算問題の答えは？」「この漢字の意味を教えて」といったような，回答することによって，学習効果が妨げられる場合には，質問そのものへの回答は控えるべきでしょう。

　ただし，上記のような質問であっても，質問への直接回答という制約が設けられるだけで，そのニーズを完全に拒否してよいわけではないということには注意が必要です。例えば，利用者から病状を説明されて診断や治療法を求められた場合であっても，医療分野で信頼できる資料を多く出版している出版社のものであれば，「この本にこういうことが書かれていますね」と伝えるだけであれば特に問題はなく，むしろ適切な支援となるでしょう。繰り返し述べているように，図書館はサービス機関であり，情報サービスにあたっても，「できません」「ありません」「わかりません」で終わることなく，回答が記された資料を公平な視点から幅広く集めて提供する，専門の相談機関を紹介するなど，できる範囲で対応する，といった姿勢でのぞむことが重要です。

　授業に関する質問が多く寄せられる場合には，利用者名は出さずに，授業担当者に連絡をして，支援が可能な範囲を確認するようにします。例えば，国語辞典を引かせること自体が宿題となっているような場合には，資料の所在場所を教えたり，図書館には複数種類の辞典があり，それぞれ用語の説明が異なっている場合があることを伝えたり，辞書の引き方を教えたりするところまでを支援の範囲とするべきでしょう。支援の範囲に齟齬が生じないように，日ごろから，どのような授業でどのような課題が出されているかについて教員との連絡を緊密にしておくことも大切です。

3. 資料提供サービス・情報サービスの留意点

　学校図書館で資料提供サービス・情報サービスを行うためには，教員とは違う立場から学校教育に関わる専門家の一人して気を付けたいことがいくつかあります。ここでは，プライバシーの保護とコミュニケーションのあり方について考えてみましょう。

3.1 プライバシーを「守る」

　学校司書として資料提供サービス・情報サービスを行う際に気を付けておきたいことの一つが，プライバシーを守ることです。「プライバシー」とは日本語で「秘密」と訳されます。貸出やレファレンスといった資料提供サービス・情報サービスのなかで，学校司書が知りうる利用者の興味関心や利用した資料の記録の中には，他人には知られたくないと感じる心の領域が含まれていることがあります。こうした情報が本人以外の第三者に知られるような環境では，いくら図書館側が資料提供サービス・情報サービスの準備を整えていても，利用者の読みたい資料や知りたい情報へのアクセスは大きく制限されてしまいます。

　公立学校の司書は，雇用身分を問わず，地方公務員法第34条において，〈職務上知り得た秘密を漏らしてはならない〉と定められています。また，各自治体が定める個人情報保護条例によっても，プライバシー情報を含む個人情報全般の外部提供が禁止されています。私立学校の司書についても，個人情報保護法が適用されますので，条例と同じような義務が課せられます。プライバシーを漏らさないことはすべての学校司書にとって法的な義務であることをまず理解してください。例えば，学校図書館の中にはいまだに「代本板」を使って，自分が借りた本の場所に氏名を記載した板を置くように指導している学校もありますが，誰がどのような内容・ジャンルの本を借りたのか，ということが容易に他人に知られてしまいますので，プライバシーや自由な読書を侵害してもなお教育指導上の必要性があるのか，改めて校内で検討するべきでしょう。

　以上のような法令上の義務は，公共図書館にも共通しますが，学校図書館におけるプラ

イバシー情報の取り扱いについては他にも留意しなければならない点があります。

◆何を守るのか？　　前述のとおり，利用者の興味関心や利用した資料の記録の中には秘密が含まれることがあります。したがって，学校司書の役割として，利用者の秘密を洩らさないことが大切と言われることが多いのですが，「秘密だから守る」という考え方は「秘密でなければ守らなくていい」という誤解を生みだす可能性もあります。そもそも何を秘密と感じるかは人それぞれ，個人差があります。プライバシーの感覚は成長によって変化しますので，同じ利用者でも，昨日までは恥ずかしくなかったのに，今日から突然恥ずかしく感じるということもあります。いくら利用対象が限られているからと言って，学校司書が全利用者について，どの利用者が何を秘密と感じるかを正確に把握しておくことは不可能ですから，学校図書館が資料提供サービス・情報サービスのなかで扱うさまざまな情報はすべて秘密（になりうるもの）と捉えて，守るべき対象とする必要があります。

◆どう守るのか？　　前のページで紹介した法令では，漏らさないことが求められるという書き方をしていますが，プライバシーを守るためには，漏らさないこと以外にも気を付けたいことがあります。学校図書館は学校の中の一機関ですので，漏らさないという場合に，学校の外へ漏らさないことは当然だとしても，学校の内部で，つまり学校図書館担当者がクラス担任などの教員たちと児童生徒の利用情報を共有することは許されるのかどうかということです。これについては，いろいろな意見がありますが，個人情報保護の法令では，外部に漏らさないだけでなく，「本来の目的以外に使用しない」ことが含まれていることにも注目すべきでしょう。学校司書が管理している貸出記録やレファレンス記録などはそのサービスを実施するために集めているものであって，利用者自身も別の用途に使われていることは予期していないでしょう。そうした状況で，図書館サービス以外の目的で利用情報を使用することは法令違反になるという理解も必要です。

　学校図書館の場合，クラス担任等の教員が子どもたちの読書状況を知りたいとか，その子どもが今どんなことに興味があるかを知りたいとかいった，教育指導上の必要性にもとづいた要求が学校司書に対して寄せられることもあるかもしれません。公共図書館と学校図書館は異なる館種なのだから，管理する利用情報は図書館サービスに限定せずに，もっと広く活用することを前提に取り扱い，そのことを利用者に理解を求めていくべきという意見もあるでしょう。また，児童生徒と教員との間に信頼関係があれば，教員が貸出記録等の利用状況を見ることを嫌がる子どもはいない，という声も聞くことがあります。しかし，教員との間にどれほど強い信頼関係があっても，知られたくない心の領域を子どもが持つことは決しておかしなことではありませんし，どんなに信頼している相手でも，今はそっとしておいてほしいと思うような関心事もあるはずです。

　また，貸出記録に限って言えば，あくまでも借りた本の情報であって，読まずに返した

本もそこには含まれますし，公共図書館から借りて読んだ本や，友達から借りた本，買って読んだ本などの情報は含まれていませんので，子どもたちの読書の実態や興味関心を把握するための材料としては決して正確なものとは言えません。そもそも信頼関係が両者の間にあるならば，教員が自ら子どもたちにどんな本を読んだのか，どんなことに関心があるのか，直接聞いてみればよいはずです。

　以上の留意点は，本来，学校の教職員のすべてで共有すべきものであり，学校図書館のカウンターに立つ学校司書，司書教諭，係教諭などの担当者ももちろん無関係ではありません。学校図書館担当者は，児童生徒の貸出記録等の管理者としてそれらを簡単に覗き見ることができる立場にありますが，だからこそ高い倫理感をもつ必要があります。読書指導や読書相談を行う場合であっても，カウンターワークで日常的に子どもたちが見せてくれる様子や「どんな本が好き？」といった直接的な声かけをもとに指導・相談を行うべきでしょう。

◆いつまで残すのか？　　「どう守るのか」ということについては，貸出記録をいつまで残しておくのか，という問題にも留意が必要です。学校図書館向けに開発された業務ソフト（貸出管理システム）の中には，貸出記録が返却後も長くシステムに残されているものが多いようです。しかし，上で述べたとおり，貸出記録というものは本来は貸出サービスのために集められたものですから，サービスが終了した時点で図書館がそのデータを管理する必要性はなくなるはずです。熊本県立高校の図書館では，学校司書が「皐月」という貸出システムを業者と協働で開発し[13]，統計上必要なデータだけを残して，個人と書名が紐づけされた貸出記録はシステムログ以外の形では残らないようにしています。カード式の貸出方式であっても，誰が何をいつ借りたのかという記録が資料にも図書館にも残らない「ブラウン式」という方法も開発されており，取り入れている学校図書館もあります。

　そもそも，不要な個人情報を抱え込むことは，流出・漏洩のリスクを高めるだけですし，教員や保護者からの問い合わせがあった時にどうするか，という問題を生じさせてしまう原因にもなります。学校図書館問題研究会は，1990年に採択した「貸出五条件」[14] という指針において，〈利用後の個人記録が残る貸出方式は，"誰が何を借りたか，読んだか" が第三者に知られるおそれ〉があり，〈利用者に無用な不安や危惧をいだかせたり，利用（読書）意欲をなくさせること〉もあると指摘しています。小学校では読書の記録を成長の記録ととらえて，卒業時に6年分の記録を記念品として印刷して渡したりすることもあるよ

13　古里彰英・木村なつ美「貸出記録もプライバシーです」『学図研ニュース』406, 2019.12, p.7-10.
14　「学校図書館の貸出をのばすためにのぞましい貸出方式が備えるべき五つの条件」（1990年8月，学校図書館問題研究会第6回全国大会（福岡大会）にて採択），条文と逐条解説は http://gakutoken.net/opinion/1988rental/を参照。

うですが，読書の記録は個人でもノートなどにメモして残しておくことができますので，こうした「思い出づくり」は貸出記録を図書館内にわざわざ残す絶対的な理由にはなりません。〈返却後は個人の記録が残らないことが望ましい〉という考えの下で，望ましい貸出システムを考えていきましょう。

　このほかにも学校図書館での資料提供サービス・情報サービスにおいて，プライバシー保護の面で留意したい点をまとめると次のようになります。

◆利用登録・カードの作成　　　個人情報保護の原則には，必要最低限の範囲での収集，というルールもあります。公共図書館では，セクシュアリティの多様性を考慮して，貸出用のカードを作成する場合に，性別情報を収集しないところも増えてきています。学校図書館では，新年度にクラス名簿のデータを使って一括して登録処理が行われることが多いようですが，その際，クラス番号，氏名といった情報は必要ですが，性別情報は登録しないようにする配慮も必要ではないでしょうか。また，カードに性別情報を記入する，男女別にカードの色分けをする，といったことも控えるようにしましょう。

　なお，カードについては，個人持ちにすると紛失の恐れがあるため，カウンターの上やフロアにボックスを置いて，自由に手に取れるようにしている学校もありますが，カードそのものにも個人情報が掲載されていますし，システムによっては，他人のカードを使って現在借りている本のデータを呼び出せるものもあります。学校司書がその出し入れを把握できる状態で管理・利用するようにしましょう。このことは，借りた資料の記録が残る手書きのカードを使っている学校図書館でも同様です。

◆延滞督促・予約通知　　　延滞事実そのものもプライバシー情報となるので，できるだけ第三者を介さずに個別に連絡するようにしましょう。延滞が続く場合には，他の利用者の読む権利，資料へのアクセス権を侵害しているという観点から，クラス担任や保護者に協力を求めることは可能ですが，その場合も延滞した事実・期間のみを伝え，最もプライバシー性の高い書名情報は伝えないようにします。書名を伝えなければ，利用者本人が本を探せない場合には，折りたたんだ紙の内側に書名を書き，表に名前を書いて担任等に中を開かないようにと伝言したうえで指導を依頼するという方法もあります。リクエストの採否や予約資料が利用できるようになった場合の通知も同様に行いましょう。

◆図書委員によるカウンターワーク　　　学校図書館では児童生徒の委員がカウンターに立って貸出などのサービスを担うことがあります。しかし，本来図書委員の活動は明確な教育目標の下で営まれるべきであり，学校司書の人手不足解消の手段としてカウンターワークを手伝わせるようなことがあってはいけません。まずは教育活動として，図書委員がカ

ウンターワークを行う必要が本当にあるかどうか，校内でしっかり議論しましょう。その
うえで，図書委員が利用者のプライバシー情報に触れる活動を行う場合には，プライバシ
ー保護の重要性についてレクチャーして理解を求めると同時に，貸出記録をはじめとして
さまざまな情報が含まれる PC はパスワードでロックして安易に触れさせない，学校司書
がカウンターワークを担当する時間を設ける（図書委員だけにカウンターワークを任せな
い），といった対応も必要です。

　ここに挙げた注意点以外にも，資料提供サービス・情報サービスの場面で，プライバシ
ー・個人情報を扱う立場にある学校司書として留意したいことはたくさんあります。コン
ピュータネットワークの普及によって新しい課題も出てきています。学校図書館問題研究
会が 2018 年に公表した「学校図書館のためのプライバシー・ガイドライン」[15] は，プライ
バシーの保護が，〈利用者の「知る自由」や「読む自由」を保障することにつながる〉こと
はもちろん，〈教職員の自由な教育活動を支え，子どもの育ちと学びを支援し，豊かにす
ること〉にもつながっていくという視点から，プライバシー保護のための具体的な対応を
細かく紹介していますので，日常業務の点検のためにぜひ参照してみてください。

3.2　利用者とのコミュニケーションのあり方

　本書でこれまでにも触れてきたように，学校司書はサービスの担い手であり，利用者と
の適切なコミュニケーションが図られなければなりません。ただし，学校司書と利用者と
の関係性には，「密着性」と「継続性」という公共図書館とは異なる特徴があります。密着
性とは，利用者が不特定多数ではなく，その学校の構成員，つまり児童生徒と教職員とい
う特定少数に限定されているということ，継続性とは，児童生徒が入学してから卒業する
までの期間を共に過ごすことができるということです。
　こうした特徴を踏まえて，学校司書が資料提供サービス・情報サービスを通して児童生
徒や教職員と望ましい関係を作っていくときに気を付けたいことを紹介します。

◆「評価しない大人」として接する　　学校司書という存在は児童生徒から見ると，学校
の中にいる大人のなかで数少ない「評価しない大人」，または「点数を付けない大人」であ
ると説明されることがあります。学校には，「評価しない大人」としてほかにも，養護教諭
やスクールカウンセラーといった専門家もいますが，評価を担わない分，クラス担任には
見せてくれない別の顔を子どもたちが見せてくれることがあります。子どもたちは学校に

15　学校図書館問題研究会「学校図書館のためのプライバシー・ガイドライン」2018.8.4（http://gakutoken.
　　net/opinion/2018gakuto-privacy_guideline/）.

いる大人を総称的に「先生」と呼ぶこともあり，最近では学校司書も教育活動をサポートする立場から教員的なかかわりを求められることも増えてきていますが，日常的な資料提供サービス・情報サービスの場面では，「評価をしない」ということを意識してふるまうことで子どもたちの率直なニーズを引き出すよう心がけましょう。

◆教職員との交流を大切にする　　学校の中にはいまだに学校図書館を本がある倉庫，自習室，司書はその番人というイメージでしか見ていない教員もいないわけではありません。ある学校で，授業に必要な資料を公共図書館や近くの学校図書館から取り寄せたところ，教員から「わざわざこんなことまでしてもらって……」と必要以上にお礼を言われることがあったそうです。学校図書館がサービス機関として認められ，学校司書が専門家として頼られる存在になるためには，忙しいからと言って図書館に閉じこもることなく，積極的に図書館の外に出る機会を作り，教職員との交流を深めながら，学校図書館のはたらきや学校司書の仕事を知ってもらうことがとても大切です。

まとめ

　本章では，学校図書館における資料提供サービス・情報サービスのあり方をできるだけ実践的に説明してきました。これらのサービスは，学校図書館サービスの基盤として，学校教育のなかで営まれる学習や読書を支え，学校教育の土台となっています。そして，知る自由・知る権利の保障という視点から，子どもたちの成長を支援することが，学校司書に求められる専門性であり，資料提供・情報提供サービスの役割と言えるでしょう。

　ここで取り上げたサービスは学校図書館のサービスの全てではありません。第6章で取り上げる「読書支援」も，第7章で取り上げる「学習支援」も，資料提供サービス・情報サービスをベースとした活動です。そうした意味で，本章で取り上げた，資料提供サービス・情報サービスに関する意義や留意点は，全ての学校図書館サービスに共通します。次章以降も，本章との関わりを考えながら読み進めてください。（山口真也）

第4章　利用環境の整備（1）　図書館資料の整備

📖 資料提供サービス・情報サービスのためには，利用環境の整備が重要です。図書館資料の整備や施設・設備の整備を行う間接的なサービスはテクニカルサービスと呼ばれ，長年にわたり技術や方法が培われてきました。しかしきめ細かい利用者サービスを行うには，標準的な方法だけでなく，なぜそうするのか考え，よりよくできる方法はないか工夫していく必要があります。
📖 この章ではその点に留意して図書館資料の整備について考えていきます。

1. 学校図書館における資料の整備の意義

1.1 テクニカルサービスの重要性

　第1章でも述べたとおり，図書館サービスには，利用者に直接対応する利用者サービスと，利用者に間接的に接するテクニカルサービスがあります。テクニカルサービスは，利用者からは見えにくいのですが，利用者サービスを支える重要な働きがあります。

　学校司書が中心になって作成した『学校図書館スタートガイド』では，このことを「サンカクくん」というキャラクターをつくって説明しています（図4-1）。

　「サンカクくん」は，学校図書館の業務モデルです。この業務モデルは，次の5つの要素から成り立っています。

- Ⅰ整える：図書館が機能するための土台
- Ⅱ応える：図書館が提供する基本的なサービス
- Ⅲ働きかける：図書館と利用者がより豊かな活動へ向かうためのアクション
- α知る：すべての業務の基礎となる，情報の収集
- β連携する：図書館が機能するためにあらゆる機関・人と連携する

　利用者サービスは，「Ⅱ応える」と「Ⅲ働きかける」にあたります。このⅡ，Ⅲを支えるのが，「Ⅰ整える」です。このモデルでわかるように，テクニカルサービスで

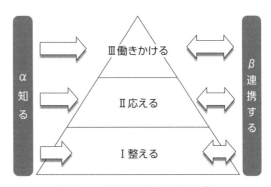

図4-1　学校図書館業務モデル
（出典：学校図書館スタートガイド編集委員会編著『学校司書・司書教諭・図書館担当者のための学校図書館スタートガイド：サンカクくんと問題解決！』少年写真新聞社，2015, p.9.）

あるⅠが利用者サービスであるⅡとⅢを支えています。選書や装備，館内整備や蔵書点検，除籍などのテクニカルサービスが，すべての学校図書館活動の土台になるのです（図4-1）。

　「α知る」「β連携する」は，すべての業務に必要とされていることです。「Ⅰ整える」では，「知る」は資料を知る，利用者を知る，資料の整理の仕方を知るなど。「連携する」は，相互貸借などが含まれます。

1.2 図書館資料の整備とは

　本章で取り上げる「図書館資料の整備」（以下，「資料の整備」）とは，資料を収集し，整理し，常によい状態にして活用できるようにしておくことです。図書館情報学の用語辞典等にはその言葉はありませんが，蔵書管理（資料選択，蔵書の構築・更新など）と整理業務（受入業務）を併せた概念で，具体的には，次の4つの業務です。

- 資料収集：利用者の要求を常に把握しながら，学校教育に役立つ資料や，知的好奇心を喚起するような新鮮で魅力的な資料を収集します。
- 蔵書の更新：古くなったり，利用が見込めなくなった資料は書庫へ移動したり除籍するなどして，棚の新鮮さを保ちます。
- 資料の組織化：利用者が探しやすいように分類・データ入力をして蔵書目録を作成し，利用者が手に取りたくなるような排架方法を工夫します。
- 装備・修理等：本にビニールコーティングをして気持ちよく利用できるようにし，汚れたり傷んだりした本を修理したりします。

　学校司書が中心になって，資料の整備をきちんと行うことで，学校図書館活動の土台ができ，利用者の学校図書館に対する印象や使いやすさも変わってきます。そしてそうしたことを丁寧に積み重ねることが，資料・情報提供，授業支援などの直接的な学校図書館サービスの向上につながり，学校教育へ寄与することに結びついていきます。資料の整備は，すべての学校図書館サービスを支えているのです。

2. 学校図書館の蔵書と収集

　第1章で，図書館の蔵書（コレクション）そのものに教育力があるという考えを紹介しました（第1章1.4参照）。また第2章で，蔵書を構築するうえで収集方針が大切であることを述べました。では学校図書館の目的に適う，利用者にとって魅力的な蔵書とはどのようなものでしょうか。そしてそのためにどのような資料をどのような観点から収集していけばいいでしょうか。

2.1 学校図書館での蔵書構築

（1）学校図書館の目的に適う蔵書

　学校図書館での資料収集は，学校図書館法第2条にある，「教育課程の展開に寄与」することと，「児童生徒の健全な教養の育成」という2つの目的に沿って行います。

　教育課程とは各教科や総合的な学習の時間等の授業だけではありません。学校行事や，児童・生徒会活動，学級活動なども含まれます。こうした学校教育，学校生活で必要な資料を収集し，整理し，保存していくことが学校図書館の蔵書構築のひとつの側面となります。一方，「児童生徒の健全な教養の育成」という目的については，第3章1.2でも紹介したように，子どもたちの知的好奇心を育むことが大切です。授業の範囲にとどまらない，幅広い児童生徒の興味関心に応えるための資料収集と蔵書構築をしましょう。

（2）学校図書館の蔵書の特徴

　学校図書館の蔵書は，学校図書館ならではの，利用者との密接な関係性に注目して説明することもできます。

　学校図書館は，不特定多数の利用者をサービス対象とする公共図書館とは異なり，ほぼ限られた年齢の児童生徒と教職員が主な利用者となります。ほとんどの利用者は日中の大部分を学校の中で過ごしますので，学校図書館においても密接な関係が継続します。こうした特性から，学校図書館の蔵書は，学校教育に関係が深く，児童生徒の興味関心を反映したものとなります。具体的には，授業・教材研究用の資料や進路の資料，そしていじめ，友情・恋愛など人間関係を扱った資料は自ずと多くなります。

　またタレント本やサブカルチャー関係の資料，そして同年代の主人公が活躍し，中高生に人気のあるライトノベルなどのヤングアダルト（YA）向けの資料が多くなることも学校図書館の特徴です。このような資料は流行りすたりも早いので，常に児童生徒の興味関心を蔵書に反映することも大切です。このような資料に対しては，眉をひそめる教職員や保護者もいるかもしれません。しかし，学校図書館は児童生徒の文化を支える機関でもあります。児童生徒が見たい・読みたい・知りたいという資料は，学校図書館も児童生徒の文化を応援するのだという意識を持って収集しましょう。

（3）蔵書構成比率

　蔵書構成は校種やその学校によって違いがあります。例えば，工業高校や看護科がある学校ではその専門分野の資料が多くなります。小中学校は地域性によって，高校は学力差によって蔵書内容も大分変わってきます。また，特定の授業で図書館をつかった学習が盛

んに行われていれば，その教科関係の資料は当然増えてきます。

　このように，学校図書館の蔵書構成比率はいろいろな要因で変わってきます。全国学校図書館協議会などで出している既成の蔵書配分比率[1] にとらわれず，その学校の教育実態や利用者の特性にあった蔵書構成を考えることが大切です。

2.2 蔵書構築をする上での注意点

（1）図書だけでなくさまざまなメディアをそろえる

　学校教育で活用されるために，利用者の興味関心に応えるために，図書だけなく新聞・雑誌や，視聴覚資料，電子資料などが必要です。

- 新聞：新聞社によって主張が異なる場合もあるので，複数の全国紙と地方紙を用意します。一面の見出しを比較できるように並べるなどして，同じ出来事にも多様な見方があることを伝えましょう。現在，新聞をとらない家庭が増えています。学校図書館に新聞があることの重要性が増しています。
- 雑誌：ファッションや音楽など流行に敏感な児童生徒に魅力ある資料です。しかし，興味関心は変化するので，常に対応して購読誌を見直していくことが必要です。また，今社会に起きている問題を調べる時にも雑誌は役立ちます。定期購読以外にも，雑誌の特集記事が授業に役立つ場合や，利用者がリクエストしてきた場合は，その号だけ購入し図書として蔵書登録することもあります。
- 視聴覚資料：娯楽を充実させたり，学習面での理解度や効率性を高めたりするために，CD や DVD，ブルーレイディスクなどもあるとよいでしょう。なお，DVD などの映像資料を貸出するためには定価に上乗せして補償金が必要な場合もあります（第12章 2.2 ケース③参照）。
- 電子資料：学校図書館が探究学習などでより活用されるためには，新しいメディアにも対応していく必要があります。新聞縮刷版 CD-ROM や，ネットワークを介して得られる電子書籍やオンラインデータベース（新聞記事検索やオンライン辞書・辞典サイト）なども必要に応じてそろえていきましょう。

（2）さまざまなジャンルをそろえる

　『はだしのゲン』や『三国志』といった作品は多くの学校図書館でも収集されてきましたが，マンガ自体の持ち込みを校則で禁止している学校や，マンガの貸出を禁止している学校図書館もまだあります。しかし，マンガは日本の文化として現在，国内外で評価が高

1　全国学校図書館協議会「学校図書館メディア基準」（2000.3.21 制定）（https://www.j-sla.or.jp/material/kijun/post-37.html）.

まってきており，学習や進路に役立つマンガも数多く出版されています。「これも学習マンガだ！：世界発見プロジェクト」という活動は[2]，学校図書館にさまざまなマンガを受け入れる契機ともなっています。現在連載中のマンガを含めて 1,000 冊以上蔵書とする高校図書館もあり，"マンガだからダメ"と決めてかかるのではなく，"マンガも含めて，児童生徒の興味関心や学習・娯楽に役立つ資料をそろえる"という視点を持つようにしましょう。

『かいけつゾロリ』『おしりたんてい』などに眉をひそめる向きもありますが，ライトノベルやタレント本やサブカルチャー関係分野の資料などと同じく，児童生徒に人気がある資料にはその理由が必ずあります。学校図書館で児童生徒のニーズを大切にし，蔵書に反映していくことで，児童生徒は自分たちの要求や「意見表明」が尊重されたと感じ，自己肯定感につながっていきます。

（3）市販されていない資料もそろえる

出版流通にのっていない資料や，地域資料，冊子，パンフレットなどのなかに，調べ学習などで役に立つ資料があります。新聞・雑誌・インターネットなどから情報を得て収集するようにしましょう。自館で作成した資料も収集の対象です。調べ学習などの参考になるように新聞記事などをスクラップしたり，パンフレット類をファイルしたりしてインフォメーションファイルを作成し，利用できるように整備します。

また授業の成果物（児童生徒のレポート等）も収集対象です。こうした資料が確実にそろえられていることで授業はより豊かに展開されますし，自分の成果物が学校図書館の蔵書に加えられ，その後の授業で活用されると，児童生徒の自己肯定感が高まります。

世の中にはさまざまな考えが存在します。児童生徒の興味関心を広げ，学び深めていくためには，少数意見にも目配りしながら，多様な考えとの出合いを保障できるように蔵書を構築します。そうして構築された，多様で幅広く，利用者にとって新鮮で魅力的な蔵書は，学校図書館サービスを通して，読む喜び，知る楽しみを伝え，児童生徒の自ら学ぶ力，情報リテラシーを育てていきます。

2.3　資料収集の実際

（1）資料収集・選択の考え方

多様で幅広く新鮮で魅力的な蔵書構築には，資料の収集・選択が重要です。

限られた予算で学校図書館が選択することは大変です。学校の中には，予算に応じて，学校図書館用の図書を届けてくれる民間業者にその選択をゆだねているところもあります。

2　一般社団法人マンガナイト「これも学習マンガだ！：世界発見プロジェクト」（http://gakushumanga.jp）.

しかしその学校の「教育方針」「学校図書館運営方針」と「利用者のニーズ」をきちんと把握せずに選択を行うことはできません。「収集方針」「選択基準」に則って，資料情報に精通している学校司書が中心になり選択する必要があります。

　資料収集・選択は，その資料的価値だけを見て行うものではありません。書評などに載った資料が必ずしも利用者にとって「適書」であるとは限りません。学校によって，利用者が必要とする資料はさまざまです。その学校の利用者の直接的・潜在的ニーズを把握し，一冊一冊が児童生徒の利用にどうつながるかをも考え行うことが大切です。

（2）選択のための情報源

　選択は，書店などで実際に手にとって判断するのが一番です。内容だけでなく，誰にでも見やすい字体・字の大きさ・字数なのか，ルビや索引の有無，写真の量・鮮明さなどさまざまな要素を見てふさわしいか判断します。

　しかし，すべての資料を手に取って選択することはできません。そのため，学校司書は出版・流通・書店界などで作成している販売目録やサイトなどの選書ツールに目を通し，さらに勉強会や研修などで他校の新着図書案内などを参考にして，常に情報を収集し，自校の学校図書館にふさわしい資料を選択します。その際，出版情報だけでなく，学校教育をはじめとする社会の動きや，授業・学校生活などで必要なこと，児童生徒の興味・関心あることにもアンテナを高くし，利用者のニーズを知り，把握しながら行いましょう。

　利用者とのコミュニケーションを通して得られる情報も大事な選択のための情報源です。カウンターワークやフロアワークでの利用者との会話から，リクエストが出されたり，興味・関心があること，流行っていること，授業の内容などがわかったりします。そうしたコミュニケーションから児童生徒の間で話題になっている本の情報や，授業・学校生活などで足りない資料を把握することができます。そのためには日ごろから利用者とコミュニケーションを心掛けることが大切です。

　ただし，自分たちの要求に応えてくれそうな学校図書館だと感じるような蔵書構成でなければ，利用者は本音を言ってくれません。児童生徒に「使える」学校図書館と感じてもらえる蔵書を，まず学校司書が自ら積極的につくり上げていくことが大切なのです。

（3）選択の実際

　資料の選択は，カウンターで利用者に接し，学校図書館と利用者の直接的・潜在的ニーズを把握している学校図書館担当者（学校司書・司書教諭・係教諭）が行います。その中でも学校図書館に常駐し，さまざまな情報源に精通する学校司書が中心となります。

　学校司書は収集方針と選択基準（第2章2参照）をもとに，選択のための情報源を参考

にして，資料の価値だけでなく，利用者の直接的・潜在的ニーズを考慮しながら，収集すべきリストを作成します。そして学校図書館担当者で構成する選択会議を随時行い，学校図書館の校務分掌（校内業務分担のための組織系統）などで了承を得ます。その際，年間を通じてタイムリーに資料が提供できるよう，月ごとの執行額の目安をたてるとよいでしょう。選択して受入をした資料は，新着図書案内などで配布・掲示したり，購入希望資料の選択結果を掲示板にはりだしたりするなどして随時公表します（図4-2）。

図4-2　リクエスト結果（購入希望の選択結果）を掲示板に貼り出している例
▶学校では筆跡で利用者が特定される場合があるので，プライバシーに配慮し，利用者が書いた「リクエスト用紙」を学校司書が「リクエスト結果用紙」に書き写しはりだしている。

　学校によっては各教科から購入希望を受け付け，教科代表で組織する委員会で選択をすることもあります。しかし学校司書がメンバーに入っていない，年に数回しか開かれずタイムリーに資料を提供できない，資料的価値があっても「適書」ではなく児童生徒の利用につながらないなど，問題もあり，こうしたやり方は変えていく必要があります。

3. 蔵書の更新

　学校図書館の第一の目的は，教職員や児童生徒に利用してもらうことです。そのためには蔵書を更新して棚の新鮮さを保つことが大切です。古い情報・誤った情報を提供してしまわないよう，蔵書の更新（収集・除架・除籍）を学校司書が中心になり定期的に行いましょう。また，例えば文庫本などで，改版されて字が大きく読みやすくなったものはないか，データが新しくなった新版が発行されていないか，など常にアンテナを張っておく必要があります。

　毎日返却された資料を棚に戻す際に，古くなっているものや利用が少なくなっているものを選別します。そのまま棚に残っていると，新しく受け入れた資料も古い資料の中に埋もれてしまい，その棚全体が古めかしく見えてしまいます。書架を増やしたり，書架の上に置いたりせず，一番下の段にまとめたり，書庫へ移す除架をしましょう。そして時期を決めて，書庫の資料も「除籍基準」に従い除籍します。その際教職員に除籍候補を一定期間展示し，学校図書館に残すかどうか確認している学校もあります[3]。

　基本的に受け入れた資料と同じだけの冊数の除籍が必要だと考えましょう。除籍の作業は量も多いと，資料の運搬や，目録データを変更する作業も大変です。図書委員や学校図書館担当者とで時期を決めて行うようにしましょう。研修の際，学校図書館を会場として学校司書どうしで除籍作業をしたり，除籍資料を置く場所をつくって児童生徒に自由にもっていってもらったり，文化祭でリサイクル資料として来校者に譲渡するなどして作業軽減を図っている学校もあります。

　こうした収集・除籍のサイクルによって，蔵書を構築し，更新することは学校司書の重要な仕事です。そうした積み重ねが，利用者にとって魅力ある蔵書につながっていきます。

4. 資料へのアクセスを保障する

4.1 資料の組織化（分類・目録作業）

　学校司書は受け入れた資料を，NDC（日本十進分類法）に基づいて内容ごとに分類し，NCR（日本目録規則）に基づいて目録をとり，整理します。コンピュータ化が進み，多くの学校では MARC をダウンロードして，分類し目録データを作成するようになりました。しかしそれをそのまま利用するのではなく，図書館の利用状況を考え，利用者がアクセスしやすくなる工夫をしましょう。

　目録では，目次や帯の内容をキーワードとして入力したり，レポート課題にあわせてそのキーワードを追加して入力すると，調べ学習やレファレンスにも役立ちます。

　分類では，ダウンロードした分類番号を何桁までとるか，利用者にとってアクセスしやすい排架に結び付くか考え，手を加えたり，変更したりします。小学校では，「ペット」や「飼育」の分類を NDC の 6 類ではなく，48「動物」にすると児童は利用しやすいようです。また工業高校では電気関係は 427 を 540 にまとめると一か所で電気について調べられます。外国の小説は国・言語ごとに分けずに，933 にまとめてしまう実践例もあります[4]。

　NDC は基本的に主題分類ですので，請求記号ごとに内容がまとまるはずですが，実際にはそうでないところもあります。例えば，726「漫画」や 748「写真集」は表現方法による分類です。マンガ『あさきゆめみし』は，726 ではなく，古典の学習用に「源氏物語」913.3 に分類し，排架することもできます。748 の棚は，風景・建築物・タレントなどさまざまな内容の写真集が並びますが，その内容で分類・排架したほうがよい場合もあります。

3　「特集　除籍と廃棄，どうしていますか？」『学図研ニュース』411，2020.5，p.2-13.
4　山下志津代「魅力的で探しやすい図書館をめざして」『学校図書館のいま・これから：学図研の 20 年（『がくと』21 号別冊）』学校図書館問題研究会，2006，p.42-47.

4.2 排架の工夫

　組織化した資料は，請求記号順に書架に並べることが原則ですが，学校図書館で大切なことは，児童生徒がアクセスしやすくするためにはどう排架すればよいかを常に考え，その学校に合ったやり方を見つけることです。

　利用者にどう排架したら読んで欲しい資料を手に取ってもらえるか，利用者や利用状況などを見て考え，工夫することが大切です。そのためのポイントをいくつか紹介します。

- 棚につめすぎない・スペースを必ず空けておく：1段にびっしりと資料を詰めてしまうと，後から購入する資料が入らなくなります。また，棚から取り出す際に力がかかりすぎてしまい，資料にダメージを与える原因にもなります。
- 背表紙を棚の手前にそろえる：薄い本，小さい本が棚の奥に入り込まないよう，資料はその奥行きのサイズに関わらず，基本的に棚板の手前で揃うようにします。
- 段ごとに分類を変える：〈利用者にとって「探しやすい」とは，生活の中で必要と感じる資料が，利用者の思考にそった形でまとまって配架されていることを指す〉[5] と考えられますが，請求記号順に排架するとそうならない場合もあります。例えば 370「教育」・380「風俗習慣」・390「国防・軍事」を続けて並べてしまうと，隣の内容とはあまり関係がない資料がまとまって並ぶことになってしまいます。そうした場合は，書架を別にしたり，段を分けたりして区切り，すぐ隣に並ばないようにします。その方が棚の内容を把握しやすくなります。さらに棚の端に資料をフェイスアウト（面出し）して展示すると，どんな内容でのまとまりの棚かわかりやすくなります。

4.3 別置

（1）常設的な別置

　別置記号をつけて，一般の図書とは別に排架することがあります。公共図書館や大学図書館では，「R」の別置記号を分類記号の頭につけて参考図書（辞書・事典・年鑑など）を一か所にまとめることもあります。学校図書館でも，全分野の参考図書を一か所に集めているところ，百科事典，国語・古語・漢和辞典などのよく使用される参考図書だけをまとめて「参考図書コーナー」にしているところなど，利用のされ方によって工夫しています。また，隣の分類記号と連続性があまりない「占い」「オカルト」「絵本」などを棚から取り出して別置すると，利用頻度が高まるという例もあります。図書館の使われ方を考えながら，別置を考えていきましょう。

5　前掲注4参照。

　このような別置をした場合には，利用者がアクセスしやすいよう館内図にコーナー名を明記したり，本来の場所に別置していることをサインで示したり，OPAC（蔵書目録）にも別置情報を追加したりして，利用者がアクセスしやすいようにします。また，一度別置した場合でも，その利用状況を見て，定期的に別置の必要性を点検し，見直すことも大切です。

　書架スペースを節約するため文庫本や新書，大型本などを資料形態別に，新書を読む学習課題に対応するためなどの理由で別置を行っている場合もありますが，形態別置を多くすると内容ごとにまとまらなくなるという大きな欠点があります。メリットとデメリットを考えて判断しましょう。

（2）その他の別置

　利用者の好奇心を刺激し広げ，資料に結びつけるために，学校司書はさまざまな別置コーナーを作ります。学校行事や学習活動と関連づけることも重要です。

　別置コーナーには，「新着図書コーナー」や，読書週間の企画展示など期間を決めて作るものがあります。資料は定期的に見直しをし，随時入れ替えることが重要です。入れ替えが多くなりますので，OPAC（蔵書目録）のデータに別置情報を追加するようなことは基本的には行わなくてよいでしょう。

　別置コーナーでは，ショーウインドウや館内の一角でクリスマスツリー等と季節感を演出したり，学校行事などと関連した資料を展示することもあります。また，授業や調べ学習を発展させるような資料や，時事問題に関わる資料として図書の他にも新聞記事や雑誌を集めることがあります。図書委員にまかせて，おススメの本のPOPなどを展示してもよいでしょう。別置コーナーには，目立たせるためのサインも必要です。関連したクイズを作成したり，投票や書き込みを行えるようにしたりして，利用者が参加できる工夫をしているところもあります。こうした別置はあまり手にとられない資料に光をあて，児童生徒の好奇心を刺激したり，興味関心を広げたりする機会になります。

　別置コーナーは，狭いスペースでもブックトラックを使ったり，机・イスに布をかけて話題の本やテーマの資料を並べてつくることもできます。色々工夫しましょう。

図 4-3　企画展示コーナー
（熊本県立阿蘇中央高校）

◎実践事例紹介：人権関連コーナーで LGBT をテーマとする資料展示を行いました

　岡山市立上南中学校の図書館では「人権関連図書コーナー」を設置し，LGBT（性的マイノリティ）に関する資料を常設的に別置しています。同校の人権教育担当教員が研修を受けたことがきっかけで，一時的な企画展示ではなく，通年で設置してほしいという要望があったからです。

　利用者同士の関係性が近い学校図書館では，当事者の生徒が実際に LGBT の本を手に取ることはなかなか難しいかもしれません。しかし，「そういう本が図書館にあるというだけで安心感を得られる」こともあるでしょう。また，コーナー名を大々的に「LGBT」とすると，「目立ちすぎてしまうかもしれない」ので，「多様な“人権”というくくりでコーナーを作っておき」，その中の一部として「LGBT 関連の本を置いてくと，不自然でないし生徒の目にもつきやすい」という提案があったそうです。

　こうした情報を求めているのは生徒だけではありません。当事者の生徒を理解したいと願う教員や，教員自身が当事者であり，悩みを抱えているケースもあるでしょう。学校の中の図書館だからこそ，利用者に寄り添い，新しい話題や概念について学校司書自身も学び，情報や資料を確実に手渡せるように努力していくことが求められます。

（高島智恵子「図書館に「人権関連図書コーナー」をつくりました」『しぶしぶ学校図書館問題研究会岡山支部報』248，2017.5.1，p.7. より要約して紹介）

5. 読んでみたい・手に取ってみたい資料を手渡すために

5.1 資料の装備

　整理業務（受入業務）の一つに装備があります。装備は，排架する前の資料に対し，利用可能にするための手当てをすることです。図書への押印やラベル，バーコードの貼付は，図書の識別など，資料の管理のために必要です。また，ビニールコーティングは，図書を保護し，よい状態を長く保つために行います。装備は雑誌や図書以外の資料にも行います。

　装備は，一点一点の資料に施すものですから手間がかかります。なぜこの作業が必要なのか考え，省略できることは省略します（たとえば押印は最小限にするなど）。また，どうすれば利用しやすくなるか考えます。

　たとえば，バーコードは蔵書点検でスキャンしやすいように背表紙から見て右側表紙の背表紙近くに貼る例が多いです。また，ラベルの貼付位置を背の下から何センチと決めて揃える図書館もあります。しかし，児童生徒にとっては表紙や背表紙のイラストなども大切な情報です。貼るときにそれらの情報を隠さないよう配慮するとよいでしょう。

　資料が汚れていたり，破損していたりすると利用の妨げとなります。そのためにも，受け入れた資料は何回借りられても気持ちよく利用できるよう事前にビニールコーティング

をします。また，マンガなど，利用が多い資料にはカバージャケットをはがして，本体をステープラーでとめておくと強度が増します。

5.2 資料・蔵書の手入れ

　返却された資料は点検し，表紙などが汚れていたら水拭きなどをして汚れを落とします。ページがとれたりしている場合などは糊やステープラーなどで修理をします。汚れや破損を放置したまま棚に資料を戻すと，学校図書館全体の雰囲気が悪くなります。こまめに修理することは，利用者が本を大切にすることにもつながっていきます。しかし，破損・汚損が激しい本は，廃棄することも考えましょう。

　資料を棚に戻すのも，学校司書の重要な仕事です。その際，棚の乱れや古い資料・利用が少なく動かなくなっている資料の有無もチェックします。まず，棚が乱れている場合には，利用者の資料へのアクセスのために請求記号順に正しく並べ直します。「乱れている＝よく利用されている」ことですので，どのような資料が利用者の手にとられているのかを判断する材料になります。日ごろから利用者とコミュニケーションを心掛けることはもちろんですが，こうした返却作業からも，利用者の潜在的なニーズを知ることができます。また，今後棚を作り変えていくときの参考になります。

　古くなった資料が棚にある場合は除架の対象にします。汚損・破損資料と同様に，古い資料を棚に放置すると，せっかく保つようにしている棚の新鮮さが失われる原因にもなります。このように，こまめに「棚にあたる」ことが利用者にとって新鮮で魅力ある蔵書構築にもつながっていきます。

まとめ

　利用者にとって新鮮で，魅力的で，多様な幅広い蔵書をアクセスしやすく体系化・組織化する資料の整備は，学校司書の重要な役割です。

　資料は蔵書として体系化・組織化されることで，〈それ自体がまとまりのある壮大な学習資源であり，学ぶべき世界への招き〉[6]となります。その土台をもとに学校図書館は資料提供サービス・情報サービスや授業支援などの利用者サービスを行い，児童生徒に「読む喜び」「知る楽しみ」を伝え，自ら学ぶ力や情報リテラシーの育成を支援します。

　また，利用者サービスを通して把握した利用者のニーズは，蔵書構成や資料の組織化に生かすことができます。テクニカルサービスのためにも，カウンターワークやフロアワークで利用者と接することは重要なのです。（田村修・篠原由美子・山口真也）

6　塩見昇『学校図書館の教育力を活かす：学校を変える可能性』日本図書館協会，2016, p.89.

第5章　利用環境の整備（2）　施設・設備の整備

📖 資料提供サービス・情報サービスといった利用者サービスを行うためには，利用環境の整備が重要です。この章ではその中で学校図書館の施設・設備の整備について考えていきます。
📖 入りやすく，居心地よく，いろいろなことに利用しやすい環境を整えるために，学校司書はどのような工夫をすればよいでしょうか？

1. 学校図書館の施設・設備の整備の意義

　学校図書館サービスを行うためには，学校図書館をいつでも気軽に安心して利用でき，必要な情報が探しやすく，好奇心を喚起する「施設」として，そしてソファーでくつろいだり，ひとりで過ごす「居場所」や，さまざまな人と集い・交流したり，発表など自己表現をする「広場」として整備することが重要です。

　第4章の資料の整備と共に，学校司書が中心になって，こうしたテクニカルサービスをきちんと丁寧に行うことで，学校図書館活動の土台ができ，貸出やレファレンスサービスといった直接的な学校図書館サービスの向上につながっていきます。

　そのために，どのような場所にどのくらいの広さや設備を必要とするのか，そしてどのような工夫をしていけば，より活発に利用される学校図書館になるのでしょうか。

2. 図書館施設・設備

2.1 設置場所

　ジョン・デューイ（John Dewey）は，図5-1のように図書館を学校の中心に位置づけ，図の四隅が実践的活動を代表するとすれば，中央部の図書室がその実践的活動のための理論を代表すると説明し，〈世界の叡智の集積——それは図書室に象徴されている〉と述べています。学校図書館は，利用者が授業や短い休み時間にも行きやすい校舎の中心に，十分な広さをもち，快適な施設として設置され

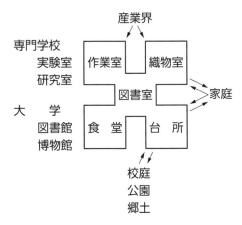

図 5-1　図書館が中心にある図
（出典：デューイ，宮原誠一訳『学校と社会』岩波書店，2005，p.96.）

ることが理想です。調べ学習のためには，PC ルームに近い場所がいいでしょう。

　多くの学校図書館はそのようにはなっていませんが，その分利用者が「行きたくなる」「利用しやすい」工夫をすることが大切です。埼玉県立高校の学校司書である宮崎健太郎は，教室・職員室から離れた 5 階の図書館にあえて「みはらし図書館」と愛称をつけ，「視野が開ける」場所としてイメージアップを図りました。また昼休みに 50 冊ほどの本を 1 階の食堂近くまで運ぶ「移動図書館」を行い，利用者と学校図書館を近づける工夫をしました[1]。

2.2 広さ・必要なスペース

　広さにはさまざまな基準がありますが，「学校図書館施設設備基準」[2] では最低限の面積（司書室その他を含む）として，小学校で 3 教室分以上，中学校で 4 教室分以上，高校で 5 教室分以上，義務教育学校，中等教育学校で 6 教室分以上，という数値をあげています。今後探究学習などで学校図書館がより活用されることを考えるともっと必要になってくるでしょう。校舎の新築・改築などの機会にはこの基準を活用し，十分な面積を確保しましょう。

　学校図書館には閲覧室のほか，以下のようなスペースも必要です。

- 司書室：学校司書がカウンター業務以外の仕事をする場所です。閲覧室の利用状況がわかる向きに作業机などを配置します。司書教諭など学校図書館担当者の机があるところもあります。図書館管理用サーバー機や，個人情報の保管場所になるので，鍵がかかることが必要です。
- 書庫：新鮮で魅力的な棚づくりのため，除架した資料などを置くのに必要です。
- その他：広さに余裕のあるところでは図書委員会室やラーニング・コモンズ[3] のような自主学習スペースなどを設けているところもあります。また図書館内や図書館に隣接したところに 1 クラス分の児童生徒が話し合いをしてもよいように仕切られたスペースがあると，読書会や複数の授業利用にも対応しやすくなります。

2.3 設備

　利用者が入りやすいように閲覧室が外から見える扉にします。またユニバーサルデザインの観点から引き戸にし，館内は段差のないワンフロアにしましょう。吹き抜け構造は，音が響き，空調の効きが悪いことからもおすすめできません。

1　宮崎健太郎「「生きる力」を引き出す図書館活動」『がくと』29，2013，p.35-44.
2　日本図書館協会学校図書館部会「学校図書館施設設備基準」（http://www.jla.or.jp/Portals/0/data/bukai/学校図書館部会/施設設備基準 01 版 _20190608.pdf）.
3　「図書館などに設けられる，総合的な自主学習のための環境。IT 機器や学習スペースなどを備え，従来からある書籍の閲覧だけでなく，グループ学習や討論会などさまざまな学習形態の活用に対応する。」（「コトバンク（デジタル大辞泉）」）（https://kotobank.jp/word/ラーニングコモンズ-687727）.

　窓の数・大きさついては，館内の雰囲気を明るくするためには，多く，大きくと考えがちですが，一方資料の「日焼け」につながります。そこで，自然光が直接書架に当たらないように窓や書架の向きを工夫したり，また館内が暗くならないよう，照明設備を増やして必要な明るさを確保することも大切です。「学校環境衛生基準」[4] に照度基準がありますので，学校の環境衛生検査の際には必ず検査対象に入れてもらい確認しましょう。

　ネット環境は必須ですが，今後さらに学校のICT化が進展することを見越し，十分なアンペア数・コンセント数やWi-Fi環境も確保しましょう。

　現在ある施設・設備を変更する機会はなかなかありませんが，現状で改善が必要なところは，気づいたことをメモするなどして，今後の学校図書館運営計画に盛り込むようにしましょう。その際どのような学校図書館にしていくのかを明確にし，学校全体で学校図書館の将来像と問題点を共有して，必要な工事や予算について理解を得るようにしましょう。

3. 閲覧室

3.1　館内レイアウトの考え方

　利用者が「行ってみたくなる」「利用しやすい」「居心地がいい」と思う図書館の閲覧室は，書架・机・カウンターなどの配置も工夫されています。またゾーンを分けレイアウトを考えると，学習やくつろぎなど，多様な「住み分け」をした利用ができるようになります。授業をしているときも，他の利用者がためらわず利用できるレイアウトを工夫しましょう。

（1）ゾーニング
　館内全体のレイアウトでは，まずスペース全体を利用の仕方などで区分け（ゾーニング）し，配置場所を考えます。たとえば，資料と人の出合いのゾーン（新着図書コーナーなど），くつろげるゾーン，授業や静かに読書や学習ができるゾーンなど必要なゾーンを洗い出し，そのゾーンを館内のどの場所に配置するかを考えます。

◆館内入口付近　　入口付近は利用者が「入ってみたい」と思えるようにします。広くゆったりしたスペースに新着図書や人気の本，おすすめ本を目につくようにフェイスアウト

4　文部科学省「学校環境衛生管理マニュアル：「学校環境衛生基準」の理論と実践［平成30年度改訂版］」（https://www.mext.go.jp/component/a_menu/education/detail/__icsFiles/afieldfile/2018/07/31/1292465_01.pdf）.

（面出し）します。

　請求記号順に排架すると，0類の書架は館内手前になりますが，入口付近には新着図書やマンガ，雑誌，小説など人気のある資料を配置すると入りやすい雰囲気になります。さらに雑誌などが気軽に読めるブラウジングコーナーを設けたり，ソファーや観葉植物を置いて，本を読んだり，会話をしたり，くつろいだりできる「広場」をつくりましょう。

◆館内奥　　館内の奥は，静かに落ち着いて読書したり，調べものをしたり，授業で使用するゾーンにします。机は多人数で利用できるものの他，生徒机などで一人用や二人用の席を用意します。イスを壁際や書架の背に置くと，机を使用しなくていい利用にも対応できます。

（2）レイアウトの工夫

　入口付近のにぎやかなゾーンと館内奥の落ち着いたゾーンの間には，一般書架を配置すると間仕切になって，音が奥に通りにくくなり，「住み分け」がしやすくなります。

　各ゾーンに利用者がアクセスしやすく，学校司書が効率よく動けるように，動線を考えていくつかの通り道を設定します。入口や，メインとなる通り道は車イスが余裕をもって通れる幅にしましょう。

　座席数は授業でグループ学習ができるように，最低1クラス分必要です。また，机や折りたたみイスを追加してフレキシブルに利用できる場所もつくりましょう。もう1クラス分の児童生徒が，授業やグループ学習などで話し合いをしながら利用できる仕切られたスペースがあると便利です。

　多様で幅広く新鮮な情報を提供するために，PCコーナーやAVコーナーなどを設けているところもあります。一方，コーナーを設けずに図書館でWi-Fiが使えるようにしてタブレットを貸出し館内どこでも利用できるようにしているところも出てきています。

　平湯文夫は館内レイアウトについて，図5-2に示したように，「入ったところを広々と」「司書スペースを一工夫」「まず楽しみ読みのエリアを設ける」「書架を斜めに配置する」「調べ学習のエリアは奥に」といった提案をしています[5]（平湯は，「ゾーン」ではなく「エリア」という言葉を用いている）。利用しやすい学校図書館にするために，こうした考えも取り入れましょう。

5　平湯文夫『平湯モデル図書館写真集：子どもたちで溢れる学校図書館のつくり方』ボイックス，2019, p.88
　　-89.

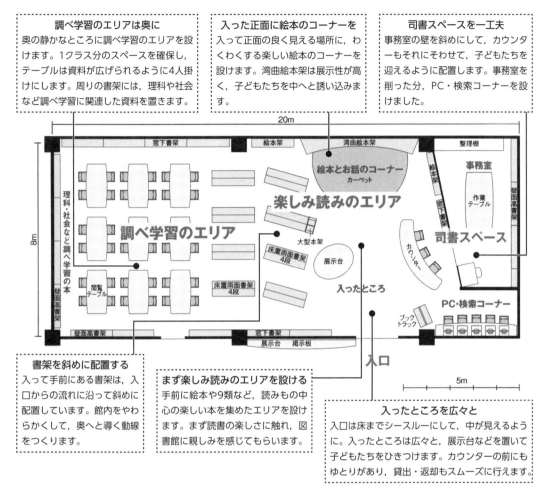

調べ学習のエリアは奥に
奥の静かなところに調べ学習のエリアを設けます。1クラス分のスペースを確保し，テーブルは資料が広げられるように4人掛けにします。周りの書架には，理科や社会など調べ学習に関連した資料を置きます。

入った正面に絵本のコーナーを
入って正面の良く見える場所に，わくわくする楽しい絵本のコーナーを設けます。湾曲絵本架は展示性が高く，子どもたちを中へと誘い込みます。

司書スペースを一工夫
事務室の壁を斜めにして，カウンターもそれにそわせて，子どもたちを迎えるように配置します。事務室を削った分，PC・検索コーナーを設けました。

書架を斜めに配置する
入って手前にある書架は，入口からの流れに沿って斜めに配置しています。館内をやわらかくして，奥へと導く動線をつくります。

まず楽しみ読みのエリアを設ける
手前に絵本や9類など，読みもの中心の楽しい本を集めたエリアを設けます。まず読書の楽しさに触れ，図書館に親しみを感じてもらいます。

入ったところを広々と
入口は床までシースルーにして，中が見えるように。入ったところは広々と，展示台などを置いて子どもたちをひきつけます。カウンターの前にもゆとりがあり，貸出・返却もスムーズに行えます。

図 5-2　利用しやすい学校図書館のレイアウトの例

(出典：平湯文夫『平湯モデル図書館写真集：子どもたちで溢れる学校図書館のつくり方』ボイックス，2019，p.25-26. より一部抜粋して作成)

3.2 レイアウトの変更

　ちょっとしたことで，学校図書館の印象や利用のしやすさは変わります。カウンターを少し斜めにすると利用者の流れがよく見えるようになったり，書架の向きを変えると利用者を館内奥へ導きやすくなったりします。利用しやすい工夫を日々考えていきましょう。

　レイアウトを見直すきっかけは，授業でよく使われる，図書委員会活動が活発なので場所を広げたい・場所を確保したい，という必要から生じることもあれば，不読者が多いので利用を増やしたい，という現状打開のために生じることもあります。そのようなときは，利用の様子を観察しながら変更案を練り，模型や図などでシュミレーションします。

　実際にレイアウトを変更する際は，利用状況を把握している学校司書が中心になって変

更案を作り，学校図書館の校務分掌（校内業務分担のための組織系統）などで了承を得ます。

　書架移動の際は耐震工事が伴うので，施設管理をする事務職員にも必ず連絡します。また人手が必要となります。校務分掌や図書委員，場合によっては近隣の学校司書やボランティアと共に行うこともあります[6]。さまざまな人がかかわるので，なぜ変更するのか，どういうコンセプトで行うかを明確にし，共有してから実行することが大切です。

3.3 安全性への配慮

　利用者の安全を守るために，学校の防災安全計画を確認し，防災・防犯対策をします。

　図書館内だけでなく，消火器・AED（自動体外式除細動器）の場所は日ごろから把握しておき，AED講習会にも必ず参加しましょう。防災訓練では，学校図書館に利用者がいることを想定して行うことも大切です。そうした訓練の必要性を提言していきましょう。

① 防災対策

　度重なる大地震から学校図書館の防災対策も考えられるようになってきました。熊本地震の学校図書館の被害状況を学校司書がまとめ，耐震対策の分析をした資料も発行されています[7]。また図書館家具メーカーでも書架などさまざまな耐震などの工夫をしています[8]。

　利用者の安全のため，書架は低書架・高書架にかかわらず，また司書室にあるロッカーなどの事務用品も最低限床に固定するなどの耐震対策をしましょう。高書架など背の高いものはさらに上部をお互いにつなげて補強する場合もあります。書架の一番下の棚は耐震を考え，除架対象の資料を排架するなど空けないようにします。

　書架だけでなく，資料落下の利用者への危険性が認識され，対策が考えられています。棚に敷くだけで本の落下を防止する仕組みの商品も考案されています。

　書架の更新は予算的に難しいことも多いですが，従来の書架は耐震性の低いものがあります。利用者の安全のためにも，計画的に耐震仕様の書架に更新していきましょう。

　閲覧室の出入口は2か所必要であると建築基準法施行条例で定めている自治体もあります。事務職員に確認しましょう。司書室には非常用懐中電灯や軍手など防災セットを準備しておきます。また救助を求める旗，2階以上の場合は縄梯子もあるといいでしょう。

② 防犯対策

　学校司書は一人職であることが多く，閲覧室・司書室の中に教職員が学校司書ひとりに

6　小林美紀子「司書が行く！　学校図書館支援キャラバン活動の報告」『がくと』23，2007，p.27-36.

7　秋田倫子・津留千亜里編『学校図書館被災記録：平成28年（2016年）熊本地震』熊本県高等学校教育研究会図書館部会熊本県高等学校文化連盟図書専門部，2018.

8　「特集　学校図書館の被災・防災・減災」『学図研ニュース』407，2020.1，p.2-20.

なる時間帯も多いです。学校図書館が1階や独立棟の場合，侵入者とひとりで対面する場合も想定し，学校の防犯マニュアルに沿って対策を考えておくことが必要です。また防犯ブザーやさすまたを常備することも考えましょう。

4. 資料の展示・サイン

　図書館内の利用しやすさや印象は，資料の展示の仕方・サインによっても変わります。

4.1 図書の展示

　館内で一番量の多い資料は図書です。図書館の印象は図書のアピール度によって変わります。また図書の展示の仕方によって，利用者の探しやすさにも影響します。棚に背差し陳列だけでなく，一冊でもフェイスアウト（面出し）してあると，その棚がどんな内容でまとまっているかわかりやすくなります。

　新着図書コーナーなどは図書を目立たせるためフェイスアウトを多くして，平積みも混ぜ立体的にすると，多数のカラフルな表紙が利用者の目をひきます。

図 5-3　新着コーナーフェイスアウト例

4.2 サイン

　利用者が資料を探しやすいよう書架などのサインを作成します。NDC（日本十進分類法）の大分類だけでなく，教科などとかかわりが深い分野や利用が多い分野は，中分類のサインも作成します。また差し込み見出し板で小分類のサインを作成するとより探しやすくなります。

　サインに使用する言葉づかいは大事です。「総記」というサインでは児童生徒はわかりにくいので，「メディア」「知識」などの言葉に置き換えている学校図書館もあります。700「芸術・美術」を「見る・描く・つくる」，

図 5-4　サイン例
（熊本県立阿蘇中央高校）

図 5-5　NDC ピクトグラムの例

760「音楽・舞踏」を「ミュージック・ダンス」，780「諸芸・娯楽」を「レクリエーション」にするなど言葉づかいを工夫することも考えましょう。

　サインをカラフルに数多く作成するとそれだけで館内の雰囲気が変わります。主題別に色を変えたり，図書館のテーマ色を決め統一感を出すなどさまざまな取り組みがあります。

　合理的配慮の観点から，色づかい・字体はユニバーサルデザインを意識します。学校によってはサインにルビをふった方がよいでしょう。図書館用品を扱っているキハラ株式会社では，合理的配慮の観点から作成した NDC ピクトグラムのデータをウェブサイトで公開しています（図 5-5）[9]。

　直接サインとは関係ありませんが，「恐竜」の分類の所にティラノサウルスのぬいぐるみを置いたり，各分類のキャラクターを作成している公共図書館もあります[10]。図書館利用教育の一環としても，NDC を利用者の身近にする試みは大切です。

5. 掲示

　掲示は，資料の情報や，児童生徒の好奇心を喚起する話題，学校図書館からのお知らせを利用者に発信するために行います。月間開館予定や，リクエスト制度などの学校図書館サービスを伝え，利用者に「こんなこともできる」と思ってもらうことは，利用教育にもつながります。

　具体的には以下のものを学校の掲示板，教室に貼ります。掲示の際には，常時掲示するものと時期がきたら入れ替えるものを分け，掲示日を入れておきます。古くなってしまった掲示物は，周りの雰囲気も暗くしてしまいます。はがすか，作り直すかして鮮度管理をするようにしましょう。

9　キハラ株式会社「NDC ピクトグラムのデータを公開」（https://www.kihara-lib.co.jp/yomimono/2019/12/23/11407/）.

10　はつかいち市民図書館では分類番号が持つ特徴をとらえて，擬人化（キャラクター化）している（はつかいち市民図書館「図書館お役立ちページ：青少年向け「日本十進分類法」」（https://www.hiroshima-hatsukaichi-lib.jp/useful.html）.）.

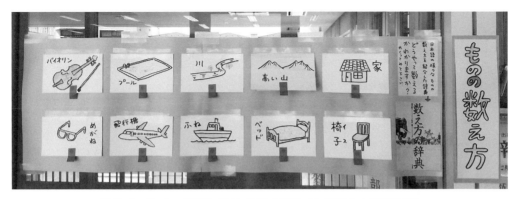

図5-6　めくって楽しむクイズ展示例（東京都立大江戸高校）

▶『数え方の辞典』（飯田朝子，小学館）を参考に，ものによって違う数え方を知ってもらうために作成されためくる形式のポスター

- 資料の情報：新着図書案内やおススメ本の案内・書評・蔵書に関連した記事（図5-6）や映画のポスターなど。
- 児童生徒の好奇心を喚起する話題：その学校や地域の話題の載った新聞記事や情報・美術館や映画・演劇などのポスター，チラシなど。
- 学校図書館からのお知らせ：開館表示・開館予定表・図書館利用案内（図5-7）・館内図・収集方針・利用者からのリクエスト結果やレファレンス結果・「図書館の自由に関する宣言」やランガナタンの「図書館学の五法則」のポスターなど。

6. 装飾・イメージづくり

6.1 装飾

　利用者に「行きやすい」「明るい」印象をもってもらうことは大切です。古い資料のある暗い場所という，今までの学校図書館のイメージを払拭し発信していく方法のひとつとして「装飾」があります。

　クリスマスの時期にショーウインドウにクリスマスツリーを飾って，クリスマス関係の資料を展示したり，七夕に笹を置いて利用者の願いごとを書いた短冊を飾ったり，また児童生徒の描いた絵を飾るなどさまざまな取り組みをしている学校図書館があります。そういう装飾活動を続けることで学校図書館が行きやすく明るい広場として認識されるようになります。またこのような装飾活動は図書委員だけでなくさまざまな児童生徒にかかわってもらうことで，図書館のファンを増やすきっかけにもなります。

図 5-7　図書館で何ができるかを PR したポスター
▶図書館内だけでなく，職員室にもポスターを掲示している

6.2 イメージづくり

　観葉植物やぬいぐるみを置くと図書館のイメージが変わりますし, くつろぎ感を演出します。動物のぬいぐるみを 48 の棚に置いたり, 観葉植物の種類を調べたくなるサインを作るなど, 資料と結びつける工夫をしているところもあります (図5-8)。

　また図書館に「みはらし図書館」「ぴっかり図書館」などの愛称をつけたり, 図書館独自のキャラクターを設定して, 図書館をアピールする試みも増えています。他にも図書館の基調色を設定して, サインだけでなく, 入口のドアや廊下の掲示版も同じ色にして統一感を出しているところもあります。こうした実践によって, 広報紙などに図書館の愛称・キャラクター・基調色を使えば学校図書館からの発信と利用者にすぐ伝わるようになります。

図5-8　図書館キャラクター
　　　　（カッパ）を使用した
　　　　活用例

7. 居場所, 交流・創造の場としての図書館

　第62回学校読書調査[11] (毎日新聞・全国学校図書館協議会) の「学校図書館で働いている先生にあなたはどんなことをしてもらいたいですか」という設問では, 小学生は「本がある場所を案内してくれる」(53 %), に続き「安心できる場を作ってくれる」という回答が多く (46 %), 中学生では「安心できる場」(45 %) という回答が最も多かったという結果が出ています。また「不登校児童生徒への支援に関する最終報告」[12] には不登校児童生徒の再登校に際し,〈保健室, 相談室や学校図書館など学校での居場所を作り, 心の安定を図り, 興味関心に基づく学びを行いながら, その居場所から徐々に学校生活になじませることも有効である〉とあります。

　学校図書館は, 児童生徒が日中多くの時間を過ごす学校の中で, いつでも誰でも安心して利用できる施設です。読書や学習の場だけでなく, ひとりになりたいとき, 人と話をしたいとき, そして教室に行きたくないときも利用できるようにします。

　自分のクラスではなじめず, 居づらさを感じていた子が, 学校図書館に居場所を見つけ

11　『毎日新聞』2016.10.27 朝刊 28頁 総合面.
12　文部科学省「不登校児童生徒への支援に関する最終報告」2016 (不登校に関する調査協力者会談) (https://www.mext.go.jp/b_menu/shingi/chousa/shotou/108/houkoku/1374848.htm).

ひとりで過ごしたり，クラスや学年を超えた友だちを見つけることもあります。学校全体でそうした機能が学校図書館にあることを共有するようにしましょう。

　また，学校図書館は，人と人が出会い，交流し，創造・発信していく場所になります。岡山市の学校司書である横山由美恵は，学校図書館を使いながら，小学5年生の「撮り鉄」男子2人が「ぼくらの鉄道展」を開催したり，「乗り鉄」の子が本を作り上げた実践を報告しています[13]。

　そうした創造活動を学校図書館が応援することは，子どもの自ら学び，考え，発信する活動を支援するだけでなく，自己肯定感を高めます。そのような活動が自然に行えるように，付箋や定規・コンパス，色ペンや画用紙などさまざまな文房具やホワイトボードを置くようにしておきましょう。

　以上のような活動のためには，常に学校司書がいて開館し，カウンセリングマインドをもって，子どもたちを見守り，来るときはこばまず，しかしおせっかいにならないような距離で接することが大切です。

まとめ

　学校図書館は，十分な広さをもちアクセスしやすい校舎の中心にあるべきです。

　しかし，そのようになっていない学校図書館は多くあります。施設の変更・改修は予算的にも難しい場合もありますが，学校司書は，日々の気づきをもとに，学校図書館の将来図やコンセプトを明確にし，学校全体の理解を得て，計画的に環境の改善ができるようにしていきましょう。

　同時に，現在ある学校図書館が最大限生きるように環境を整備するのも，学校司書の腕の見せ所です。学校司書は，いつでも誰にでも図書館を開き，見守り，ひとりでも多人数でも，休み時間にも授業にも利用しやすいよう，資料にアクセスしやすい展示やサイン，使いやすいレイアウトなどを工夫します。また，安心してくつろいだり，ひとりで過ごしたりする「居場所」，他のクラスの人と集い・交流したり，発表など自己表現もできる「広場」など，多様な利用ができる環境を整備します。

　以上のようなさまざまな工夫や活動には，その学校図書館の利用状況と利用者のニーズを把握し，その学校図書館で必要な環境の整備とは何かを考えることが必要です。「施設・環境の整備」のためには，学校司書は日々，直接利用者一人ひとりの声に耳をかたむけ，コミュニケーションをとることが大切になるのです。（田村修）

13　学校図書館問題研究会編『学校司書って，こんな仕事：学びと出会いをひろげる学校図書館』かもがわ出版，2014. p.77-81.

第6章　児童生徒への読書支援

📖 私たちは，言葉を使って考えます。考えるというのは，自分の言葉で論理を組み立てることですから，自分が知っている言葉の範囲でしか考えることはできません。新しい言葉を獲得し，想像をふくらませ，自分の考えを修正し，他者とコミュニケーションを図るといった言語能力は，生きて行くための土台であり，言語能力を育てることは，生涯学習者育成をめざす学校教育全体の大きな目標です。そのためには，読書が有効な手段です。しかし一方で，読書は，自由意思で行うもので，強制することはできません。

📖 それでは，学校図書館はどのような読書支援ができるのでしょうか。

1. 読書支援とは何か

1.1 本を読むこと

　本は，言葉による情報伝達手段のひとつで，その中には時空を超えた人間の思想や感情・考えが詰まっています。本を読むことによってさまざまな考え方を知り，想像を広げ，自分の心を耕すと同時に，広く社会に目を向ける生き方が可能になります。また，たくさんの言葉を知ってこそ，心の中のモヤモヤを言語化し，ほかの人に伝えることができるようになります。

　今，「本を読むのはよいことですね？」と聞かれたら，ほとんどの人が賛成するでしょう。では「なぜ本を読むのはよいことなんですか？」と聞かれたら，即座に答えられるでしょうか。また，「読書は好きですか？」と聞かれたら，「あんまり……」と言いながら「本当はもっと読まないといけないと思うのだけれど，なかなか読めなくて」と言い訳をする人も多いでしょう。読書は「すべきもの」だけれど，「積極的にしようとは思わない」「好きではない」面倒なものになってはいないでしょうか。

　情報を得ること，情報を選ぶこと，情報を活かすこと，これからの社会を生き抜くこうした力＝情報リテラシー（第1章1，第7章参照）には，媒体はなんであれ，抵抗なく活字を読むことが必要です。また，生活を楽しんだり，自分自身を大切に思う気持ちを育てたり，生き方を考え続けるときに，「そうだ，本を読んでみよう」と思えることは，とても大事な生きるための道具を持つことになるでしょう。

　言語能力や自己肯定感を育てるために，まず読む楽しさを知らせ，活字への拒否感をなくし，好奇心や意欲を持って本を手に取る子どもたちを育てることが必要です。

1.2 読書支援とは

　2001 年に施行された「子どもの読書活動の推進に関する法律」第 2 条には，〈子ども（おおむね十八歳以下の者をいう。）の読書活動は，子どもが，言葉を学び，感性を磨き，表現力を高め，創造力を豊かなものにし，人生をより深く生きる力を身に付けていく上で欠くことのできないものであることにかんがみ，すべての子どもがあらゆる機会とあらゆる場所において自主的に読書活動を行うことができるよう，積極的にそのための環境の整備が推進されなければならない〉[1] とあります。

　しかし，今，1 か月に 1 冊も本を読まない人が 47.3 ％にのぼるという，文化庁国語調査結果[2] が発表されています。また，毎日新聞社の調査によると，小学生の 49 ％，中学生の 61 ％，高校生の 69 ％が 1 か月に 1 冊も読まなかったという統計結果も出ています[3]。

　上記の「子どもの読書活動の推進に関する法律」に基づいて，「子ども読書活動推進計画」が都道府県や市町村で策定されています（現在第四次基本計画策定中）。学校司書が配置されている自治体では，学校図書館を意識した基本計画になっていますが[4]，残念ながらその数はまだ多くなく，従来通りの推薦図書リスト作りやボランティアによる読み聞かせに終始しているところもあるようです。文部科学省は，第四次計画の概要の中で，不読者について〈いずれの世代においても第三次計画で目標とした進度での改善は図られていない〉と分析，もっと〈発達段階ごとの効果的な取組〉〈読書への関心を高める取組〉〈情報環境の変化が子供の読書環境に与える影響に関する実態把握・分析〉をするようにと求めています[5]。

　読書支援とは，本を読む「楽しさ」をすべての子どもに知らせ，好奇心を刺激し，本が読みたくなる環境を整備することで，読書力や読書習慣，言語能力を育てる活動です。カウンターで，フロアで，「図書の時間」や教科の授業の中で，またイベントを開くなど，いろいろな場面で行われます。学校司書は，毎日の学校図書館活動を通して，子どもと本がつながるよう支援します。そのために資料を知り，利用者（児童生徒・教職員）を知り，

1　「子どもの読書活動の推進に関する法律」(https://www.mext.go.jp/a_menu/sports/dokusyo/hourei/cont_001/001.htm).
2　文化庁「平成 30 年度国語に関する世論調査の結果の概要　Ⅳ. 読書について」(https://www.bunka.go.jp/koho_hodo_oshirase/hodohappyo/1422163.html). ※ 2019 年 2 ～ 3 月に調査実施。
3　「第 65 回学校読書調査報告」『学校図書館』829，2019.11，p.19-53. ※ 2019 年 6 月に全国学校図書館協議と毎日新聞社が調査実施。
4　例えば「豊中市子ども読書活動推進計画」(https://www.lib.toyonaka.osaka.jp/img/pdf/kodoku_gaiyou_012.pdf) がある。
5　文部科学省「第四次「子供の読書活動の推進に関する基本的な計画」の概要」2018.4.20 (https://www.mext.go.jp/b_menu/houdou/30/04/__icsFiles/afieldfile/2018/04/20/1403863_001_1.pdf).

読書環境を整え，さらに，常に新しい支援方法を探す努力も必要です。

2. 読書への誘い

2.1 良い本とは何か

「良い本を読ませたい」と言われます。しかし，「良書」とは何でしょうか。松岡享子は〈読者と関係なく，はじめからよい本があるわけではなく，ひとりの読者がある本に出会って，それがなんらかのよい結果を生んだとき，その本は，その人にとって，「よい本」になるのだと思います〉と書いています[6]。人はそれぞれ育ってきた環境や大切に思うものが違いますから，その心に触れる本も，触れるポイントも違うはずです。だから，学校図書館には多種多彩な本が必要ですし，子どもたちの求める声に耳を貸さなければなりません。

一方で，いわゆる「古典」と呼ばれる長く読み継がれてきた本，確かに多くの子どもたちの心を揺さぶってきた本を子どもたちに知らせ，読む機会を作っていくことも，学校図書館の仕事です。まず学校司書が，各種団体などから出ているリストを参考に，優れた本といわれるものをできるだけたくさん読むことはもちろんですが，他の学校司書や本に関心のある人たちと一緒に読書会を持ち，継続的に意見を交換しながら，自分の選書眼を磨いていくのも必要なことです。

そして，この選書眼を磨くというのは，何も古典や読み物に限ったことではなく，次々と発売される新しい本に対しても同じです。特に授業支援に使うような知識の本は，類似の資料を持ち寄って，データは新しいか，今の社会の問題に対応しているか，児童生徒のレベルにあっているかなどの検討を行うことが，その後のサービスにとても役に立ちます。比較して考えるといったことは，一人ではできません。研修や勉強の機会を求めたいところです。

子どもの読みたい気持ちを否定せず，できる限り要望に応えることはもちろんですが，それは学校司書が本を評価しないということではありません。自分の評価軸を持つからこそ，必要とされる時にはさまざまな本を取り出して，説得力のある「おすすめ」の言葉をかけることができます。できる限り多くの本を読み，考え，仲間と話し合いながら選書眼を磨き続けましょう。三宅興子は，名作にも賞味期限があるのではないかと問題提起しています[7]。書かれていることを鵜呑みにせず，自分の頭で考えることが求められています。

6　松岡享子『子どもと本』岩波書店，2015, p.161.
7　三宅興子「『ちびくろサンボ』がたどってきた道：イギリス・アメリカ・日本」『アメリカと日本の子どもの本：その関係をさぐる』大阪国際児童文学振興財団，2018, p.68.

2.2 幅広い読書の世界へ

　「読書」というと，読み物（物語・フィクション）を読むことだと思ってしまう傾向があります。動物や科学の本を熱心に読んでいるのに「自分は読書が好きではない」と言うことがあります。読み物には確かに，非日常世界に心を開放し，想像力を養うといった力がありますが，どんなものを読みたいかというのは，それぞれの発達段階や育ってきた環境に大きく左右されます。その本の世界にひたり，心を遊ばせているのであれば，その読書を否定せず応援したいものです。ただし，松岡享子は先の本の中で，（8 歳から 13 歳くらいの）〈思春期前期は，ファンタジーをたのしむ年齢の臨界期といえるのかもしれません〉と書いています[8]。つまり，その頃までに空想の世界にどっぷりつかる体験ができなければ，自意識がはっきりしてくるそれ以降では本当に楽しむことはできないということです。

　それぞれの読書を応援しながら，フィクション好きにはノンフィクションの世界を，知識の本好きには物語の世界をといったように，さまざまな本の世界があることを知らせ，手渡すチャンスを探るのも，学校司書の大切な仕事です。

◆マンガという本　　本章 1.2 に取り上げた学校読書調査は，調査対象は「教科書，学習参考書，マンガ，雑誌や附録を除く」とあるように，活字だけの書籍とマンガを区別しています。しかし，文部科学省の調査には〈マンガを 151 冊〜200 冊所有している児童・生徒は，「本を読むことが好き」が 9 割を超えている〉[9]という結果があります。また「学校図書館ガイドライン」は，〈学校は，図書館資料について，教育課程の展開に寄与するという観点から，文学（読み物）やマンガに過度に偏ることなく，自然科学や社会科学等の分野の図書館資料の割合を高めるなど，児童生徒及び教職員のニーズに応じた偏りのない調和のとれた蔵書構成となるよう選定に努めることが望ましい〉[10]とマンガに言及しています。マンガそのものだけでなく，「マンガで解説」といった本やパンフレットが多量に出版流通していることからも，すでにマンガは文化として確立していると言えるでしょう。

　ただ，「マンガは読みやすいから好き」という声と同時に，「マンガのほうがわかりにくい」という声もあります。活字中心の本と，絵が中心のマンガでは表現方法が違うためです。米山公啓によれば〈活字の本は左脳で文字情報を理解し，それを右脳でイメージに変える〉のに対し，〈マンガはひとコマで右脳に直結〉[11]するため，マンガの方が「わかりや

8　前掲注 6，p.73.
9　文部科学省「親と子の読書活動等に関する調査　第 3 章 5　マンガと読書の関係」2005（https://www.mext.go.jp/a_menu/shougai/tosho/houkoku/05111601/003/005/001.htm）.
10　文部科学省「学校図書館ガイドライン」（https://www.mext.go.jp/a_menu/shotou/dokusho/link/1380599.htm）.

すい」と感じる人が多いようです。また，例えばマンガの中で衝撃を表す「ガ〜ン！」という擬音語は，どんなショックなのかについて言葉によって説明されないまま，次のコマに進んでいきます。擬音語は〈言葉として読まれる代わりに〉〈背景の一部として視覚情報の形で取り込まれ，右脳内でイメージ化され〉[12]るという特徴があります。それが「読みやすい」ところであり，また「わかりにくい」ところです。

　社会の複雑な問題をわかりやすく描いたり，難解な事柄もやさしく解説して，多くの読者を持つマンガですが，一方で，イメージを言葉にする力が育たないのではないか，と危惧する見方もあります。どちらが良い悪いではなく，マンガは，活字の本とは違う表現方法の本であるということです。

◆**新しい媒体としての電子書籍**　　紙媒体でなくタブレットやスマホで読める電子書籍も増えてきて，公共図書館ではすでに貸出も始まっています。デジタル教科書の普及と共に，さらに学校でも利用されることが予想されます[13]。しかし，ウルフは，デジタルで文章を読むときには，目はジグザグに動いて，すばやくキーワードを拾うという「情報を得る」読み方になっている。この読み方は小説でも同じで，〈本で読んだ学生の方が画面で読んだ仲間より，筋を時系列順に正しく再現できる〉[14]という結果が出た。しかし，すでにこのデジタルの読み方は本の読み方にも影響を及ぼし，〈いつのまにか夢中になるためではなく，まして別世界に入り込むためではなく，情報を得るために読むようになっていたのです〉と述べています[15]。このような研究も含め，電子書籍の評価はまだまだ検証の途中だと言えるでしょう。

　こうした新しい媒体が，便利だから，安いからという理由で普及していくことに対して，本当にそれでよいのかという疑義の眼を持ちながら，動向をうかがう姿勢が必要です。

　ユネスコ学校図書館宣言には，〈小説からドキュメンタリーまで，印刷資料から電子資料まで，あるいはその場でも遠くからでも，幅広い範囲の図書やその他の情報源を利用することを支援する〉とあります（巻末資料2参照）。学校図書館は，マンガや電子書籍も含め，情報にかかわるどんな媒体もその守備範囲とするということです。ただ，上記のフィクション・ノンフィクションと同じように，それぞれの長所や短所を押さえながら，より広い世界へ誘う努力を惜しんではなりません。

11　米山公啓『マンガ脳：マンガを読むと頭が良くなる！』アスペクト，2008，p.26.

12　前掲注11，p.156.

13　すでに学校図書館のウェブサイトの中に電子図書を利用できる電子図書館を作っている学校もある。「工学院大学附属中学校・高等学校図書館ウェブサイト」（https://www.fab-library.com/）.

14　メアリアン・ウルフ，大田直子訳『デジタルで読む脳×紙の本で読む脳』インターシフト，2020，p.107-108.

15　前掲注14，p.135.

2.3 書架の教育力

　よく選書され整えられた書架は，教育力を持ちます。書架の前を「もう何もおもしろいことがない」としょげている人が通ると，まだ知らない世界がたくさんあることを知って，「もっとおもしろいことがあるかもしれない」と元気になれるかもしれません。反対に「何でも知ってる」と天狗になっている人が通ると，「自分の知らない世界がまだこんなにあるんだ」と謙虚になれるかもしれません。利用者を読書の世界に誘うためには，こんな書架が必要です。

　今，すぐに必要とされる本があるのはもちろんですが，それ以外に太古の昔からまだ見ぬ未来まで，海の底から宇宙の果てまで，古今東西の秘密を解き明かす本がつまった書架があったら，授業の中でふと抱いた疑問や好奇心の芽を持って訪れた子どもたちの人生が変わるきっかけになるかもしれません。子どもだから必要がないという分野など存在しません。それぞれの年齢に応じて，科学的なものには新しい知見を，現代の問題には多様な考え方を絶えず補っていくような品揃えをし，さりげなく背中を押すことで，この図書館には「何かがある」「何でもある」と思わせることができるでしょう。

　好奇心が制限されてしまうような貧しい書架ではなく，小さな図書館でも好奇心を誘発し，どこまでも広げていけるような書架になるように努力しましょう。ネットワークを利用して，足らない資料を借りてきて提供することも当然しなければなりませんが，子どもたちにとって一番身近な学校図書館の書架こそ，よく考えられた魅力的なものでありたいものです。

3. 読書支援のいろいろ

3.1 個人への働きかけ

　学校図書館のサービス対象は，あくまでも一人ひとりの利用者です。資料提供を通して，個人個人の要望にきちんと応えることは簡単ではありませんが，一つひとつていねいに対処することによって，「困った時は図書館へ行こう」という信頼を得ることができます。それは，学校を卒業した後も，彼らが図書館を使いながら学び続けることにつながっていきます。「ぐるっと見渡せば，そこに宇宙がある」と言われる図書館は，すべての人の知的生活を支えます。その魅力を，毎日の貸出やフロアワーク，レファレンス，また蔵書をつくることや使いやすい環境づくりなどの直接利用者の目に触れない仕事も含めて，すべての学校図書館サービスで伝えていきましょう。

◆「何かおもしろい本な～い？」　　こう声をかけられたときは，その子が本当は何を必要としているのかをさりげなくインタビューしながら，一緒に書架を巡りたいものです。「この本にはね」と中身を少し紹介しながら，選んでもらいます。中には，一緒に話をするその時間を必要として来ている児童生徒もいるかもしれません。学校司書が「学校の中にいる評価しない大人」であることを敏感に感じて，話に来る子どももいるようです。忙しくても声をかけやすい雰囲気でカウンターに立ちましょう。

◆予約に応える　　「こんな本が読みたい」と言われて，「この図書館にはないので貸せません」と答えるのは，図書館ではありません。購入できない場合でも，公共図書館やほかの学校図書館から借りる手続きをして，読みたい気持ちに応えます。そもそも図書館は，図書館同士や専門機関とネットワークを組んで利用者に本や情報を届けるところです。学校図書館もこのネットワークに加わっていきましょう（第3章2.2参照）。

　「読みたいときが読み時」です。読みたい気持ちが冷めないうちに，できる限りスピーディーに確実に要望に応え，信頼してもらうことから読書支援が始まります。

◆カウンターの向こう　　カウンターに来てくれる子どもたち，声をかけてくれる子どもたちの向こうに，読書に魅力を感じない，学校図書館になじめない子どもたちが必ずいます。カウンターの賑わいだけに気を取られていると，こうした子どもたちへの目配りを忘れがちになります。押しつけがましくならないように気をつけながら，チャンスをとらえて本や図書館の魅力を伝えましょう。カラフルなポスターや社会の動きに合わせた新聞の切り抜き，映画や展覧会のチラシ，校内の催しのお知らせなど，生き生きとした掲示も，彼らの好奇心を刺激するかもしれません。誰でも参加しやすいイベントを開くのも，利用者を広げるきっかけになります（第11章参照）。

◆図書館からの発信　　読書や図書館に興味を持ってもらうために，学校図書館は発信し続けることが必要です。「こんな本が入りました」という新刊案内や，図書館でのイベントのお知らせ，図書館で起きたちょっとしたエピソードなどを加えた広報紙は，子どもたちを刺激するだけでなく，保護者と共に読んでもらうことによって，読書について会話が生まれるきっかけにもなります。先の第64回学校読書調査[16]には，「家の人と読んだ本の話をする」子どもの方が，「話をしない」層に比べて読書量が多いという結果も出ています。さらに長期休暇の前に出す「推薦図書リスト」などは，近くの公共図書館にも持参して連絡を入れておくと，読書支援の輪が広がることが期待できます。

　また，教職員向けにも定期的に広報紙を出して，仕事を「見える化」し，常に学校図書館が動いていることを知らせることも大切です。担任教師の学校図書館への姿勢は子どもたちに伝わりますし，教員の読書のすすめは，子どもたちに大きな影響力を持ちます（第

16　前掲注3参照。

11章参照）。

3.2 授業の中で

本に親しんでもらうために，「図書の時間」や調べ学習の中で行うさまざまな技があります（表6-1）。学校司書が行うときもありますが，教員が授業に取り入れる場合もあります。その場合も，学校司書は，それぞれの技のポイントや本の選び方，他学年や他校の事例などを伝え，その授業が

図6-1　学校図書館での読み聞かせ（豊中市内の小学校）

生きるように支援します。また，その授業時間の前後に，使った本を利用した掲示やコーナー作りをして，子どもたちの関心をさらにつなぎ広げる工夫も必要です。

◆「朝の読書」と「朝の連続小説」　『朝の読書が奇跡を生んだ』[17]から始まった朝の読書運動（朝読）は，小中高合わせて26,000を超える学校に広がっています（2019年度）[18]。確かに「あれで読書習慣がついた」「好きな時間だった」という声もありますが，この活動を始めた林公の4原則（毎朝／読む本は自由／読むだけ／教師も読む）を守らずに形骸化してしまって，「あの時間が苦痛だった」という声や，「朝の時間を静かにさせるための生活指導ではないのか」といった意見も聞かれます。また，学校図書館が全く関わっていない学校もあるようです。貴重な読書の時間が「義務」ではなく楽しいものになるために，学校全体で話し合って実施することが必要です。学校図書館も朝の開館や学級への貸出，学校司書による読書案内の時間を設けるなど，この時間への支援も考えたいものです。

『朝の連続小説』[19]では，朝の時間に担任が長い本を毎日連続で読み聞かせをしています。著者は，この時間は〈ひとつのお話をみんなで共有する時間〉であり〈ことばから入って文字へというコミュニケーションの流れから言っても，まず"朝の連続小説"があり，"朝の読書"はその延長上のバリエーションの一つとして考えるものだろう〉と述べています[20]。

校種にもよるでしょうが，自校の児童生徒にふさわしい読書の時間の確保はどうあるべきかを，学校全体で考える必要があります。

17　船橋学園読書教育研究会編著『朝の読書が奇跡を生んだ：毎朝10分，本を読んだ女子高生たち』高文研，1993.

18　「広げよう『朝の読書』：朝の読書推進協議会推奨ホームページ」(https://www.mediapal.co.jp/asadoku/).

19　杉山亮編著『朝の連続小説：毎日5分の読みがたり』仮説社，2003.

20　前掲注19, p.45-46.

表6-1　読書支援の技の例（1）

技	内容・ポイント・参考図書（→は参考図書の一例）
読み聞かせ	本の楽しさをまるごと味わえる読み手と聞き手のコミュニケーション。ボランティアが行う場合も多いが，学校司書は，クラスの様子，学年の年間授業計画や季節・学校行事を意識した選書や，昔話など伝承したい絵本を計画立てて選書することが可能。「読み物」以外の本も取り入れたい。→『よみきかせのきほん：保育園・幼稚園・学校での実践ガイド』（東京子ども図書館，2018）『読書ボランティア 活動ガイド：どうする？スキルアップ どうなる？これからのボランティア』（広瀬恒子，一声社，2008）
読み合い	少人数でお互いに好きな本を読んで聞かせる活動。普段読んでもらうのを聞いていることが多い子どもにとって，自分で読んで聞いてもらうという体験は新鮮で，声を出して読む面白さを感じたり，読んだ本の魅力を再発見したりする。また「読み合いシート」を使って，読んでいる人・読まれている人の気持ちの交換ができる。→『絵本の読みあいからみえてくるもの』（村中李衣，ぶどう社，2005）
味見読書	持ち寄った本を，時間を切って次々とつまみ食いをする。全く興味の無かった本に惹かれたり，話し合いの中で刺激を受けたりする。→『「味見読書」で本離れが無くなる！』（熊倉峰広，明治図書出版，2003）
ブックウォーク	個人で読書の目標（いつまでに，どんな本を，何冊）を決め，達成できたら自己申告し，教員が認定証を出す。→『ブックウォークで子どもが変わる：本はともだち』（井上一郎編著，明治図書出版，2005）
読書ゆうびん	児童がクラスの友達にふさわしいと思う自分のおすすめ本を書いた手紙を出す。届ける郵便屋さんも児童が担当する。異なる学年と送り合うこともある。誰からももらえない児童が出ないよう注意が必要。→国語「読書ゆうびん」(http://www.sing.co.jp/cms/of/list/file/OFvol18-JK1.pdf)
読書へのアニマシオン	各自の「読む力を引き出す」ための教育方法。アニマドール（作戦の実践者）によって，遊びを通して読書へ誘う。→『読書へのアニマシオン：75の作戦』（M.M.サルト，宇野和美訳，柏書房，2001）『子どもが必ず本好きになる16の方法・実践アニマシオン（新版）』（有元秀文，合同出版，2015）
リテラチャーサークル	「思い出し係」「イラストレーター」などの役割を意識することによって，優れた読み手の読み方を学ぶ。「人と読む」読書体験としての読書会を楽しいものにする。→「分科会6記録　読書をより豊かに『リテラチャーサークル』」『がくと』28（学校図書館問題研究会，2012）

ブックトーク*	テーマに沿って，いろんな種類や難易度の本をうまくつなげて，子どもたちとやりとりをしながら，本を楽しみ視野を広げるきっかけをつくる。→『ブックトーク再考：ひろがれ！子どもたちの「読みたい」「知りたい」』（学校図書館問題研究会「ブックトークの本」編集委員会，教育史料出版会，2003）

（参考：学図研兵庫支部「本と子どもをつなぐ技あれこれ」『がくと』30, p.72.）

*ブックトークは，「本の紹介」ではありません。聞き手に本の魅力や特徴を伝え，読みたい気持ちを刺激することを目的としています。授業の導入などでは，テーマに対する子どもたちのイメージを膨らませることにも役立ちます。そのためには，

- いろんな種類や難易度の本を組み合わせ，「つなぎ」をはさみながらすすめる
- 子どもたちと「やりとり」をしながら，ひきつける

といったことに気を付けながら，シナリオを作ります。

　テーマは立てますが，メッセージを伝えることが目的ではなく，あくまでも聞き手の興味を広げ，本を楽しむきっかけになるための活動であることを忘れないようにしましょう。

3.3 大勢で楽しむ

　読書週間に合わせたり，文化祭などの学校行事と連携して，学校図書館や図書委員会などがイベントを催すことも，読書や図書館に関心をもってもらうきっかけをつくります。

　毎年，11月3日の文化の日を真ん中にした10月27日から11月10日は，読書週間として書店などでも読書啓発活動が行われます。それに合わせて学校図書館でも，図書委員と相談しながら，貸出できる冊数を増やしたり，クイズ大会，学校放送や掲示によるおすすめ本の紹介，本の帯やPOPの募集，雑誌の付録の抽選会など，来館をうながす工夫をこらします。学校によっては，読書月間を設定して，楽しい催しを企画するところもあります。

　文化祭にも生徒図書委員会として参加して，地域や作家についての研究発表をしたり，持ち寄った本で古本市などを実施しているところもあります。

　また，学校図書館独自のイベントとして，ビブリオバトルや読書会を開くところもあります（表6-2）。

　こうしたイベントは，自主参加が基本ですが，しっかりと宣伝をし，できれば教員の参加も求め，たとえ人数が集まらなくても参加者や実施した図書委員たちに充実感が残るようにしたいものです。

　ビブリオバトルは，授業やイベントだけでなく，給食時間を利用して行うところや，下記のようにオリエンテーションで行うな

図6-2　ビブリオバトルクラブのある小学校（豊中市）

表6-2　読書支援の技の例（2）

技	内容・ポイント・参考図書（→は参考図書の一例）
ビブリオバトル	5分で本を紹介＋質問タイムを繰り返し，参加者でチャンプ本を決定する「本を通して人を知る・人を通して本を知る」書評合戦。→『ビブリオバトル入門：本を通して人を知る・人を通して本を知る：ビブリオバトル公式ガイドブック』（吉野英知ほか監修，情報科学技術協会，2013）『マンガでわかるビブリオバトルに挑戦！：学校・図書館で成功させる活用実践ガイド』（谷口忠大マンガ原案・監修，さ・え・ら書房，2014）
読書会／ブッククラブ	読んだ本について自由に語り合う。自分だけでは考えられなかったことに気づく。異年齢や立場の違う人と話し合えると，より刺激が大きい。→『読書がさらに楽しくなるブッククラブ：読書会より面白く，人とつながる学びの深さ』（吉田新一郎，新評論，2013）

ど，さまざまに工夫されて広がりつつあります。

◎実践事例紹介：オリエンテーションでのビブリオバトル

　中学入学1週目の図書館オリエンテーション。前半は，図書館や学校司書の使い方！の説明。そして後半はミニミニビブリオバトル。書架から本を選択し，一言でよいから選択理由を語れるように準備。6人グループで順番に紹介，最後に読みたいと思った本を「せーの」で指さし，グループチャンプ本を決定した。本を探しながら中学の本たちともご対面。自分のことを語るのはハードルが高くても，本が助けてくれる。一人が語り終えると自然に拍手が起こる。担任からは「入学3日目で初めて打ち解けることができた」「笑顔がたくさん見られた」と感想をもらった。その日紹介された本はほぼ借りられていった。
（蛭谷摂「リレーエッセイ　ミニミニビブリオバトル」『学図研ニュース』404，p.23．より要約して紹介）

また，夏休みにイベントを開くところもあります。

◎実践事例紹介：夏休みお城クラブ

　2018年の夏休み直前に6年生を中心とした「お城クラブ」のチラシができあがった。勤務校は岡山城の城下町にあり，2年の生活科や3年の総合的な学習で「学区たんけん」にも出かけるので，歴代の学校司書が丁寧に郷土資料を収集してきた。校舎下には「岡山城三之外曲跡保存遺構」まで保存されているというのに，子どもたちも保護者も今ひとつ関心が薄いことが気になっていた。2016年秋，丁度「岡山城天守閣再建50周年」記念の催しが始まった。桃太郎大通りには歴代岡山城主の家紋がはためきだした。そして，お城のポケット図鑑を手にした児

童がやってきて話をする中で，「みんなにもっと岡山城のことを知ってもらおう」と動き出した
のが「お城クラブ」の始まりになった。

　毎年夏休みの開館日には，読書の機会を保障するだけでなく，子どもたちの知的好奇心を刺
激し自主的な学びや豊かな本との出会いとなるように行事を企画する。今年は，「お城クラブ」
シリーズとして，岡山市文化財課長による岡山城の魅力と本校地下の外堀の謎のお話会などを
催した。教職員や保護者も参加し，「今度岡山城へ行ってみよう」という声も聞かれた。

　その後もクラブ活動は続き，興味を持った先生が「ブラタモリに来てもらおうよ」と言った
ら，「手紙を書こう！」とすっかりその気である。無謀な願いかもしれないが，しっかり応援し
ていきたい。

（横山由美恵「『知的創造のひろば』をめざして……子どもたちと大志を抱き中！」『学図研ニュース』384,
p.4-5．より要約して紹介）

　学校図書館法の第4条には，「学校図書館を児童又は生徒及び教員の利用に供する」方
法として，〈三　読書会，研究会，鑑賞会，映写会，資料展示会等を行うこと〉とあります
（巻末資料1参照）。イベントは，普段と違う形で「学校図書館ではこんなこともできま
す」とその機能を見せる機会ですが，授業とはちょっと違った空間の中で，ワクワクドキ
ドキしたり緊張したり頭を絞ったりすること，あるいは自分を解放することは，子どもた
ちにとって貴重な経験になるでしょう。「図書館っておもしろい！」と思ってもらえるか
もしれません。

　その学校の児童生徒にとって，どんな学校図書館がふさわしいのかを，学校司書は教職
員と一緒に考え続けましょう。直接，読書につながっていないようでも，図書館や学校へ
の信頼や期待は，彼らが生きて行く上で大きな力になります。そして，それは知の世界へ
の信頼につながっていきます。

4. 読書環境を整える

　もしも，100人が読んで，100人すべてが深く心を動かされる本があったとしても，読
まない人に影響を与えることはできません。まず「読もう」と思わなければ，どんなに優
れた本でもただの紙の束でしかありません。「読む」のに必要な要素として，読むもの・読
む時間・読む場所・心の余裕・読む自由・読む力・好奇心などが上げられます。こうした
要素＝読書環境を整えることによって，子どもたちは本を手に取り，読み始めることがで
きます。学校をはじめ子どもにかかわる大人のするべきことは，この読書環境の整備です。

　学校司書は，教職員と協力して読書環境を整備し，一人ひとりの子どもたちに本を手渡
す仕事です。手渡す人がいてこそ，整備された読書環境は活きてきます。そうした役割を

果たすために，学校司書は，本を読まない子が挙げる「読まない理由」に対して，ていねいに対処していきましょう。

◆**読みたい本がない**　学校図書館は，社会に開かれた学校の窓です。今子どもたちの関心はどこにあるのか，触れてほしい社会の話題は何かにアンテナを張って，いつも新鮮な資料があるようにします。予約には誠実に応え，「図書館にはきっとおもしろいことがある」と期待される図書館になるように努力します。

◆**読む時間がない**　学校のスケジュールを把握して，図書館へ行くチャンスをつくります。子どもたちが学校にいる時間はいつでも開館していて，行くだけでも刺激がある場所にします。また貸出の手続きが簡単であるなど，読書意欲を削がない工夫も必要です。

◆**心の余裕がない**　家族や友達との関係など，悩みがあるときには読書はできません。また学級の中で問題が起きているときに，そのクラスの貸出冊数が目に見えて減るということもよくあることです。問題を抱えている子，一人でいたい子どもの「居場所」として見守ることや，場合によってはプライバシーに気をつけながら教職員と連絡を取り合うことも必要です。

◆**読む自由がない**　「あれを読め」「これは読むな」と言われない自由，読みたいものを読める自由は，学校図書館でこそ守りたいものです。提供する本について，教職員との話し合いのなかで，また校種によって，提供に制限を付けなければならないときもあるかもしれませんが，その場合も，子どもたちには〈個々に読書を楽しむ権利〉（子どもの権利条約)[21] があることを意識しておくこと，また，この提供についての自分（学校司書）の選択は面倒をさけるための「自己規制」ではないかを疑うことを忘れないでおきましょう。同時に，「子どもの権利条約」や「図書館の自由に関する宣言」への理解を，少しずつ教職員へ求めて行きましょう。学校の中にこの精神が生きていることは，健全な学校文化を育てることになります（第2章2.1参照）。

　自由に本を読むために，「誰が何を借りたかといった個人情報は，決して誰にも言いません」と，オリエンテーションで子どもたちに約束をして，それを守ります。「読みたいものを読んでいいんだ」という気持ちを学校で培うことは，自己肯定感につながり，大人になってからも知的自由を意識する人を育てることになります（第3章3.1参照）。

◆**読めない**　「読む力をつける＝言語能力を育てる」は，学校全体の大きな目標です。学校図書館は，適切な資料提供を行うことによって，一人ひとりに本の楽しさを味わって

21　United Nations Convention on the Rights of the Child「児童の権利に関する条約」の通称。1989年国連総会で採択，1990年発効。日本は1994年に批准。外務省「児童の権利に関する条約」(https://www.mofa.go.jp/mofaj/gaiko/jido/zenbun.html).

もらうこと，教員に豊かな授業をつくってもらうことができます。また，読書のようすを見るなかで，LD（学習障害）などが疑われる児童生徒を見つけることもあります。担任などと連携をとり，見守っていきましょう（第10章参照）。

◆「ほかに面白いものがあるんだ」　　好奇心のある人は，自分の好きなものに情熱を燃やすなかで，本を必要とするときが来ます。「図書館の敵は〈無関心〉」だと言われています。一見図書館と関係がないように見えても，子どもたちが好奇心を持ち始めたことを応援しましょう。本当に面白いと感じて調べ学習をしているときの子どもたちは，大人でも難しいような資料でも読み解こうとします。好奇心こそが学ぶエネルギーになるのです。好奇心がわくような多彩で刺激的な資料を用意すること，それこそが図書館の蔵書です。

まとめ

　読書は，本来自由な営みです。義務として読書を強いるのではなく，読書によって考えが広がったり，新しい知識を得ることは楽しいことだという体験ができるよう，読書環境を整えることが，学校の役割です。そして，学校図書館は，その役割が果たせるように，教職員と一緒になってより豊かな読書環境を提案し，実践していきます。

　教員が授業を通して読む力を育てようと児童生徒の年齢に合った本を課題にするのに対し，学校司書は年齢を意識しながらも，一人ひとりの興味や好奇心が広がっていくように読書支援をします。違った視点を持った大人が，それぞれ教育のプロ・本のプロとして学校にいることに，大きな意味があります。

　読まない理由をなくし，どの子にもふさわしい本を手渡し，好奇心を喚起する資料を揃え，読む力をつけるためのさまざまな手段や考えを提案する。その結果，一人ひとりの子どもたちが自分に合った読書生活を自分の手でつくりあげ，生きていく上での基本的な力・言語能力を身につけていくことを，学校図書館は目指します。（飯田寿美）

第7章　学習支援と情報リテラシー

📖児童生徒の学習活動を支援することは，読書支援と並んで学校図書館の重要な役割の一つです。児童生徒には，さまざまな分野の知識や技能だけでなく，情報リテラシーを身につけることが求められています。

📖本章では，情報リテラシーや，それを育成するプログラムとしての探究モデルについて説明し，探究の各プロセスにおける学校図書館の支援のあり方について考えていきます。学校図書館は児童生徒の学習活動をどのように支援すればよいでしょうか。

1. 学習支援の意義

1.1 学習支援と学校図書館

　学校図書館はさまざまな場面で児童生徒の学習活動を支援します。

　学校図書館が教科学習にかかわる場面では，教員と学校司書がそれぞれの専門性を発揮しながら，協働して授業をつくることで，児童生徒の理解を深め，学びをより豊かなものにしていくことができます。

　学習支援は教科学習の場面だけではありません。特別活動（学級活動，生徒会活動，修学旅行・文化祭などの学校行事，クラブ活動など）や，児童生徒が日常のなかで興味関心を持ったことを主体的に探究するのも大切な学習であり，学校図書館の支援範囲として捉えなければなりません。

　また，学校図書館はさまざまな方法で学習活動を支援します。学習に必要な資料や情報を収集し，提供することはもちろんですが，学校司書が児童生徒の資料検索を手伝ったり，レファレンスに応えたり，授業のなかで情報探索や著作権に関するガイダンスを行ったりするのも大切な支援です。そのほかに，展示等による興味関心や問題意識の喚起，収集した情報を整理するためのツールの提供，グループで活動したり発表したりする場や機材の提供などが挙げられます。

1.2 学習支援と生涯学習・シチズンシップ教育

　学校図書館による学習支援には，児童生徒の学びを豊かにすることのほかに，別の側面もあります。

　「ユネスコ学校図書館宣言」（1999）には，〈知的自由の理念を謳い，情報を入手できる

ことが，民主主義を具現し，責任ある有能な市民となるためには不可欠〉であり，〈学校図書館は，児童生徒が責任ある市民として生活できるように，生涯学習の技能を育成し，また，想像力を培う〉とあります（巻末資料2参照）。

　学校図書館が児童生徒の学習を支援することには，児童生徒が生涯にわたって学んでいく力を身につけるとともに，民主的な社会の一員として，積極的に社会参加し，直面する諸課題に主体的に取り組んでいく〈責任ある市民〉になるのを支援する，すなわちシチズンシップ教育としての意義があるのです。

1.3 児童生徒に求められている力

　現代はグローバル化や情報化，技術革新の進展で社会が急速に変化しています。そのなかで，児童生徒には新たに直面するさまざまな課題に対応できる力を身につけることが求められています。

　経済協力開発機構（OECD）は，こうした能力を「キー・コンピテンシー」[1]という概念で説明し，これを基盤にして「生徒の学習到達度調査（PISA）」を行っています。このほかにも「21世紀型スキル」[2]など，世界各国でさまざまな能力観や教育目標が提起されています[3]。

　日本では，国立教育政策研究所が2013年に「21世紀型能力」を提案しました[4]。「21世紀型能力」は中核に「思考力」を据え，それを内側から支えるのが「基礎力」であり，「思考力」の使い方を方向づける「実践力」をいちばん外側に位置づけるという3層の構

図7-1　21世紀型能力

（出典：『社会の変化に対応する資質や能力を育成する教育課程編成の基本原理（教育課程編成に関する基礎的研究　報告書5）』国立教育政策研究所，2013.）

1　OECDによれば，コンピテンシーとは〈知識や技能以上のもの〉で，〈特定の状況のなかで（技能や態度を含む）心理社会的な資源を引き出し，動員することにより複雑な需要に応じる能力〉であり，そのなかでも重要なものを「キー・コンピテンシー」とし，3つのカテゴリーを挙げている（ドミニク・S. ライチェン，ローラ・H. サルガニク編著，立田慶裕監訳『キー・コンピテンシー：国際標準の学力をめざして：OECD DeSeCo：コンピテンシーの定義と選択』明石書店，2006，p.201-202.）。

2　詳細は，P. グリフィンほか編，三宅なほみ監訳『21世紀型スキル：学びと評価の新たなかたち』北大路書房，2014. にある。

3　世界の教育動向は，『社会の変化に対応する資質や能力を育成する教育課程編成の基本原理（教育課程編成に関する基礎的研究　報告書5）』国立教育政策研究所，2013，p.45-57. に掲載。

4　前掲注3，p.83-92.

造を持っています（図7-1）。

こうした流れは，学習指導要領にも反映しています。1998〜99年告示以降の学習指導要領には「生きる力」という表現が盛り込まれ，2017〜18年改訂の学習指導要領でも，〈児童に生きる力を育むことを目指〉し，〈基礎的・基本的な知識及び技能を確実に習得させ，これらを活用して課題を解決するために必要な思考力，判断力，表現力等を育むとともに，主体的に学習に取り組む態度を養い，個性を生かし多様な人々との協働を促す教育の充実に努めること〉[5] としています。

1.4 学習支援と情報リテラシー

これらの能力は，いずれも情報リテラシー（第1章1参照）と深くかかわっています。

情報リテラシーに関して，ユネスコは〈メディア・リテラシーと情報リテラシーという2つの異なる領域を，ひとつの言葉として統合したもの〉として「メディア・情報リテラシー」という概念を提示しました[6]。そこでは，情報リテラシーの要素として次の7つが挙げられています。

- 情報のニーズを決定し，流通させる
- 情報を位置づけ，情報にアクセスする
- 情報を評価する
- 情報を組織する
- 情報を倫理的に用いる
- 情報を伝達する
- 情報検索のためにICTスキルを用いる

メディア・リテラシーの要素としては，〈メディアの機能を理解し，それらの機能がどのように発揮されているのかを評価し，自己表現のために理性的にメディアと関わるという能力〉が強調されています。

また，アメリカ学校図書館員協会（AASL）は「児童・生徒の学習のための情報リテラシー基準」のなかで，情報リテラシー・自主学習・社会的責任の3つのカテゴリーを設けて，それぞれに3つずつ基準を示しました[7]。

- 情報リテラシー：効率的かつ効果的に情報にアクセスできる

5　『小学校学習指導要領（平成29年告示）』文部科学省，2017，p.17.
6　『Media and information literacy curriculum for teachers（教師のためのメディア・情報リテラシーカリキュラム／日本語版）』UNESCO，2014，p.19.
7　AASL，教育コミュニケーション工学協会共編，同志社大学学校図書館学研究会訳『インフォメーション・パワー：学習のためのパートナーシップの構築：最新のアメリカ学校図書館基準』同志社大学，2000，p.11-47.

　　　　　　　　　　　批判的かつ適切に情報を評価することができる

　　　　　　　　　　　正確かつ創造的に情報を利用することができる

　・自主学習　　　：個人的興味に関連のある情報を求める

　　　　　　　　　　　文学などの情報の創造的な表現を鑑賞することができる

　　　　　　　　　　　情報探索と知識の生成に優れようと努力する

　・社会的責任　　：民主主義社会にとっての情報の重要性を認識する

　　　　　　　　　　　情報と情報技術に関して倫理的行動をとる

　　　　　　　　　　　グループへの効率的な参加を通して，情報を探究し，生成する

　さらに，2007 年に発表した「21 世紀の学習者のための基準」では，〈情報リテラシーの定義を拡大し，デジタル，ビジュアル，テキスト，テクノロジーなどにかかわる多様なリテラシーを組み込ん〉[8] でいます。

　これらから，情報リテラシーは次のような事柄だといえます。

　・多様なメディアや情報資源について，種類や特徴，使い方を知っている

　・情報の必要性を認識し，メディアや情報資源を活用して，必要な情報にアクセスする

　・多面的に情報を収集し，それらの信頼性や正確性，内容を的確に評価する

　・情報をもとに論理的・批判的に考え，整理し，解決策を創出する

　・著作権について理解し，他者の著作物や収集した情報を倫理的に利用する

　・自分の考えを，根拠を示しながら順序よくまとめ，表現し，発信する

　「ユネスコ学校図書館宣言」が，〈学校図書館は，情報がどのような形態あるいは媒体であろうと，学校構成員全員が情報を批判的にとらえ，効果的に利用できるように，学習のためのサービス，図書，情報資源を提供する〉と謳っているように，学校図書館の教育力の核心は，児童生徒と資料や情報をつなぎ，児童生徒がそれらを活用するのを保障するところにあります。それゆえ，メディア・リテラシーや情報リテラシーの習得を支援することは学校図書館の重要な役割です。

1.5　情報リテラシーと探究モデル

　こうした能力や情報リテラシーを育成する方法の一つが探究学習です。探究学習では，自ら問いを立て探究していくというプロセスを意識することが大切です。そのプロセスをモデル化したものには，たとえば，アイゼンバーグ（M. Eisenberg）とベルコヴィッツ

8　AASL 編，全国 SLA 海外資料委員会訳『21 世紀を生きる学習者のための活動基準』全国学校図書館協議会，2010, p.7.　さらに，AASL は 2017 年に新しい学校図書館基準を公表している（AASL. National School Library Standards for Learners, School Librarians and School Libraries. ALA Editions, an imprint of the American Library Association, 2018.）。

（B. Berkowitz）が提唱した「Big6 スキ
ルズモデル（Big6 Skills Model）」[9] やカ
ナダのアルバータ州の「探究モデル
（Inquiry Model）」（図 7-2）[10]，クルト
ー（C. C. Kuhlthau）の「情報探索プロ
セス（ISP）モデル」[11] などがあります。

　「学習指導要領解説：総合的な学習の
時間編（高等学校は，総合的な探究の時
間編）」でも，前回に引き続き探究モデ
ルが示されています（図 7-3）。このモ
デルでは，探究のプロセスが「課題の設
定」「情報の収集」「整理・分析」「まと
め・表現」の４つの領域で表され，それ
がらせん状に繰り返されて発展していき
ます。

　実際には，これらのプロセスが必ずし
も順番どおりに進んでいくわけではなく，
各領域を行ったり戻ったりしながら進ん
でいくことが多いです。学習内容や教科
のねらいによっては特定の領域が重点的
に行われることもあります。また，こう
したプロセスは総合的な学習（探究）の
時間や，教科で探究学習に取り組むとき
だけでなく，児童生徒が日常のなかで興
味関心を持ったことを探究するときにも
必要なものです。学校図書館はこれらの
ことを踏まえて，児童生徒の学習を支援
していかなければなりません。

図 7-2　探究モデル（Inquiry Model）
（出典：日本図書館協会図書館利用教育委員会
『問いをつくるスパイラル：考えることから探究
学習をはじめよう！』日本図書館協会，2011，
p.118.）

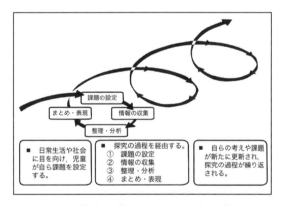

図 7-3　探究的な学習における児童の学習の姿
（出典：『小学校学習指導要領（平成 29 年告示）解説：総
合的な学習の時間編』文部科学省，2017，p.9.）

9　「The BIG6」（https://thebig6.org/）.
10　Alberta「Focus on inquiry : a teacher's guide to implementing inquiry-based learning」（https://open.alberta.ca/publications/0778526666）.
11　RUTGERS「Carol Kuhlthau」（http://wp.comminfo.rutgers.edu/ckuhlthau/）.

1.6 探究学習と学校図書館の支援

　探究学習の各領域において，学校図書館が具体的にどのような支援を行うかを体系的・組織的にまとめたものに，日本図書館協会図書館利用教育委員会の「図書館利用教育ガイドライン：学校図書館（高等学校）版」[12] や全国学校図書館協議会の「情報資源を活用する学びの指導体系表」[13] などがあります。

　前者のガイドラインでは，図書館利用教育を次の 5 つの領域に分けています。

- 領域 1：印象づけ
- 領域 2：サービス案内
- 領域 3：情報探索法指導
- 領域 4：情報整理法指導
- 領域 5：情報表現法指導

そして，それぞれの領域ごとに，利用教育の目標と学校図書館による支援方法を示しています。たとえば，情報探索法指導の目標を〈情報の特性を理解させる。各種情報源の探し方と使い方を指導し，主体的な情報利用ができるようにする〉と設定し，具体的に 12 の項目を挙げています。

　後者の指導体系表は，小学校低学年から高等学校までを対象にしていて，

- Ⅰ　課題の設定
- Ⅱ　メディアの利用
- Ⅲ　情報の活用
- Ⅳ　まとめと情報発信

の 4 つの領域について，標準的な指導項目と内容を示しています。たとえば，高等学校の情報の活用では，〈◎情報を分析し，評価する〉という指導項目に対して，〈◇複数の情報を比較，考察する〉〈◇情報源を評価する〉という内容を挙げています。

　次節以降では，探究モデルの各領域について，学校図書館が児童生徒の学習をどのように支援していったらよいかを具体的に説明していきます。

12　日本図書館協会図書館利用教育委員会編『図書館利用教育ガイドライン：学校図書館（高等学校）版』日本図書館協会，1998.

13　全国学校図書館協議会「情報資源を活用する学びの指導体系表」2019（https://www.j-sla.or.jp/material/index.html）.

2.【探究学習の支援1】課題を設定する・情報を収集する

2.1 知的好奇心を育む

　日頃から知的好奇心を持って物事を見つめ，疑問に感じたら調べてみるという営みが，探究学習の出発点である課題の設定，すなわち自分なりの問いをつくることにつながっていきます。本当の問いは，自分が興味を持っている分野からしか生まれません。そして，物事への興味は，何らかの形でそのことにかかわりを持ったり，かかわりがあると感じたりしなければ生まれないものです。

　児童生徒は興味や疑問を持って図書館に調べに来ることもあれば，図書館で資料を見て興味や疑問を持つこともあります。学校図書館は資料や情報の提供を通して児童生徒の知りたい気持ちに応えると同時に，さまざまな知との出合いの場をつくって，知的好奇心を刺激し，呼び起こすことが支援の基本です。学習支援においても日常的な活動が重要であり，教科学習が始まる前から学校図書館の学習支援は始まっているのです。

図7-4　探究プロセスの掲示例
（福島県富岡町立富岡小中学校）

　社会で話題になっているできごと，季節，学校行事，進路，子どもが抱える悩みや興味を引きそうなことなどをテーマに，おたよりを作成したり，資料を展示したり，ブックトークや読み聞かせをしたり，講座やイベントを企画したりして，児童生徒の知的好奇心にいつもはたらきかけていくことが大切です。

2.2 問いをつくる支援

　探究的な学習のプロセスのなかで，問いをつくるのはとてもむずかしいステップです。問いが曖昧だったり，そもそも問いになっていなかったりするために，調べたことをただ並べただけの焦点が定まらないまとめになっているものをよく見かけます。

　あるテーマのなかで問いをつくるには，そのテーマについて一定の知識を持っていなければなりません。また，一度問いを立てたらそれで終わりではなく，いろいろ調べていく

うちに問いを見直すことも出てきます。ですから，課題の設定と情報の収集の2つの領域
は，問いがある程度固まるまで行ったり来たりしながら進んでいきます。

　児童生徒は，取り組むテーマや分野だけは何となく決まっているものの，問いをはっき
り立てられていない状態で資料を探しに来ることが少なくありません。学校司書は，テー
マ選びや問いの立て方について直接相談を受けることもありますが，そうでなくても資料
や情報についての相談に対応するなかで，児童生徒とコミュニケーションをとりながら，
漠然としたテーマを問いにつなげていく支援が大切です。

　以下では，児童生徒が課題設定のどの段階にいるかによって，学校図書館が児童生徒に
どのような支援をしたらよいのかについて述べます。

（1）取り組もうとする分野やテーマが漠然としている段階

　総合的な学習（探究）の時間などでは，テーマが自由である場合もよくあります。

　児童生徒がそもそもテーマについて具体的なイメージを持っていない場合は，普段どん
なことに興味を持っているのかというところから話をしていきます。興味があることや気
になっていることを自由に書き出してみるのも，何かきっかけを得るのに役立ちます[14]。

　手がかりを見つけたり，イメージを広げたりするには，時事問題などをまとめた資料や
話題になったキーワードや用語を解説した資料，年鑑，また自校で過去に作成されたレポ
ート集などの成果物が役立ちます。

（2）テーマは決まっていて，そのなかから具体的な課題を設定しようとしている段階

　具体的な課題がまだ決まっていない段階では，まず，取り組もうとしているテーマにつ
いて概要を知ることから始めなければなりません。そんなときには，百科事典やそのテー
マについての入門書が役立ちます。

　また，マンダラートやイメージマップ，
KWL チャートなどを印刷したものを用意
しておき，書いてみるように勧めるのもよ
いでしょう。

　マンダラートは，3×3のマスの中央に
考えたいテーマを書き，その周りに関連す
る言葉を書き出すもので，テーマについて
イメージを広げるだけでなく，自分がその

地球温暖化	オゾン層の破壊	大気汚染
	地球環境問題	水質汚染
森林破壊		放射能汚染

図7-5　マンダラートの例

14　問いをつくっていくステップについては，図7-2の出典に詳しく説明されている。

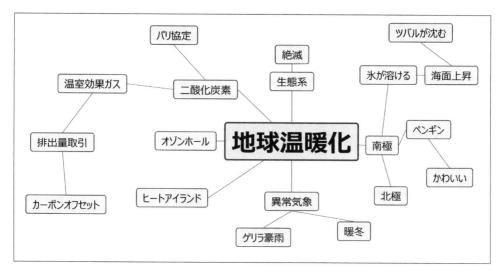

図 7-6　イメージマップの例

（出典：『ラーニングスキルズ：問題発見テキスト（改訂 3 版）』長野県諏訪清陵高等学校, 2020, p.37.）

ことについてあまり知らないという事実も自覚することができます（図 7-5）。

　イメージマップは，中央に書いたテーマから，関連する事柄を線でつなぎながら放射状に書いて広げていきます（図 7-6）。

　KWL チャートは，「知っていること（Know）」「知りたいこと（Want）」「学んだこと（Learned）」の欄が用意されているシートに，学習を進めながら書き出していくことで，こうした流れを自分で確認することができます[15]。

（3）自分が取り組む課題が絞れてきている段階

　絞りつつある課題について，より具体的に書かれている資料や情報を紹介します。それらを読んでいくことで，さらに知識を得つつ，疑問に感じたことを調べ，自分なりの問いをつくっていきます。この段階では，論点を考えるための観点（5 W1H，信憑性，定義，比較など）を表にして書き込めるようにしたシート（図 7-7）などを用意しておくと，児童生徒が問いをつくるのに役立ちます[16]。

テーマ	ヒートアイランド
What	そもそもヒートアイランド現象とは何か？
When	いつから発生しているのか？
Where	どこで発生しているのか？ 県内の都市でも発生しているのか？
Who	誰が言い始めたのか？
Why	なぜヒートアイランド現象が発生するのか？
How	どのような影響があるのか（気温，天気，人間の生活） どのような対策が行われているのか？その効果は？ 自分が住んでいる地域ではどのようなことができるか？

図 7-7　5 W1H の表の例

15　これらのモデルシートについては，桑田てるみ『思考を深める探究学習：アクティブ・ラーニングの視点で活用する学校図書館』全国学校図書館協議会，2016. を参照。

博物館や歴史資料館などの関連機関や，学校の教員や地域住民などでそのテーマに詳しい人も紹介できるとよいでしょう[17]。

2.3 授業のねらいに応じた資料や情報の提供

児童生徒が授業の関係で調べているときに，学校図書館が次のことを把握していなければ，適切な資料や情報の提供はできません。

- 教員がその授業でどのような目標やねらいを設定しているか
- その学習を通して児童生徒にどのような力を身につけさせたいと考えているか

たとえば，東京と長野の産業の違いを比較するという学習を通して，比較したり因果関係を考えたりする力を育成する授業では，双方の産業を比較した表や文章がそのまま載っている資料よりも，それぞれの産業について書かれた資料を提供して，自分たちで比較表を作成するようにした方が授業のねらいにかないます。児童生徒のレファレンスに対応するときも，答えがそのまま載っている資料や情報を提供するのが適切かどうかを考えることが必要です。

教員と事前に打ち合わせをして，授業の目標とねらいを確認し，どのような資料をどれくらい用意するか，別置する必要があるか，ウェブサイトの情報検索はどうするか，児童生徒の情報探索をどのように支援するかなどについて話し合っておきます。児童生徒が不意に資料を探しに来たときは，どのような課題が出ているのかをインタビューしながら対応し，あとで授業担当の教員に確認することが必要です。

2.4 外部とのネットワークの必要性

同じテーマの資料が多数必要な場合や，個々の要求に自館の資料だけで対応できない場合は，近隣の学校図書館や公共図書館から相互貸借で用意しなければなりません。そのためには，図書館間で連携できるように日頃からネットワークを構築しておいたり，物流の手段を確保しておいたりすることが必要です（第 3 章 2.2 参照）。こうした図書館ネットワークだけでなく，図書館以外にも近隣の博物館等とのネットワークも，学校図書館が教育力を発揮するために不可欠なものです。

2.5 情報探索支援

情報探索支援は，情報リテラシーを身につけることに直接つながります。
情報探索支援の内容としては，以下のようなことが挙げられます。

16　前掲注 15 参照。
17　こうしたサービスを「レフェラルサービス」という（第 3 章 2.4 参照）。

- 図書館資料の分類や排列
- さまざまなメディアや情報資源の種類や特徴，使い方
- 資料や情報を探すための，適切なメディアや情報資源の選択とキーワードの選択
- 複数の情報資源から多面的に情報を収集することの必要性
- 情報の信頼性や正確性，背景を評価することの必要性

　支援の形態としては，①個別に対応する場合と②クラス等の一定のグループを対象にガイダンスなどを行う場合（第8章参照）があります。それぞれ，次のような利点と欠点があります。

①資料や情報を探している児童生徒に学校図書館が個別に対応する場合は，児童生徒が具体的に調べたいという気持ちを持っているので，支援した探索スキルが児童生徒の記憶に残りやすいです。その一方で，支援した特定のスキルを伝えるにとどまります。

②グループを対象にした支援には，授業で課題に合わせて行うものと図書館オリエンテーションのように図書館独自に行うものがあります。

- 授業に合わせて行うガイダンスや支援では，そのときに必要とされるだろう探索スキルをまとめて伝えることができます。しかも，そのあと実際に探索の機会があるので，スキルの定着がある程度期待できます。ただ，スキルの内容が授業で必要とされるものにとどまります。年間を通してどの授業がどのようなスキルや支援を必要としているのかを把握しながら計画的に支援していくことで，児童生徒が一通りのスキルを身につけられるようにするのが望ましいです。
- 図書館独自でガイダンスを行う場合は，内容を体系的に組むことができます。けれども，1回ですべてを説明することはできませんので，内容を分けて複数回開催できるようにすることが必要です。また，この場合は児童生徒に具体的な必要性や実践の機会がないので，スキルが定着しにくいという欠点があります。

　図書館として用意できる資料には，一般的な探索法についてまとめたリーフレットや，テーマごとに作成するパスファインダー（付録参照），関連資料リストなどがあります。また，資料ではありませんが，的確な案内表示（サイン）を整備することも大切な探索支援です。

2.6　情報の信頼性の評価

　情報探索支援を行う際には，入手した情報を鵜呑みにしないように伝えることも大切です。編集の段階で複数の人々が目を通している出版物でも間違いがあります。ましてや誰でも簡単に発信できるウェブサイトや SNS ではなおさらです。間違いではなくても，書き手の立場によって物事のとらえ方が変わります。複数の，多様な立場の情報資源から情

報を収集し，その信頼性や正確性，
観点の違いなどを判断する力を身に
つけなければなりません。

　ウェブサイトの信頼性について，
『学びの技：14歳からの探究・論
文・プレゼンテーション』[18]には，以
下のような指標が挙げられています。

- 開設者・運営組織が信頼できる
  か，開設者の情報が開示されて
  いるか
- 引用や参考文献を示しているか
- 広告が多すぎないか，広告と内
  容が区別できるか
- リンク切れなどがなく新しい情
  報が更新されているか

▼情報源が印刷資料の場合

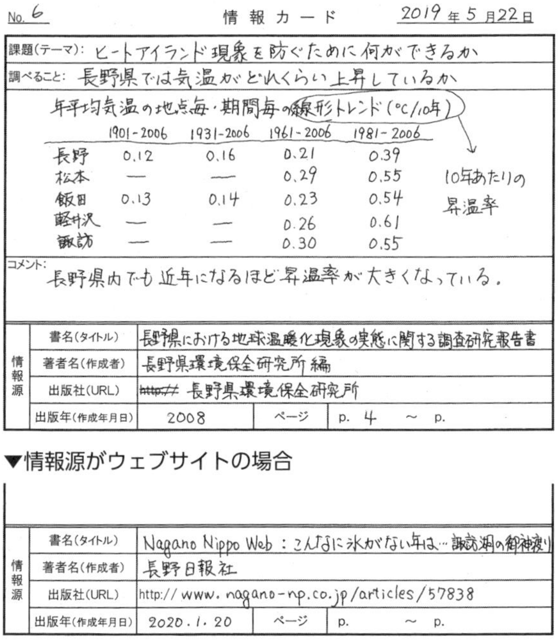

▼情報源がウェブサイトの場合

図7-8　情報カードの例

2.7 調べたことを記録する情報カードの用意

　収集した情報を書きとめ，整理するための情報カードを用意しておきます。情報カードには原文をそのまま抜き書きしたり，自分なりに要約して書いたりしますが，どんなときも出典を明記することが大切です。印刷資料なら「著者名，タイトル，出版社，出版年，雑誌名（論文・雑誌記事の場合），該当ページ」，ウェブサイトなら「作成者（機関），タイトル，作成年月日，URL，閲覧年月日」の欄を用意しておきます。自分のコメントの記入欄も必要です（図7-8）。

3.【探究学習の支援2】整理する・分析する

3.1 シンキングツールの活用

　整理・分析の指導そのものは教員の役割ですが，この領域でも学校図書館が支援できることはいくつもあります。

18　後藤芳文ほか『学びの技：14歳からの探究・論文・プレゼンテーション』玉川大学出版部，2014, p.46-47.

　収集した情報を整理・分析するという作業は，考えるためのスキルが身についていないとなかなかうまくできないものです。「順序付ける」「比較する」「分類する」「関連付ける」「理由付ける」などのスキルを概念化したシンキングツール（グラフィック・オーガナイザー）[19] を図書館内に掲示して意識してもらったり（図7-4の「4 情報を集め，取り出す」），印刷して用意しておき，児童生徒の必要に合わせて提供したりします。

　ただ，シンキングツールは慣れないとうまく使えないので，教員と打ち合わせて，授業のなかで扱ってもらうとよいでしょう。また，あくまでも概念図なので，そのままでどんな事例にも適用できるわけではありません。思考のパターンや流れの例であることを押さえ，事例に応じて適宜変更しながら活用してもらう必要があります。

3.2 整理・分析の活動に必要な環境整備

　整理・分析の領域では，グループでKJ法[20] などのワークを行うことがあります。そのために，広い机や議論できるスペースの確保，付箋，メモ用紙，マジック，模造紙，ホワイトボード，PCやタブレットの用意など，グループ活動ができる環境を整備することも大切な学習支援です。

　この整理・分析や次のまとめの領域でも，作業をしているなかでさらに必要な資料や情報が出てきます。こうした資料や情報の要求にいつでも丁寧に対応することが重要です。

4.【探究学習の支援3】まとめる・表現する

4.1 まとめ・表現に向けての支援

　まとめの領域では，これまで調べ，整理・分析したことや，それをもとに導き出した自分の主張を他人に伝えるために，新聞，ポスター，レポート，論文，プレゼンテーション用スライドなどの形でまとめていきます。それぞれの表現方法には形式やコツがあります。また，まとめるにあたっては，事実や主張を裏づける根拠を明確に示したり，予想される反論に対する反証を示したりしながら，論理的に組み立てていかなければなりません。その際，著作権に配慮し，引用するときは出典を示したり，参考文献リストを付したりすることは言うまでもありません。

　学校図書館では，授業を担当する教員と相談しながら，表現方法に応じた構成の仕方や

19　前掲注15のp.70-90に詳しい説明と書き込み用のシートが載っている。
20　KJ法は文化人類学者の川喜田二郎が考案した整理法で，情報をカードや付箋に書き出し，それらを同じような内容ごとにグループ化し，お互いに関連付けながら考えをまとめていく手法。

書き方の基本，図やグラフの特徴，論理的なまとめ方，著作権や引用方法，参考文献の書き方などについて説明した資料を用意し，必要に応じてガイダンスを行います。過去の成果物も，児童生徒がまとめを行うときの参考になります。新聞やポスターを作成するための材料やスペース，論文やプレゼンテーション用スライドを作成するためのPCやタブレットなどを提供するのも大切な支援です。

まとめたことを発表するときにも，必要に応じてプレゼンテーションのための場所や機材等を提供します。

4.2 学習支援の評価

児童生徒の発表は，学校司書もできるだけ見たり聴いたりするようにしましょう。また，児童生徒が授業を振り返って書いたアンケートや感想なども見せてもらいましょう。そうすることで，収集・提供した資料やガイダンスの内容は充分だったか，児童生徒へのアドバイスは適切だったかなど，学校図書館の支援のあり方を振り返り，次の機会に活かすことができます。

児童生徒が作成したレポートや論文，新聞，ポスターなどの成果物は，可能な限り学校図書館で保管し，次に児童生徒が取り組むときの参考にできるようにします。

児童生徒にとって探究活動は1回で終わりではありません。調べてまとめるなかで生まれた新たな疑問から，次の探究のサイクルへと発展していくことが重要です。

まとめ

児童生徒には，社会のなかで直面するさまざまな課題に，他者と協働して対応できる力を習得し，民主的な社会を構成する責任ある市民になること，すなわちシチズンシップを身につけることが求められています。その基盤となるのが情報リテラシーです。学校図書館が児童生徒の学習活動を支援することの意義は，児童生徒の学びを深め，豊かなものにすることであると同時に，情報リテラシーを身につけるのを支援することです。

学校図書館の教育力の核心は，児童生徒と資料や情報をつなぎ，児童生徒がそれらを活用するのを保障するところにあります。学習の各場面や探究の各領域に応じて，学習活動を支援し，資料や情報を提供して児童生徒の知的要求に応えるとともに，日頃からさまざまな知との出合いの場をつくって，知的好奇心を触発していくことが支援の基本です。

学校図書館は，児童生徒の探究心を大切にし，日々の活動のなかで児童生徒の知りたい気持ちに応え，学習活動を支援していかなければなりません。学校図書館の日常的な活動があってこそ，学習支援が有効なものになります。その意味では，日常的な活動から学校図書館の学習支援は始まっています。（松井正英）

第8章　学校図書館利用教育

📖 児童生徒が，自らの疑問や課題を解決するために学校図書館を利用するときには，図書館が豊富な資料を揃え，整備されているだけでなく，利用者自身に図書館や資料を利用する力が備わっていることが必要になります。

📖 学校図書館では，児童生徒にこうした力（情報リテラシー）をつけるために「図書館利用教育」が行われます。「図書館利用教育」全体の意義と目的を押さえ，具体的にどのようなことを行えばいいのか考えましょう。

1. 図書館利用教育とは

　学校に図書館があるということは，それだけで「教育力」を持ちます。教育力とは「学びに向かう力」「その気にさせる力」[1] です。学校図書館は，学びたい，知りたいという気持ちを持つきっかけになり，刺激になり，受け皿になり得る場所だから，そこにあるだけで「教育力」を持つと言えます。そして，多様な資料が揃えられている学校図書館は，さまざまな授業に使われることで，さらに大きな教育力を持つ場となります。

　2017〜18年改訂学習指導要領では，社会の激しい変化に対応するため「思考力・判断力・表現力」を育むことが必要とされ，それを実現するためにアクティブ・ラーニングや探究的な学習による「主体的・対話的で深い学び」が求められています。こうした学習を進めていくためには，学校図書館が欠かせません。単に資料のあるところという意味だけではなく，自らテーマを見つけ探究していくためのスキルを身につける場としての学校図書館が求められているのです。

　毎日の生活の中でも，知りたいことや疑問を自分で解決するためには，図書館にある資料だけではなく，さまざまなメディアの情報を必要なだけ取り出し，利用する力が必要です。そうした「学ぶ力」「調べる力」を身につけるためには，系統的な図書館利用教育が行われる必要があります。

　利用教育とは，〈利用者に対して，図書館の利用方法や情報検索・蔵書探索の方法などを案内し教示すること。利用者教育ともいう〉[2] と説明されています。ここでは，そこを基本としつつも，参考図書をはじめとするさまざまな資料を使い，情報を適切に取り扱い，選

1　齋藤孝「『やってみたいな』『ものすごく面白そうだな。そそられちゃうよ，これ』という具合に，その気にさせる力は，大切な教育力である。」『教育力』岩波書店，2007, p.33.

2　日本図書館協会用語委員会編『図書館用語集（四訂版）』日本図書館協会，2013, p.322-323.

び活用する「情報リテラシー」（第1章1，第7章参照）を育成するために行われる「図書館利用教育」と広くとらえています。学校図書館では，例えば小学校の「図書の時間」や，総合的な学習の時間，教科の調べ学習や探究学習の前などに図書館利用教育を行う時間を持つことが望まれます。

2. 利用教育のあり方

2.1 利用案内：図書館の使い方

　新しく入学してきた児童生徒に図書館をよりよく利用してもらうためには，できるだけ早い時期に時間を確保し，利用案内やオリエンテーションをすることが大切です。これが利用教育の第一歩ともいえます。図書館をふだんから楽しく利用し，授業の場でも効果的に使ってもらうために，また学校図書館の魅力をアピールする上でも大事な機会です。

　利用案内では，学校図書館の基本的な使い方を伝えます。開館時間，本の貸出冊数，貸出期間，貸出方法，学校図書館のルール（約束），近くの公共図書館の案内などの他，小学校では，図書館内での座席，読み聞かせの際の座り方などの説明も必要になります。あわせて，図書館にどんな資料があるのか案内し，それぞれの資料の活用の仕方を学んでもらう場であることも伝えます。なによりも図書館には，利用者と資料や情報をつなぐ専門家としての学校司書がいることをアピールすることが大切です。こうした利用案内が，各学年に応じて行うオリエンテーションのベースになります（図8-1）。

　児童生徒への利用案内だけでなく，教職員向けの利用案内をすることも必要です。学校図書館の目的や機能，学校司書の役割，授業支援などについて，しっかり案内することで，学校図書館の授業での利用が増えることにつながります。教職員向けの利用案内は，新任教諭に向けてだけではなく，全教職員対象に校内研修や年度初めの職員会議などの機会を捉えて行いましょう。

2.2 情報の検索

　図書館は，蔵書がきちんと体系化されることで，世の中の知識全体が本棚の上で目に見える形で構築されています。「図書館は知的宇宙である」と言われる所以です。公立の学校図書館は，2～4教室分というところが多いので，一歩図書館に入るとぐるっと見渡せる，そのコンパクトさがより知識の体系を実感できる場となっていると言えます。図書館の資料がどのように分類され，体系化されているのか，どういう資料を揃えているのか，どう活用できるのかを伝えることで，児童生徒は自分の知りたいことが，知識全体の中で

豊島小学校の（としましょうがっこう）

としょかんへ いらっしゃい！

としょかんは、本という「たからもの」がある「たからばこ」です。どんどんあそびにきて、いっぱいおもしろいぼうけんをしてください。

☆としょかんでのやくそく！

○しずかにしましょう。
本をよんでいる人のめいわくにならないようにしましょう。

○本をたいせつに
としょかんの本はみんなのものです。よごしたり、やぶいたりしないように。

○ともだちもたいせつに
としょかんではだれもがじぶんのすきな本をよぶことができます。ルールをまもって、きもちよく本がよめるようにしましょう。

－4－

としょかんのあいている日

	月	火	水	木	金
20分やすみ	○	○	○	○	○
ひるやすみ	○	○	△	○	○
ほうかご（～4じ）	○	×	○	○	

○ あいています（貸出もできます）
× しまっています

－1－

☆本をかしだしできるのは

ひとり2さつ
1しゅうかん です。

・その本をまっている人もいます。かえす日は、まもってください。
・てつづきをしないで、かってにもちだをしないでください！

－2－

☆としょかんって、どんなところ？

「○○のことをしりたい」とおもったら～
どうぞ、としょかんへ。
みんなのしりたいこと、しらべたいことをおうえんします。

「なんかおもしろい本ないかな」とおもったら
いつでもどうぞ。としょかんは、みんなの「よみたいきもち」にこたえます。
学校にない本は、こうきょうとしょかんから、かりてきます。

「よんでいる本をしられたくない～
だいじょうぶ。としょかんは、としょについてのプライバシーをまもります。あんしんしてつかってください。

－3－

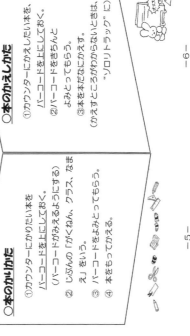

○本のかりかた

①カウンターにかりたい本を
　バーコードを上にしておく。
　（バーコードがみえるようにする）
②じぶんの「がくねん、クラス、なまえ」をいう。
③バーコードをよみとってもらう。
④本をもってかえる。

－5－

○本のかえしかた

①カウンターにかえしたい本を、
　バーコードを上にしてだす。
②バーコードをよみとってもらう。
③本を本だなにかえす。
（かえすところがわからないときは、"ブロックラック"に）

－6－

☆リクエスト（よやく）ができる！

よみたい本が、かりられていたり、みつからないときは、リクエストしてください。

＜リクエストのしかた＞
"リクエストカード"に
　①がくねん、くみ、なまえ
　②よみたい本のだいめい
　…をかいて、カウンターまでもってきてください。

＊リクエストカードは、ちいさいひくえのうえにあります。
＊ひとり1日1まいです。

－7－

図8-1　利用案内の例

どこに位置するのかが推測でき，本棚をめぐるだけでも求める資料にたどり着きやすくなります。よく利用されるテーマについては，その資料の探し方をまとめた「パスファインダー」や「ライブラリー・ナビ」を作成するなど，利用者が情報を検索する際に役立つような工夫をすることも必要です（パスファインダーについては付録参照，ライブラリー・ナビについては第11章参照）。

こうした環境整備とともに，PCによる学校図書館の蔵書検索もできるように，検索方法を学ぶことや，公共図書館の蔵書検索の方法やデータベースの利用方法を知ることも，より広い範囲で本の情報を集めるために役立ちます。

また，情報を得るためには，本だけではなくさまざまなメディアがあります。インターネット情報の検索の方法も，利用教育の中で行いたいことです。加えて，より正確な情報にたどり着けるように，それぞれのメディアの性質を知ることも大切です。これは，情報リテラシーを身につけるために欠かせないことです。

情報リテラシーは，自分が知りたいと思ったことへの答えを見つけるために必要な力と技術のことです。適切な情報にアクセスし，調べ，読み取り，評価し，考え，発信するスキルです。学校の中では，たくさんの資料を有している図書館がこの力をつけるための役割の一端を担わなければなりません。

2.3 学び方を学ぶ

変化の激しい現代社会においては，正しい知識を教科書やそれをもとにした講義から学ぶという従来の学習観だけでは対応できなくなっています。社会が変化し，それにより次々と生まれる新たな課題の解決には，すでに教わり獲得した知識だけではなく，自らさまざまな情報を探して得た情報と経験を駆使しなければなりません。つまり，自ら学ぶ力がより重要になってきたのです。

この学ぶ力の育成には，テーマを決めること→情報を検索し，収集すること→適切な情報を選び，読み解くこと→集めた情報をまとめること→発信する，あるいは発信された情報を批判的に評価すること→さらに新しいテーマへ，という，課題解決のプロセスを学習することが大切です[3]。探究学習やアクティブ・ラーニングと呼ばれるものです。学校図書館では，こうした学習を支えるために，「テーマ設定の方法」「情報の整理の仕方」「資料の記録方法」「著作権の知識」「インタビューの方法」「研究のまとめ方」「発表の仕方」など，課題解決に必要なスキルを具体的に学ぶことも，利用教育の中に含めることが求められてきています。学校図書館は，学び方を学ぶ場でもあることをしっかりと認識しましょう

3　この探究のプロセスについては，文部科学省では「課題の設定」「情報の収集」「整理・分析」「まとめ・表現」と表現している（第7章1.5参照）。

（第7章参照）。

3. 利用教育の計画

　利用教育は，単発で行うのではなく，計画的に積み上げていくべきものです。そのために，年度初めには年間計画を立て，教職員の承認を得ることが望まれます。利用教育の計画を提案することが難しい場合でも，まずオリエンテーションの計画を立て，それを利用教育年間計画への入り口にしましょう。また，オリエンテーションをはじめ利用教育の時間が取れない場合は，図書館利用案内の冊子や利用教育の内容ごと（テーマの探し方，情報探索の方法，資料の使い方など）のワークシートの作成，配布も有効な方法です。

3.1 オリエンテーション

　年度初めには，各学年にオリエンテーションを行います。オリエンテーションでは，図書館でのルールや利用案内にとどまらず，学年に応じて，図書館の分類法であるNDC（日本十進分類法）のことや資料の活用の仕方も伝えます。ブックトークや読み聞かせをしたり，クイズ形式を取り入れるなど，図書館がいつでも楽しく使えるところで，ほっとできる場所でもあると児童生徒が感じるように，工夫して行いましょう。

　オリエンテーションは入学時だけではなく，毎年どの学年にも行うことが望まれます。なぜなら，その1年間で児童生徒に図書館教育を通して身につけてほしい内容のガイダンスとも言えるからです。担任の教員には，実施する時期だけでなく内容についても事前に知らせ，共に検討し，協力を得ることが大切です。

　また，オリエンテーションは，図書館の基本的な理念を伝える場でもあります。図書館は利用者のプライバシーを守るので安心して本を借りることができること，学校司書は利用者の知りたいこと・調べたいことを全力で支援すること，いつでも資料提供に応じること，本のリクエストができることなどをくり返ししっかり伝えましょう。学年に応じて，学校図書館も“図書館”であること，資料収集方針の説明などもできるとよいでしょう。

3.2 小学校の利用教育計画

　図書館利用教育は，それぞれを単発的に行うのではなく，授業の単元に沿って，系統立てて行います。小学校では，6年間の学習を見通して，各学年の発達に応じた利用教育計画を立てます。例として，豊中市（大阪府）で実際に使われている小学校の利用教育計画をあげます。表8-1では，図書館利用教育と情報のまとめ方とに分けていますが，いずれも教員と協働し図書館の授業支援の一環として行うことが効果的です。

表 8-1　学年別　学校図書館教育年間指導計画表

学年	図書館利用教育	情報のまとめ方
1・2年	・本を大切に扱う ・貸出，返却の方法を知る ・リクエストサービスを利用する ・図鑑（目次，索引）の使い方を学ぶ ・資料が分類されていることを知る	・わかったことを絵や文に書く ・調べたことを絵や文に書く
3・4年	・分類のしくみを知り，資料の探し方を学ぶ ・国語辞典，漢字辞典の使い方を学ぶ ・図鑑，年鑑，百科事典などの参考資料の使い方や新聞の読み方を学ぶ ・奥付の見方を学ぶ	・主題にあった聞き取りをし，記録の仕方を学ぶ ・資料の記録をとる ・調査のまとめをする ・表・図へのまとめ方を知る
5・6年	・本の分類法（NDC）を理解し，適切な情報源を選んで調べられる ・百科事典，年鑑の使い方を学ぶ ・著作権について知る ・情報の性質を知る ・資料や情報の検索の仕方を知る	・ファイル資料の作成，表・図へのまとめ方を学ぶ ・研究のまとめ方を学ぶ ・発表の仕方を学ぶ

（出典：「2016年度豊中市立豊島小学校図書館利用計画」）

　この計画表からわかるとおり，利用教育は 1 回限りのものではなく，何学年にもわたり何度も繰り返して行います。特に，図書館資料の分類，図鑑の使い方，百科事典や年鑑の使い方などは，学年に応じて内容や方法を少しずつ変えながら行っています。

　効果的な利用教育を行うには，時期の選択も大事な要素です。たとえば，教科書で扱われる内容に即して利用教育を行えば，児童生徒の関心度も高くなります。そのため，学校司書はすべての教科の教科書に目を通し，利用教育の機会を逃さないようにします。

　豊中市の学校司書連絡会で小学校司書の一グループは，国語の単元で学校図書館としてどのような支援ができるか考え，それをまとめた表を作成しました[4]。

3.3 中学校・高等学校の利用教育計画

　中学校・高校では，小学校で体系的に行ってきた利用教育をさらに発展させ，探究学習

4　内川育子「"ふだん使い"の学校図書館から生まれること：子どもの "わくわく" をつかまえたい！」『学校司書の役割と活動：学校図書館の活性化の視点から』学文社，2017, p.122. に小学校 6 年生国語の「学校図書館支援表」を掲載している。

を行うベースとなる情報リテラシーを身につけるよう計画します。

　ただ，小学校のように「図書の時間」がない中学校・高校においては，あらゆる教科との連携を視野に入れ，司書教諭や教科担任と協働し，授業に関わる中から，利用教育を行う機会をつくる努力が必要です。小中学校すべてに学校司書が配置されている豊中市では，同じ校区の小学校と連携し，9年間を通しての利用教育計画を立てている中学校もあります。2016年度から制度化された「小中一貫型小学校・中学校」とはならないまでも，教員が情報交換や交流を行う小中連携も多くなりましたが，そこに継続して行う必要のある図書館教育での連携を忘れないようにしましょう。鳥取県では，幼稚園・保育所から高等学校までの「学校図書館を活用することで身に付けたい情報活用能力」の体系表が「とっとり学校図書館活用教育推進ビジョン」[5] の一環として作られています。

　小中学校に学校司書が配置されているところでは，小学校を卒業する前の6年生に対し，同じ校区の中学校司書に来てもらい中学校図書館についての話をしてもらうことがあります。児童たちは，紹介された中学校ならではの本にも興味を持ち，進学後への期待感がふくらみます。中学校，高校では卒業する生徒に向けて，公共図書館サービスの説明をし，生涯学習につなげようと工夫している学校もあります。期待感とともに，次につなげていくということが大切です。

4. 具体的な利用教育

4.1 情報の探し方

（1）NDC（日本十進分類法）

　学校図書館を使って調べる時に，自分の調べたいテーマの棚にちゃんと行きついて，必要な本を見つけることができるようにするには，図書館の分類について学ぶ必要があります。

　小学校の国語の教科書にも，図書館の分類のことや，ラベルに書かれている請求記号のことなどが学年に応じてきちんと説明されています。それを理解するためにも，学校図書館では，利用教育の一環として，図書館の分類の基本であるNDCついて学ぶ時間を作り，実際に図書館でどのように活かされているのかを実感してもらいましょう。

　この分類法はほとんどの公共図書館でも使われています。生涯にわたって学び続けるために，学校図書館から公共図書館につないでいく，つまり未来の図書館利用者を育てるという意味でも，必要な学びです。

5　鳥取県教育委員会，県立図書館 学校図書館支援センター「とっとり学校図書館活用教育推進ビジョン」2016.3（https://www.library.pref.tottori.jp/info/post-10.html）.

●コラム：NDCのうた

　豊中市の学校図書館では，NDCを替え歌にして教えているところが多くあります。みんなで楽しく歌うことで，NDCの分類を知らず知らずのうちに身につけてほしいと願って作られました（「きらきら星」のメロディで歌います）。

♪NDCのうた♪

0　は　そう　き　　1　てつ　がく　　2　は　れき　し　　3　しゃかい

4　は　しぜん　　5　こう　がく　　6　は　さん　ぎょう　7　げい　じゅつ

8　は　げん　ご　　9　ぶん　がく　　N　D　C　を　おぼ　えま　しょう！

（2）PCでの検索

　情報を探す際，PCを使うことも多くなりましたが，求める情報に行き着くためには，PCを使い慣れているだけではなく，正しい検索方法を知っておく必要があります。ポイントは，「検索サイトを使いこなせる力」と「検索するキーワードを考える力」です。

　検索は，何でもGoogleやYahoo！などの一般的な検索サイトで済ますのではなく，調べる事項によっては検索するサイトを使い分けることが必要です。図書館の資料は図書館のOPAC，一般的な本なら取次店のサイトやWebcat Plus，新聞記事は新聞のデータベース，特定の主題はその分野の専門機関のサイト，論文ならCiNii ArticlesやJ-STAGEといった情報を伝えます。

　検索する際には，入力するキーワードが重要です。児童生徒には，思いついた言葉だけでなく，別の言葉の言い換えもないかと考えさせ，言葉をさらに上位語で広げたり，下位語で絞ったり，また，同意語や類語で検索したりする方法を伝えましょう。また，AND検索やOR検索，NOT検索の概念と使い方を伝え，より適切な検索結果が得られるようにすることが大切です。

　ICT機器が一人一台導入される時代，これらの学習とあわせて，検索結果の順位としくみや，虚偽情報の見分け方も利用教育に求められています（第7章2.6参照）。

4.2 参考図書の利用教育：図鑑，百科事典，年鑑，国語辞典，漢和辞典

　参考図書（レファレンスブック）には，主に以下のものがあります。何かを調べるときには基本になる資料なので，上手に使えるように利用教育を行います。

　利用教育を行う際には，クラス人数分の図鑑やグループごとに百科事典のセットがあることが望ましいですが，それを一つの学校で揃えることは難しいので，学校間，公共図書館との連携を活かす必要があります。豊中市

図8-2　司書教諭と学校司書による百科事典の利用教育（豊中市内の小学校）

では，公共図書館が学校図書館を全面的に支援していて，図鑑を40冊，百科事典（『総合百科事典ポプラディア』（ポプラ社））を4セットなど貸し出しするサービスをしています。各自治体での学校図書館への支援の取り組みが望まれます。

　なお，こうした参考図書もweb上のものを使えばよいという考え方もあります。けれども，紙の資料には，一覧性があり，ページをめくり行きつ戻りつ情報を探す過程で別の情報と結び付けられる，探す際に五感を使うことで知識が定着しやすいという特徴があります。そうした意味で，まずは紙の資料に十分に触れさせ，知識が増えるおもしろさを実感してもらうことが大事です。

① 図鑑

　図鑑にはさまざまな種類がありますが，基本的な使い方は同じです。図鑑には，目次と索引があること，目次はその図鑑に取り上げられているテーマがグループ分けされて順番に載っていること，索引は物事の名称が五十音順に載っていること，名称が分かっているときには索引から調べたらよいことなどの基本をおさえましょう。小学校1年生から国語の単元での調べ学習があるので，1年生から行うことが望まれます。

② 百科事典

　小学生から使える百科事典として，『総合百科事典ポプラディア』があります。項目は五十音順に並んでいます。背（背表紙の見出し）・つめ（小口のつめ）・はしら（耳見出し）を使うと早く引くことができること，項目として探せないときは索引巻を使ってみることをおさえ，実際に何度も利用する機会をつくりましょう。レポート作成などが国語の単元で出てくる3年生から行いたいです。

③ 年鑑

　毎年出版され，さまざまな統計や資料が載っています。産業の学習が始まり，統計資料を活用する 5 年生からは，年鑑を使うことが必要になってきます。グラフや図表が多いので，その見方，「いつ，どこが調べた資料なのか，単位は何か」をしっかりと読みとることを学習します。全体の構成をつかむために，まず目次を見ること，索引を使うときには，調べたい言葉の言い換えや上位概念を考えるなどを，さまざまな演習の過程で身に付けることが大切です。

◎実践事例紹介：「年鑑」を読み取るおもしろさを実感

　年鑑の利用教育を行う場合は，一人 1 冊の年鑑が必要です。公共図書館や他校に依頼しますが，なかなか同じ年度のものは揃わず，数年にわたっての年鑑を用意しました。でも，それでかえっておもしろいなと思ったことがあります。

　4～6 年に年鑑の利用教育をし，「日本の国土の広さ」を調べたときに，当然，年度によって数値が違いました。「答えるときには，何年の資料かを必ず言うこと」と言って，何人かに調べた数値を答えてもらうと，「あっ，だんだん増えてる！」と気づく子どもがいました。そうすると，また，別の子が，「どうして増えてるのかが知りたい」と言いました。「そうだね。だんだん日本の国土が増えているのは，どうしてだと思う」と問いかけると，「まだ見つかってなかった新しい土地が発見された」「きちんと調べられてなかった。だんだん，正確に測れるようになってきた」「島ができた」「火山が噴火して，土地が増えた」「他の国から土地を取り戻した」など，実に色々と出ました。そして，「侵略したんかなぁ」の声。「いや，そんなんしてないで」とやりとりがあって，やっと「あっ，埋め立て地や！」という答えが出ました。実は，年鑑は，このように何年かのものを見るとその変化がわかりおもしろいということ，その数字の意味はなんだろうと推測し考えるおもしろさがあることなどを実感できました。

（内川育子「"ふだん使い"の学校図書館」『がくと』28，2012，p.33-34. より抜粋）

---

④ 国語辞典，漢字辞典

　小学校では，おおむね 3 年生で国語辞典を，4 年生で漢字辞典（漢和辞典）の使い方を学びます。国語辞典では言葉の並び方（五十音順）を十分に理解すること，漢字辞典では，部首索引・音訓索引・総画索引，それぞれの特徴と使い方を知ることが大切です。主に教員が教室で指導しますが，資料としてたくさんの辞典を図書館に備えている場合，図書館で学校司書が教員とともに利用教育として取り組むことも多くあります。

⑤ 新聞その他

　学校図書館には図書だけでなく資料として新聞やパンフレット・リーフレット・地図な

どを備えておく必要があります。特に新聞は，教科書にも取り上げられているので，新聞を活用しての授業も多く行われています。記事の配置・見出しの大きさ・リードの意味など，新聞の読み取り方を学び，数社の新聞を比べたり，時系列でニュースの記事を追ったりするなどの取り組みをすることで，新聞の面白さや工夫に気づき，上手に活用できるようになってほしいものです。新聞は，各社で主張が違うので，それに気づき多面的に情報を読み取れるよう，複数の紙面を備えることが望ましいです。また，新聞をすぐに手に取って広げて読めるように図書館内の置き場所を考えたり，複数の新聞の一面を掲示して比較しやすくするなど，記事の掲示に工夫をこらすことも大切です。

●コラム：公共図書館との連携で行うイベント「図書館の達人」：
　　　　　　　　　　　　　　　学ぶこと，調べること，知ることの楽しさを体験

　大阪府の豊中市立図書館では，毎年夏休みに入ってすぐの頃に「知的探究合戦　めざせ！図書館の達人」というイベントが行われます。これは，小学生や中学生が2～4人のグループを組み，公共図書館を会場に，たくさんの資料を使ってひとつのテーマについて調べて発表するというものです。テーマは当日出された中から選びます。

　午後いっぱいを使ってのこのイベントは，選んだテーマから，疑問や興味のあることを見つけ，図書館中の資料を使い，調べてまとめ，発表まで行います。調べる様子や発表を聞いて，どのチームが一番良かったかをスタッフ（公共図書館司書，学校司書，司書教諭）と参加者が投票し，「図書館の達人」を決めるのです。

　調べる前には，公共図書館内をぐるっとひとめぐりし，どこにどんな資料があるのかを案内してもらいます。PCを使っての蔵書検索の方法も教わります。会場にはイメージマップや情報カード，発表用ワークシートなども用意され，その使い方の指導もあります。参加者は，まずは，イメージマップを使ってさまざまにテーマについてのイメージを広げ，それにより「何を調べたいのか」「何が知りたいのか」をつかみ，それから資料を集め，調べ，情報カードを使い，まとめていきます。そうして分かったことを他の人に上手に伝えるために発表の準備もします。つまり，探究学習の方法を半日で体験してみるというわけです。

　グループで行うので，一緒に考えたり，教えあったり，役割分担したりと，同じ目標に向かって一所懸命になる楽しさが味わえて，「面白かった」「また参加したい」と言う参加者が多く，とても満足感が高いイベントだといえます。また，公共図書館と学校図書館の司書や司書教諭もスタッフとして参加することで，日頃の連携を活かせるだけでなく，調べる過程でレファレンスに応えることで，司書としての専門性も発揮でき，それを参加者に自然に知ってもらうことができるという良さもあります。

　学ぶこと，調べること，知ることの楽しさを味わってもらえるということで，学校図書館を使って「図書館の達人」を行う小学校も出てきています。こうしたイベントを行うことができるのも，学校図書館に司書がいて，資料の使い方など利用教育がきちんと行われているからだといえます。

4.3 著作権教育 (著作物の利用)

　調べ学習や探究学習においては，図書館にある資料から情報を得て，まとめ，成果物として発表します。その際，使った資料の書誌情報やウェブの URL など，情報をどこから得たのかを明記しなければなりません。図書館にある資料はほとんどが「著作物」であり，著作権を有しているからです。児童生徒に「本を丸写ししてはいけません」「資料の記録をとりましょう」と言うだけでなく，きちんと著作権の概念を伝え，その理由を理解してもらう必要があります。

　著作権法は，「著作者等の権利の保護を図り，もつて文化の発展に寄与することを目的とする」(著作権法第1条) 法律です。本などの著作物はこの法律で守られていて，作者 (著作権者) に無断で使用することはできません。ただし，ルールにのっとれば引用することができ，引用する際には，ほかの人の説や文章の部分は「　」(かぎかっこ) でくくり，その部分の著作者名，題名など (インターネットの場合は URL と引用年月日) を明示することなどが必要だとされています。

　調べ学習が進んでくると，3，4年生くらいで「情報カード」を使います。その際，「奥付」の見方を教え，「資料の記録をとる」ときに奥付を見るとわかりやすいことを伝えます。それは，使った資料が何であったかを忘れないためだけではなく，自分の参考にした本は誰かの著作物で，誰かが責任をもって書いているということを認識するという意味もあります。

　著作権そのものについての利用教育は，調べたことをレポートの形でまとめることが多くなる5，6年生に対して行います。何かを参考にしてレポートを書くことは，著作権と関わっているのだということを意識して，人の著作物を黙って自分の考えであるかのように使ってはいけないこと，使うときには，「引用」や「要約」「参考文献」といった方法があることを，実際のレポート学習の中で教えましょう。

　また，自分たちの好きなキャラクターを勝手に使う「盗用」の問題も，イベントの際などに取り上げたいものです (第12章参照)。

　このように，さまざまな資料を上手に使い，まとめ，発信するために，利用教育は小中高と積み上げていくものです。著作権教育もその一環として位置付けて行うことが望まれます。

まとめ

　学校図書館を利用した授業では，児童生徒が図書館や資料の使い方を知らないと，効果的な学習にはなりません。学習を成り立たせるためには，まず，図書館の本の並び方，ど

んな資料があるのか，資料の使い方などを利用教育として伝える必要があるのです。新学習指導要領を踏まえ，教科書にも学校図書館の使い方やしくみ，百科事典などの参考図書の紹介も載せられています。それは，これからの教育に学校図書館が欠かせないからです。

　学校司書はすべての教科の教科書を読み込み，それぞれの単元での児童生徒につけたい力を理解し，学習が効果的になされるためには，学校図書館としてどんな支援を行えばよいのかを考える必要があります。

　そして，児童生徒がこれからの社会を生きていくために必要とされる情報リテラシーを，図書館教育の一環として体系的に利用教育に組み込み，教員と協力して積極的に関わることが大切です。それには，学校司書自身が資料に関するプロとして，学び伝える力をつけることが必要であるのはもちろん，学校の内部環境としては，教職員の一員として職員会議に出ること，情報リテラシーや探究学習に関する委員会に関わることが望まれます。

　本来，利用教育は，単発で行うのではなく，1年間を通して，また，小学校6年間，中学校3年間，高校3年間という長いスパンで計画し，生涯学習へとつなげるべきものです。社会の情報の概念も実態もますます広がる中，課題解決に必要なプロセスを学ぶため，学校図書館に利用教育は欠かせないことを認識しましょう。（内川育子）

第9章　教職員への支援

📖 読書支援や学習支援など，学校図書館の教育的支援を効果的なものにするためには，学校司書と校内の教職員[1] との連携が不可欠です。

📖 この章では，日常的な利用から授業利用まで，教職員の活動をどのように支援できるかを考えます。また，このサービスをどのように教職員に提示するのが効果的かを考えます。

1. 教職員への学校図書館サービスとは

　学校図書館法第2条は，教員を学校図書館のサービス対象に位置付けています[2]。

　教員がねらう授業づくりに合わせ，学校図書館が多様な資料を準備し提供する場となることで，授業は実りの大きいものになります。

　教員は授業と関わる事柄について，常にアンテナを張っています。児童生徒が単元にもっと高い関心を持てるよう，内容の理解をより深められるよう，また，タイムリーなニュースを授業に織り込めるように，本や雑誌，新聞記事，テレビやウェブなど，多様な情報に日々関心を払っています。こうした情報ニーズに対し，単元と関わる資料の紹介や展示，レファレンス，貸出などを通して，学校司書が教員により多く，幅広い資料を手渡すことができれば，授業は子どもにとって興味深く，より豊かなものとなります（次ページの実践例「お弁当の本，ありませんか？」参照）。

　また，授業内容とは直接関係なくとも，日ごろから本を借り，気軽に本の話ができるなど，学校図書館が教員にとって日常的な読書を支援する場となっていれば，教員は本の魅力に気付き，児童生徒にその魅力を語ることになるかもしれません。それは児童生徒を読書へといざなうきっかけとなるでしょう。

　学校にいるのは教員だけではありません。経理や庶務を支える事務職員や給食を担当する栄養職員，学びの環境を整える学校用務員といった多様な職員が，教員の授業づくりを支えています。学校図書館の多様な資料は，こうした職員のニーズに応えることもあります。たとえば，栄養職員が食材のことについて調べる，業務職員が庭木の病気について資料がないか問い合わせする，といったことがあるでしょう。

1　この章では，直接授業に携わる教諭を「教員」，事務職員など教諭以外の職員を含めた学校職員全般を「教職員」と呼び分けています。

2　学校図書館法第2条では，学校図書館の目的について，〈資料を（中略）児童又は生徒及び教員の利用に供することによって，学校の教育課程の展開に寄与する（中略）ことを目的とする〉（下線著者）と位置付けています（巻末資料1参照）。

◎実践事例紹介：「お弁当の本，ありませんか？」

　筆者の勤務する高校での，2016年の夏休みの出来事です。若い男性の教員が「お弁当の献立の本ありませんか？」と尋ねてきました。自炊のための資料かと思って何冊か紹介しましたが，ピンとこない様子です。しばらくすると，「それなら食育の本はありませんか？」とも。

　よく話を聞いてみると，この教員は「担任向けの弁当の献立を考案し，紹介する」という国語と家庭科のコラボレーション授業を企画しており，探していたのは「お弁当の献立をつくるのに考えるとよい要素」を生徒に考えさせるための資料でした。そのため彼はお弁当の具体的な献立や，栄養のバランスを考えさせるような資料を探そうとしていたのです。

　それならと私が紹介したのは写真集『おべんとうの時間』（阿部了，木楽舎，2010）です。この本は，お弁当のアップの写真と持ち主のポートレート，そのお弁当にまつわるインタビューで構成されています。このインタビューとお弁当の写真を組み合わせることで，お弁当の持ち主がなぜその献立のお弁当を持ってきているか，本人や家族がどんな思いを込めてそのお弁当を作っているかなど，お弁当の献立を考える背景にある要素を考えるヒントが隠されていたため，授業の導入にピッタリの内容でした。

　資料を迅速に幅広く集め，提供する仕事は，学校司書の専門性が最も発揮される分野です。学校図書館が学校全体の情報ニーズに応える場となるため，学校司書は資料提供の基盤を確立していかなければなりません。まず図書館に十分な資料を収集していること（それも図書だけでなく，新聞やパンフレット・リーフレット，ウェブを見られるパソコンやオンラインデータベースといった多様なメディアがあること），蔵書目録（OPAC）など資料を探すための手立てを整備していること，丁寧にレファレンスに応じることなどが挙げられます。

　教職員の要求に対応するのに，自館の資料だけでは限りがあります。学校司書は他の図書館などとも連携を取って協力体制を確立し，よりよい資料を提供できるように努めます。

　多くの公共図書館は団体貸出やレファレンスサービスを通して学校図書館を支援しています。また，地域によって学校間で相互貸借を行っているところもあります。こうした図書館ネットワークの利用を通して資料を集められます（第3章2.2参照）。

　また，博物館や文学館などの社会教育施設や男女共同参画センター，行政機関など，協力が得られそうなところをリストアップし，関係を築いておくこともできます。

　こうしたサービスを無理や無駄なく行えるようにするためには，次項以降で触れる授業利用の把握や調整，教職員への広報や研修といった，企画的な業務が必要です。こうした業務は学校図書館に関わる校務分掌や委員会の仕事として，学校司書，司書教諭をはじめとする学校図書館担当者で協力し，組織的に行いたいものです。

2. 授業づくりに向けたサービス

2.1 授業づくりに応える基盤をつくる

（1）授業を把握する：教育課程，授業利用の予定

　第8章でも学んだとおり，授業を支える図書館サービスをつくるためには，学校司書も授業のことを知らなければなりません。まずは教科書を読み込んで，どの単元で何を学ぶのかを知り，支援の可能性を探りましょう。図書館に教科書が一揃い準備してあると，いつでも教科書を確認できるうえ，教員との打ち合わせにも役立ちます。教科書会社のホームページに掲載されている指導計画作成のための資料も参考になります。

　小中学校では市町村内で同じ教科書を使い，すべての単元を学習しますから，同じ自治体の学校図書館担当者の連絡会や研修会（自治体内の公的な研究会や学校司書会など）で各単元での関連資料の一覧を作成しているところもあります。また，豊中市（大阪府）では，「図書館での資料・情報活用教育で子どもたちに「つけたい力」体系表【とよなかスタンダード】」に基づいて，学校図書館を活用した授業例を図にまとめています（図9-1）。

　高校では学校によって学ぶ科目や単元が異なります。教科書のほか，教育課程表やシラバスを通して授業内容を把握しておく必要があります。

　授業内容の把握に加え，図書館を使った授業利用の予定も把握します。学年・教科別にどの単元でどの時期に図書館を利用するかについて，前年度の利用実績なども踏まえ，学年・教科の教員に利用の確認を行うほか，年度ごとに調査を行います。図書館利用教育計画（第8章参照）を策定しているのであれば，その計画と授業利用の予定を照らし合わせて内容や実施時期を調整することで，より効果的な指導が行えます。

　もっとも，この調査で授業利用の予定の申し出がなくても，学期の途中で，ときには直前に，教員から授業利用の申し出を受けることがあります。学校司書は，準備の期間が限られていても可能な限り授業利用のニーズに応え，教員の信頼を得ていきましょう。

　ただしこの場合は，授業の終了後の打ち合わせで，準備の時間があったらよりよい資料提供ができるので，次回からは早めに相談してもらいたいと伝えるようにします。

（2）教育課程の展開に沿った資料や情報の収集・整備

　蔵書を構築する際には，学校全体の教育課程や授業利用の計画も念頭に置きます。

　授業内容を把握した視点で書架を眺めると，各教科の授業内容に対して資料が欠けている分野があることに気づきます。教科の担当者と連携を取り，資料が欠けている分野がな

図9-1　学校図書館を活用した授業例の図（豊中市教育委員会）

▶4年生～6年生の授業例も作成されている。

いかを共同で検討します。こうして資料の不足を把握したら，図書館利用の有無や関連資料の有無，該当分野の出版状況，協力体制のある他の図書館から借りられる資料の有無を総合的に判断しながら，優先順位をつけて，資料を収集していきます。

2.2 図書館を活用した授業に向けた準備

（1）授業担当者との打ち合わせ

　授業利用の申し出があったら，授業担当者と学校司書をはじめとする学校図書館担当者とで打ち合わせを行います。同じ単元を扱うとしても，授業担当者が図書館にどのような支援を求めてくるかは一様ではないため，その都度，十分な打ち合わせが必要です。

　その際，確認したい内容については，学校図書館問題研究会長野支部が 2009 年に作成した「授業支援準備シート」[3] が参考になります。ここに，このシートの中で「授業担当者との打ち合わせ」の項目で挙げられた打ち合わせ内容の項目を挙げます。

　　①授業のテーマ

　　②授業のねらい

　　③この授業を通じて児童生徒に身に着けてほしい能力・知識は何か

　　④実施クラス数，人数

　　⑤総授業数のうち図書館を利用する時間数はどのくらいか

　　⑥どのような方法で展開していくのか

　　⑦必要な資料

　　⑧資料提供方法

　　⑨資料以外に用意するもの

　　⑩授業中に図書館としてどのように関わるのか

　どの学年のどの教科，どの単元で行う授業なのかを知る（①，④）ことは最も重要です。

　授業担当者がその授業で児童生徒にどのような力をつけさせたいかの目標やねらい（②，③，⑥）によって，集める資料や学校司書が授業中に行う支援の仕方は変わってきます。特に展開方法（⑥）は，児童生徒への学習支援を行う上で重要な要素です（第 7 章参照）。

　また，単元の内容とは別に，授業担当者は授業で図書館を使うこと自体にも意図を持っています。図書館側としても図書館利用計画を踏まえて指導したい内容があります（第 8 章参照）。図書館を使うことで何を身につけさせるのか（③），すり合わせが必要です。

　総授業数の中で図書館を利用する時間の把握（⑤）は，他の授業とのダブルブッキングを防ぐ目的もありますが，単元のどのタイミングで，どれだけの時間をかけて図書館を使

3　学校図書館スタートガイド編集委員会編著『学校司書・司書教諭・図書館担当者のための学校図書館スタートガイド：サンカクくんと問題解決！』少年写真新聞社，2015，p.95-107.

授業担当者		学校図書館担当者
年度当初		
		• 前年度授業利用の情報提供
年間の授業利用調査 　学年，教科，単元，実施時期，期間		
		• 図書館利用教育の調整 • 授業利用の時期調整
授業に向けた準備		
授業に向けた打ち合わせ **授業計画・目的の提示** • 授業のテーマ，ねらい • 児童生徒に身に 　着けさせたい能力 • 実施クラス数・人数 • 利用時間数，展開方法	←→ すり合わせ	**支援内容の提案** • 必要な資料 • 資料の提供方法 • 資料以外に準備するもの • 図書館利用教育の提案 　学校司書の関わり方 • 資料の貸出や管理方法
• 使わせる資料の決定 **授業の準備** • 授業計画の詳細の決定 • テーマ（発問）の設定 • ワークシートの作成	←→ 資料の精査 ←→ 毎時の指示 の共有	**資料集め・整備** • 館内の資料集め，購入 • 他館・類縁機関からの借受，収集 • OPAC検索キーワードの設定 **手引となる資料の準備** • パスファインダーなどの作成 • 本の紹介やガイダンスの準備 • 資料の展示・別置
授業中の支援		
授業の指示 教科の内容に関する指導		• 本の紹介・ブックトーク • 調査方法や利用に関するガイダンス • 個別の児童生徒に対する調査の支援
毎時終了後の打ち合わせ 　児童生徒の個別の進行状況，声かけの内容，資料の漏れ，次の時間の内容確認		
授業後		
授業の振り返り 　資料の量/質の適切度，児童生徒の取り組む様子，役立った資料の確認		
		• 授業利用の記録作成

図 9-2　図書館を活用した授業に向けた授業担当者と学校図書館担当者のやりとり

うのかを把握する意図があります。授業には，導入，展開，まとめ，発展といった流れがあり，「授業で資料を紹介する」といっても，タイミングによってその目的は異なります。

　これら授業計画の意図を踏まえて，どの資料をどう提供するか（⑦，⑧），ウェブサイトでの情報検索を認めるか，どのような学校図書館利用教育を行うか（⑩），さらには授業担当者と学校図書館担当者の役割分担や，レファレンスでどこまで情報提供すべきか（すべきでないか），などについても検討します。

　同じ単元を複数のクラスで実施する場合，資料を貸し出してしまうと，後のクラスで資料が足りず，調査が成り立たなくなることもあります。資料の貸出や管理方法についての決まりごとなどについても確認をしておきます。

（2）資料を集め，提供の準備をする

　学校司書は打合せによって授業のねらいを把握したら，そのねらいに沿って資料を探します（授業のねらいに応じた資料の選び方については第7章2.3参照）。教科とかかわりの深い棚だけではなく，幅広い棚に目を通して探したいものです。その際，特に小学校の場合は，児童の発達段階に十分配慮し，資料の難易度が適切かどうかを見極めます。

　必要に応じて図書館ネットワークを活用し，他校や公共図書館などにも資料を手配します。郷土資料や比較的新しい話題の事柄など，授業内容にかかわる書籍が十分にないテーマについては，自館で新聞記事のスクラップを作成したり，博物館や行政機関などが発行しているパンフレットを集めたり，ウェブ上の情報源を探したりすることもできます。

　書架では探しにくい資料には，目録データにテーマと関わる件名やキーワードを新たに付与する，関連記事が掲載されている雑誌について記事内容を入力するなど，より幅広い資料を検索で見つけやすくしておきます。

　授業内容によっては，博物館や美術館などの類縁機関，男女共同参画センターなどの行政機関の力も借りることができます。例えば，国立民族学博物館では，世界各国の民族衣装や楽器といった現物資料のパッケージ「みんぱっく」を全国の学校に貸出しています[4]。また，埼玉県の男女共同参画推進センター With you さいたまでは，デートDVなど，テーマ図書のパッケージを準備し，県内の学校に貸出しています[5]。

　資料が集まったら，課題の調査が十分行えるか（不足している分野はないか），内容が適切でないものはないか，難しすぎる資料はないかなどを授業担当者と確認をします。その上でブックリストを作成し，資料は授業担当者の求めに応じてコーナー展示やブックト

4　「ナイターD：学校図書館で実物資料を見てみよう」『がくと』32，2016，p.96-97.
　　国立民族学博物館「みんぱっく（学習キット）」(https://www.minpaku.ac.jp/research/sc/teacher/minpack/index).

ラックに別置したり，教室に運んだりします。自らの力で OPAC やレファレンスを使いながら資料を探す経験も必要ですから，情報リテラシー能力の育成のため，授業の目的に応じて，あえて別置しないこともあります。

（3）調べるための手引きとなる資料を作成する

　資料が集まったら，その資料を児童生徒がうまく活用できるよう，学校司書は調べるための手引きとなる資料を作成します。

　探究学習や調べ学習の際に役立つのがパスファインダー（付録参照）です。授業のテーマに沿った参考図書や関連する NDC，インターネット上の資料を紹介し，児童生徒の調査の道しるべとなるものです。パスファインダーを作成する際には，児童生徒がどのように調査を行うか，授業中の指示などを授業担当者に確認を取り，念頭に置いて作成します。

　このほか，調べたことをまとめる情報カードや参考文献リスト，マンダラートやイメージマップ，マトリクス図などのシンキングツール（第 7 章 2.2 参照）といったワークシートなどは汎用で使えるものを図書館で常にストックしておき，どの授業でも使えるようにしておくと，児童生徒がスムーズに調査活動に臨めます。

2.3 授業中の支援

　実際に授業利用が始まったら，授業前の打ち合わせの内容に従って支援をしていきます。

（1）本の紹介やブックトーク

　授業の内容に応じた本の紹介やブックトーク（第 6 章 3.1 参照），読み聞かせなどを，学校司書がクラス全体に対して行います。

　こうした紹介には，授業の流れや目的を踏まえて本を選びます。単元の導入に本を紹介するのであれば，「これなら知っている！」と思える話題や資料を使って児童生徒の興味を単元の内容に引き付けることが求められます。一方，単元のまとめで紹介する場合，単元で学んだことが実生活のどこで活かされるのかなど，視野をさらに広げる発展的な内容が必要とされます。

（2）調査方法や利用に関するガイダンス

　図書館を使って授業をする際には，調査活動がよりスムーズに進み，教科の目的を充分

5　With You さいたま 埼玉県男女共同参画推進センター「ピックアップ☆平成 30 年度も県内大学や高校との連携展示などを実施しています。」（https://www.pref.saitama.lg.jp/withyou/library/bookmark/vol43/p2.html）.

達成できるよう，活動に入る前に学校司書もガイダンスを行います。

　このガイダンスでは，この授業で行う調査の進め方を伝えます。テーマの探し方や具体的な課題の設定といった調査の手順や，図書館の分類や OPAC を使った資料の探し方や情報資源の特徴や使い方，参考図書の使い方，資料の中の索引や目次の使い方，引用のしかたや参考文献の記述のしかた，資料の評価など，図書館利用教育の内容を中心に行います。その際に必要な内容は，あらかじめパスファインダーに盛り込んでおくと効果的です。

　併せて，資料の貸出についての決まりごとも説明します。例えば，児童生徒の数に対して資料が少なく，貸出ができない場合は，資料に紙をはさみ，授業利用中であることを明記したブックトラックに置くよう指示をすると，誤って他の児童生徒に貸出してしまう事態も防げるうえ，次の時間もスムーズに授業に入ることができます。

（3）授業中のレファレンス対応・チームティーチング

　調べ学習や探究活動の際には，授業担当者との打ち合わせを踏まえて，チームティーチングで学校司書が個々の児童生徒に支援します。

　調べ学習でつまずいている児童生徒は，調査に慣れていないため，調べ方を理解しておらず，特にテーマを絞る段階で困っていることが多いようです。そこで学校司書は個別に声をかけ，レファレンスサービスで利用者と行うやり取りを念頭に置いて，コミュニケーションを取りながら支援します（具体的な支援内容は第7章 2.2 参照）。

　特に探究学習の場合，生徒が各自で立てるべきテーマがより深く，幅広くなるため，学校司書が個別のレファレンスに答えて資料を探し，提供する支援が欠かせません。

　数時間に及ぶ調べ学習の場合，授業担当者と学校司書とで毎時終了後にその時間の進捗状況を確認するとともに，次の時間にどこまで進むのかの確認も行います。児童生徒一人ひとりのテーマや進度（つまづき），こちらからかけた声かけや質問の内容も情報交換します。資料の漏れがあれば，可能な限り次の時間までに準備をしておきます。

2.4　授業後の振り返りと次の支援の準備

　授業の成果物や発表は積極的に見るようにしましょう。また，児童生徒が書いた授業の振り返りや感想，アンケートにも目を通します。学校司書としては，図書館利用教育の効果や集めた資料の適切さなど，支援の内容が適切だったかを振り返ることができます。

　児童生徒は成功体験を通じて，次の調査活動に対してより積極的に取り組めます。ぜひ，積極的な感想を伝え，ほめましょう。作品を学校図書館に展示してもよいかもしれません。子どもたちは作品の完成に加え，展示や声かけを通して，自信を一層深められます。

　作品を図書館に保管したり，図書館の正式な蔵書として登録したりすると，次年度以降

の児童生徒や授業担当者が参考にできます。一例として，清教学園中・高等学校では，卒業研究の論文の優秀作品を正式な蔵書として学校図書館に登録しています[6]。

　一連の授業が終了したら，授業担当者と授業について振り返ります。資料は目的に沿ったものが集まったか，数は十分だったか，児童生徒の取り組む様子はどうだったか，授業のねらいに沿った資料提供ができたか，どの資料が役立ったかなどを確認します。

　また，授業利用の内容について記録を残します。教科や学年，単元名，調査の内容，毎時の流れ，図書館で行ったサービス，ブックリスト，支援の課題などについてまとめておきます。授業で使った学習指導案やパスファインダー，ワークシートを併せて保存しておくと，翌年度以降に同じ授業を行う教員に参考資料として紹介できます。

　言うまでもないことですが，他から借りた資料は授業終了後，漏れのないように返却します。その際，毎年行う単元であれば，資料リストに使い勝手の良かった資料を記録しておくと，次に団体貸出等を受けるときにも役立ちますし，資料購入の参考にもなります。

●コラム：「先生のための授業に役立つ学校図書館活用データベース」
　学校図書館の授業利用記録を集めているもので，東京学芸大学学校図書館運営委員会が作成しています（http://www.u-gakugei.ac.jp/~schoolib/）。東京学芸大学附属の学校をはじめ，全国の小中高校・特別支援学校から投稿された授業実践の指導案，ワークシート，ブックリストが掲載されています。授業担当者と学校司書・司教教諭のコメントも紹介されているので，授業担当者の意図や，そうしたニーズに学校図書館側がどのように応じたかが具体的にわかります。
　このデータベースでは授業実践事例を募集しています。よい授業実践があったらぜひ応募し，共有していきましょう。

3.「図書の時間」や特別活動への支援

3.1「図書の時間」への支援

　多くの小学校では，「図書の時間」や「読書の時間」と呼ばれる授業時間を設け，各学級に図書館を優先的に使える授業時間を時間割に割り振っています。学習指導要領に記述はありませんが，各学校の図書館教育指導計画などに基づいて設定しており，実施状況や内容は学校ごとに異なります。

6　学校法人清教学園中・高等学校「LIBRARIA・総合学習」（https://www.seikyo.ed.jp/feature/integrated/）.

　「図書の時間」を実施している学校では，国語科や特別活動の時間の中から週1時間程度を捻出して設定していることが多いようです。この時間は，学校図書館利用教育や読書指導を行うほか，他教科の調べ学習をこの時間に振り替えて行うこともあります。

　オーソドックスな例として，東京学芸大学附属小金井小学校では，主に国語の時数の中から1時間を「図書の時間」に位置づけています。始めの10～15分に学校司書が読み聞かせや本の紹介をした後，児童の資料返却，サイレント・リーディングの時間を取り，最後の5分に貸出を行うほか，必要に応じて利用指導を行っています。こうして毎週行うことで，児童が本と親しみ，読む習慣と力をつける機会となっているとともに，図書館利用の習慣化を図る機会となっているといいます[7]。

　より具体的な例としては，次の豊中市の学校図書館の事例をご覧ください。

　「図書の時間」の実施に当たっては，図書館利用教育計画を踏まえ，学級担任と十分なコミュニケーションを取りながら行っていきましょう。

●コラム：小学校の「図書の時間」

　豊中市の小学校には，「図書の時間」があります。全学年各クラス週に1時間あるこの時間は，学校司書にとってとても大切です。本の貸出返却だけではなく，学習に関連したこと，行事に関係のあること，クラスで流行っていることなど，さまざまなテーマにアンテナを立てて，学校図書館ならではの支援をしようと手ぐすね引いているのです。そのために，教科書を読み込み，学年だより，クラスだよりにも目を通し，学校司書としてのスキルも身に付け，「図書の時間」に備えています。

　絵本の読み聞かせ，パネルシアター，ブックトーク，アニマシオン，リテラチャーサークルなど，「図書の時間」に使う技はさまざまです。利用教育も計画を立てて，ワークシートなども用意して「図書の時間」に行います。調べ学習をはじめとした学習が図書館を使うことでさらに活き活きと楽しんで学べるように授業を支援する役割が学校図書館には求められていると感じます。

　2017年1月2月の内容の紹介（右端の欄は読み聞かせした絵本）です。

　1年生は以下の内容で行いました。

1月17日	かるた大会！	『いろはがるた』
1月24日	指令カードに答えよう！	
1月31日	エプロンシアター（ルラルさんのにわ）	『ルラルさんのにわ』
	せつぶんのはなし	『ふくはうちおにもうち』

7　菅原春雄，中山美由紀「学校教育における情報リテラシー育成の必要性：東京学芸大学附属小金井小学校の図書館利用教育の実践例」『文教大学教育学部紀要』41，2007，p.107-115.

2月7日	ロールシアター いとうひろしの本紹介	『おさるのまいにち』
2月14日	はなをくんくん（「ここだよ」アニマシオン）	『はなをくんくん』
2月20日	いろいろな「うらしまたろう」 ゆうびんのはなし	『うらしまたろう』 『ゆうびんやさんのほねほねさん』 『ゆうびんやぎさん』
2月28日	かがくのとも紹介	『ゆうびんやさんおねがいね』

6年生は，以下の内容で行いました。

1月19日	百人一首大会！	五色百人一首（桃）
1月26日	中学校図書館って，どんなの？（四中学校司書より）	
1月27日	家庭科（ペットボトルカバー作りの資料提供）支援	
2月2日	写真絵本の色々紹介	『まちのコウモリ』
2月9日	年鑑の使い方（ワークシート）	
2月16日	年鑑を使って調べよう！（ワークシート） BT「どんな技？」『干したから…』『大坂城～絵で見る日本の城づくり』『すしから見る日本』『日本の伝統競技』他	

（前大阪府豊中市立豊島小学校司書　内川育子著）

3.2 特別活動への支援

　学習指導要領に含まれる教育課程には，教科活動のほかに特別活動があります。ホームルーム活動や児童会・生徒会活動，文化祭や体育祭，入学式などの学校行事，生徒指導，進路指導など，学校で行われる教科活動以外のほとんどの事柄を含んでいます。

　こうした活動にも，学校図書館は支援を行います。例えば，遠足や修学旅行に向けて事前学習のためにコーナー展示を作ったり，「図書の時間」で本を紹介したりして，遠足への関心を高めることができます。また，人権教育の一環でいじめに関する講演会が行われるとしたら，いじめを描いた小説も含めいじめについての資料を図書館通信で紹介し，館内で展示できます。展示と一緒にいじめの相談窓口などの外部機関を紹介するポスターを展示することもできるでしょう。

　特別活動に教科書はありませんから，各校の裁量で自由な活動が行われています。そのため，教科活動以上に，さまざまなコラボレーションの可能性があります。

　学校司書は，学年や校務分掌が企画しているさまざまな活動にも高くアンテナを立て，図書館の資料が活かせないか，常に気を配っていたいものです。

4. 教職員にサービスを示す

4.1 広報や研修によるアプローチ

　学校図書館は，校内の教職員に向けて常にサービスを周知していく必要があります。

　図書館利用教育計画の周知や授業利用の計画，小学校であれば「図書の時間」の位置づけや学級担任と学校司書との役割分担なども会議や資料などを通じて発信し，学校全体で共有します。

（1）教職員向け「図書館利用マニュアル（利用の手引き）」の発行

　学校図書館が教職員にどんなサービスを提供できるかを網羅的に示す資料を発行し，毎年新年度の時期に教職員に配布します。

　この資料には，以下のような内容を盛り込めます。

- 学校図書館について：目的や役割，学校司書について，図書館の自由についてなど
- 日常の利用について：概要，開館時間，貸出冊数と期間，検索方法，レファレンス，外部機関との連携など
- 授業に向けて行える支援内容：授業利用の申込み方，支援でできることなど
- 図書館利用教育計画の概要
- 学校図書館から学級担任にお願いしたいこと：図書館通信の配布，督促の協力のお願い，図書の時間の関わり方など

　こうしたマニュアルを作成しておくと，学校図書館担当者の間で自校の図書館で教職員に向けてどのようなサービスを行っているのかを再認識し整理できる上，利用案内や校内研修などの発信のベースにもなります。

（2）教職員向け「利用案内（図書館利用ガイダンス）」や校内研修の実施

　機会を捉えて，図書館の利用について教職員向けの研修会を開きます。

　最もポピュラーな方法は，教職員向けの利用案内（図書館利用ガイダンス）です。学校図書館の目的や機能，学校司書の役割を示すほか，教員による前年度の授業利用の実践報告，成果物の紹介，レファレンス事例など具体的な内容を盛り込むと，図書館の活用法が明確になり効果的です。

　この利用案内は，全教職員を対象に対して年度初めの職員会議や校内研修の一環として時間をとるほか，新年度に着任者に対して行うこともあります。教職員全体に対し，繰り返しガイダンスを行う機会を設けたいものです。

　さらに，職員研修の一貫として，より具体的なテーマで学校図書館に関わる校内研修を開催することもできます。例えば情報リテラシーや読書指導の方法，探究活動と関わって課題設定，調査のためのシンキングツールの活用などを学ぶ研修会，授業実践を交換する公開授業会を開催するといったメニューが考えられます。

　このほか，校内の新任教職員研修の中で読書指導や図書館の授業利用について考える時間を確保することもできます。

（3）職員会議での発信

　職員会議で，図書館利用教育計画や図書館の利用状況，活用事例を定期的に発信することにより，図書館活動を教職員に周知できます。

　白山市立松任中学校（石川県）では，図書館教育担当者が毎月職員会議で発信しています。発信内容は当月の授業における図書館利用計画と，前月に図書館を利用した授業の実施内容で，授業の成果物や授業の様子の写真も交えながら紹介しています。3 〜 5 分の短い時間でも，図書館の活動を教職員に紹介することで，図書館の活動を見えるものとし，図書館の活用が進むとともに，多くの教職員を巻き込んで図書館の運営に当たれるようになったといいます[8]。

（4）教職員向け「図書館通信」

　教職員に向けて，教職員が図書館で使えるサービスの紹介や，授業での利用状況，活用事例，資料の活かし方，今後の授業利用予定などを紙面にまとめ，配布します。職員会議よりも比較的容易に，高頻度で発信できます。

　プライバシーに配慮しつつ，図書館内での日常的な児童生徒の様子も紹介すると，図書館が児童生徒にとってどのような場になっているかを伝えることもできます（第11章2.5参照）。

4.2 同僚という関係性を活かしたアプローチ

　学校司書が学校図書館に入って間もない学校では，教職員は学校図書館に多くを求めることはないでしょう。しかし，前項で挙げた広報や研修のほか，図書館を活用した他の教

8　藤田実代子，平田奈美「学校図書館を知的好奇心のワクワク工場にしよう！」『がくと』35, 2020, p.32.

職員の口コミ，児童生徒の作品といった目に見える成果物を目の当たりにすることで，教職員は授業の図書館活用に関心を持ち，徐々に求められる支援の形は変わっていきます。

桑田てるみは，学校図書館の支援のレベルについて，レベル0（場所貸し），レベル1（資料準備），レベル2（資料提供・レファレンスサービス），レベル3（学校図書館利用指導），レベル4（協働授業）までの5段階があると示しています[9]。また，松田ユリ子は学校図書館の資料を使った授業づくりについて，学校司書と教職員との関係性には「調整」〈学校司書は，図書館を利用する日程調整や，必要な資料を準備するにとどまる〉，「協力」〈教師が授業の計画を立てるが，実行する場面では，学校司書も図書館や資料にかかわる部分を手伝う〉，「コラボレーション」〈授業の計画，実行，評価のすべてのプロセスに，教職員と学校司書が協働でかかわる〉という3つのレベルがあると述べています[10]。

より高いレベルで学校司書が授業に関われるようになると，授業づくりに構想段階から参加するため，授業担当者と授業の目的や到達点をより深いレベルで共有できます。資料収集やチームティーチング，児童生徒へのレファレンスへの対応も，授業の目的に沿ってより的確なものとなり，一人ひとりが持つ多様な学びのニーズに応えることができるようになります。

では，そうしたより高いレベルでのサービスを提供できるようになるために，学校司書には何が求められるのでしょうか。

前述の松田ユリ子と一緒に授業を作った教員は，「コラボレーション」のレベルの授業が生まれる背景として，〈「協働できそうな自由度」を感じさせる学校司書が，「何でも要望に応えてくれる存在」として教師から認知されること〉や〈学校図書館が，「輪郭をまだもたない授業のアイデアについて『ねーねー聞いて』って話ができる場所」になること〉，〈「司書とその周りで支える人たちの絆が生きている」場所となる〉ことを挙げています[11]。

教職員が求める授業づくりに学校司書が真摯に応え，教職員が手ごたえを感じていけば，教職員から同僚としての信頼を勝ち得ていきます。また，学校司書が気軽に声をかけやすい存在となるよう意識し，教職員とコミュニケーションを取っていったり，そこに集まる教職員同士が自由に情報交換したりできるようになると，新たな授業の企画が立ち上がりやすくなります。教える専門家である教職員や司書教諭と資料の専門家である学校司書が双方の専門性を活かし，同僚として両輪となって（時にはそのほかの人も巻き込んで）取り組むことで，教職員ひとりでも学校司書ひとりでも支えきれない児童生徒のニーズに応

9　桑田てるみ『思考を深める探究学習：アクティブ・ラーニングの視点で活用する学校図書館』全国学校図書館協議会，2016，p.22.
10　松田ユリ子『学校図書館はカラフルな学びの場』ぺりかん社，2018，p.158-159.
11　前掲注9，p.159.

えることができ，子どもたちに提供できる学びの可能性はより高まっていくのです。

まとめ

　学校司書は学校図書館が持ち場ですが，ぜひ図書館に閉じこもらず，同僚として教職員と積極的にコミュニケーションを取っていきましょう。どんなことに関心を持っているか，どんな授業や教材研究をしているかを知るだけでも，選書や紹介する本の幅は広がります。

　あわせて，職員会議や校内研修に積極的に参加して，学校の授業のトレンドについていけるよう努めます。同時に学校司書をめざす（である）あなた自身も，授業づくりや教育の新しい動向，資料について積極的に学び，教職員に提案していきましょう。

　学校図書館はさまざまな教科や学年で使われる場ですから，ときには教職員の気づかないところで，学年や教科の壁を超えてつなげるとうまくいきそうな授業を学校司書が見つけるかもしれません。第1章で給食でのコラボの事例が紹介されているとおり，手を取りつながる相手は教科担当の教員だけとは限りません。こうしたときに，他の学年や教科同士をつなぎ，コラボレーションする機会をつくることもできるかもしれません。

　学校司書が教職員に対して積極的に働きかけ，教職員にとって学校図書館が情報や人と出会う場となっていけば，その学校の児童生徒の学びはより豊かなものとなっていくのです。（宮﨑健太郎）

第 **10**章　特別な教育的ニーズのある児童生徒に対する支援

📖 特別な教育的ニーズのある児童生徒とは，障害の有無に関わらず個に応じた配慮や工夫を必要とする児童生徒を指します。学校司書は，特別な教育的ニーズのある児童生徒にどのような点に配慮して図書館支援を行ったらよいでしょうか。本章では，「特別支援」の要素を中心に根底となる理論とその実践例を紹介します。特に，①個を尊重した配慮，②学習スキルの手だて，③ニーズに即した資料提供，④環境の整備工夫に着目して，支援の要点を紹介します。

1. 特別な教育的ニーズのある児童生徒

1.1 「特別ニーズ教育」と「特別支援教育」の背景

（1）インクルージョンとは

　学校には多様な児童生徒が在籍します。例えば，障害[1] がある児童生徒，不登校傾向にある児童生徒，日本語を母語としない児童生徒，性的少数者（以下，LGBT）[2] の児童生徒などです。そして，彼らの学校生活や学習理解を円滑にしていくためには，個々のニーズを知ったうえで，教育の手だてを考えていく必要があります。この考え方の根底にあるのがインクルージョンです。

　インクルージョンとは，〈一人一人みんな違っている存在であり，障害があるとかないとか，勉強が好きとか嫌いとか，できるとかできないとかで分けるのではなく，みんなが一緒に学び遊べることを前提に，その上で一人一人の違いに基づいた，ニーズを尊重した教育を保障〉[3] しようというものです。このインクルージョンの考え方にもとづいた教育がインクルーシブ教育です。

（2）特別な教育的ニーズのある児童生徒の捉え方

　「特別な教育的ニーズのある児童生徒」（以下，児童生徒）とは，障害の有無に関わらず個に応じた配慮や工夫を必要とする児童生徒を指します。〈障害カテゴリーに含まれる者

1　文部科学省が示す義務教育段階の障害の範囲は視覚障害，聴覚障害，言語障害，肢体不自由，病弱・身体虚弱，情緒障害，自閉症，学習障害（LD），注意欠陥多動性障害（ADHD）である。なお，自閉症，LD，ADHD は発達障害に含まれる。

2　Lesbian, Gay, Bisexual, Transgender の頭文字をとっている。

3　日本弁護士連合会人権擁護委員会編「2　インクルーシブ教育の保障」『障害のある人の人権と差別禁止法』明石書店，2002, p.177.

を越えて，子どもの最善の進歩を妨げることになる実にさまざまな理由によって，学校でついていけなくなった子どもをもカバーする〉というインクルージョンの考え方が根底にあります[4]。従って，障害のある児童生徒のみならず，日本語を母語としない児童生徒，虐待されている児童生徒，LGBT の児童生徒など，すべての児童生徒に対して当てはまる概念です。その概念は 1978 年のイギリスのウォーノック報告[5] に由来します。

（3）「特別ニーズ教育」

　インクルージョンの原則は，1994 年の「サラマンカ声明」[6] において示され，障害がある子どもも含めてすべての子どもが通常学校において教育されるべきであることが強調されました[7]。つまり，障害があると診断判定された子どものみを対象とした「障害児教育」ではなく，子どもの特別な教育ニーズに応じる教育である「特別ニーズ教育」の概念と必要性を提唱したのです[8]。その後，インクルーシブ教育の理念を具体化した 2006 年の「障害者の権利に関する条約」（障害者権利条約）第 24 条では，「障害者を包容するあらゆる段階の教育制度及び生涯学習を確保する」こと[9]等が明記されました。1.2 でも取り上げますが，障害者権利条約で「合理的配慮」という概念が採用されたのです[10]。

（4）日本の「特別支援教育」

　サラマンカ声明後の国際的な流れの影響をうけ[11]，日本においても「発達障害者支援法」（2005 年施行）を踏まえて，2007 年 4 月より「特別支援教育」[12] が学校教育法に位置づけられ制度として開始されました。ただし，文部科学省が示した特別支援教育の範囲は従来の障害に発達障害を加えたものでした。しかし，配慮を必要とする児童生徒は障害のある

4　UNESCO International standard classification of education 1997. ISCED. 本論における定義訳は荒川智（2002）による。

5　1978 年のウォーノック報告では，障害のある児童生徒として捉えるのではなく，特別なニーズのある児童生徒として捉えることが提言されている。「特別支援」（Special Support）は，診断された障害についてではなく個々のニーズに応じた特別な教育的援助（Special Educational Support）について検討する教育的な概念として用いられている。

6　1994 年にユネスコとスペイン政府の共催で「特別ニーズ教育に関するサラマンカ声明と行動の枠組み」（通称：サラマンカ声明）が採択されたことによる。

7　菅野敦ほか編『障害者の発達と教育・支援：特別支援教育／生涯発達支援への対応とシステム構築』山海堂，2003，p.16.

8　前掲注 7 参照。

9　「障害者の権利に関する条約」（https://www.mofa.go.jp/mofaj/gaiko/jinken/index_shogaisha.html）。日本は 2014 年に批准。

10　「合理的配慮」（Reasonable Accommodation）は 1990 年に「アメリカ障害者法」で用いられた。その時点では，被雇用者や求職者が業務を支障なく遂行できるようにするために必要な手立てを用意することが規定されていた。その後，2006 年に「障害者権利条約」第 2 条で「合理的配慮」が採用された。

11　前掲注 7 参照。

- 特別ニーズ教育と特別支援教育の対象の概念〔学齢児童生徒に係るもの＊1〕
- 義務教育段階の全児童生徒数 968 万人＊2

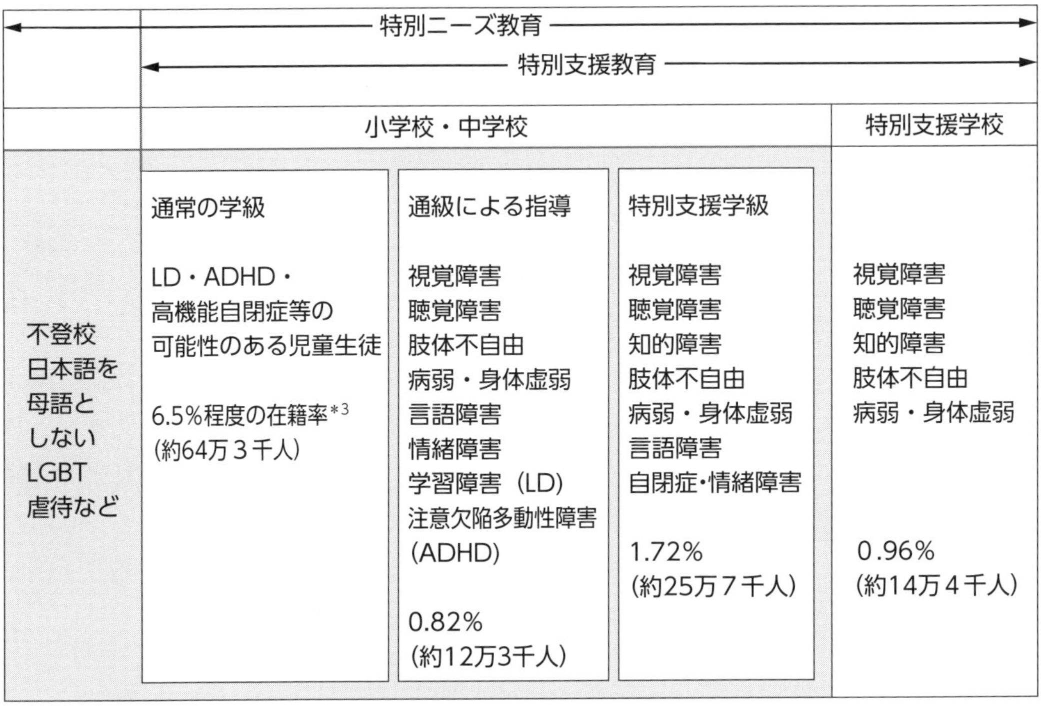

	特別ニーズ教育 →			
	← 特別支援教育 →			
	小学校・中学校			特別支援学校
不登校 日本語を 母語と しない LGBT 虐待など	通常の学級 LD・ADHD・ 高機能自閉症等の 可能性のある児童生徒 6.5％程度の在籍率＊3 （約64万３千人）	通級による指導 視覚障害 聴覚障害 肢体不自由 病弱・身体虚弱 言語障害 情緒障害 学習障害（LD） 注意欠陥多動性障害 （ADHD） 0.82％ （約12万3千人）	特別支援学級 視覚障害 聴覚障害 知的障害 肢体不自由 病弱・身体虚弱 言語障害 自閉症・情緒障害 1.72％ （約25万７千人）	視覚障害 聴覚障害 知的障害 肢体不自由 病弱・身体虚弱 0.96％ （約14万４千人）

（＊1）この図に示した学齢（6才〜15才）の児童生徒のほか，就学前の幼児や高等学校に在籍する生徒で何らかの障害を有する者についても，特別支援教育の対象である。
（＊2）特別支援教育対象の概念図は，『特別支援教育を推進する為の制度のあり方について（答申）参考資料−1』と数値は『日本の特別支援教育の状況について』（平成 30 年５月１日現在 文部科学省 p.5）をもとに加工した。
（＊3）この数字は，担任教師に対して行った調査に対する回答に基づくものであり，医師の診断によるものではない（数値は平成 24 年）。

図 10-1　特別な教育的ニーズのある児童生徒の対象の範囲

児童生徒以外にも存在します。1.1（1）の例として挙げた不登校傾向にある児童生徒，日本語を母語としない児童生徒，LGBT の児童生徒などです。学校教育関係者は，障害以外でも個別の配慮が必要としたすべての児童生徒に関わっています。このことは採択されたサラマンカ声明の「特別ニーズ教育」の概念にあたります。

1.2 「合理的配慮」と「特別支援」

　日本ではその後，2013 年６月に「障害を理由とする差別の解消の推進に関する法律」

12　2003 年３月には「今後の特別支援教育の在り方について（最終報告）」のなかで，「特別支援教育」の構想が示され，2007 年４月より特別支援教育が制度として開始された。文部科学省特別支援教育の在り方に関する調査研究協力者会議「今後の特別支援教育の在り方について（最終報告）」2003.3.28 答申（https://www.mext.go.jp/b_menu/shingi/chousa/shotou/018/gaiyou/030301.htm）.

（以下，障害者差別解消法）が制定されました（施行は 2016 年 4 月 1 日）。さらに，2019
年に「マラケシュ条約」や「視覚障害者等の読書環境の整備の推進に関する法律」（以下，
読書バリアフリー法）が制定され，障害者支援の法的環境が整備されつつあります。マラ
ケシュ条約では，プリントディスアビリティ（本章 2.3（3）参照）が発行された著作物
を利用する機会を促進させ，読書バリアフリー法では，出版社に電子テキストの提供を促
しています。これらの条約や法律は，「合理的配慮」という概念を基軸にしています。

　「合理的配慮」とは〈障害者が他の者と平等にすべての人権及び基本的自由を享有し，
または行使することを確保するための必要かつ適当な変更及び調整であって，特定の場合
において必要とされるものであり，かつ，均衡を失したまたは過度の負担を課さないも
の〉[13] と定義されています。学校教育の一例を挙げれば，計算が苦手な児童生徒に対して，
計算機を補助具として用いることです。

　一方，「特別支援」とは，児童生徒の個に応じた配慮や工夫を指します。例えば，文字を
書くことが苦手な児童生徒に対して，50 音表を用意する，コンピューターを補助具とす
るなど，できないことを補う方法を探したり考えたりすることです[14]。2 つの例からもわ
かるように，個々のニーズに応じた配慮が必要という点では「合理的配慮」「特別支援」と
もに似た概念です。

　しかし，「合理的配慮」が及ぶ範囲は教育だけに限定はしておらず，生活や勤労など社
会全般に関わっています[15]。「特別支援」については，2007 年 4 月から，「特別支援教育」が
制度として開始された際に，文部科学省によって作られた教育分野のみに関わる概念です。

　このような背景を踏まえて，本章では，「特別ニーズ教育」（障害以外でも個別の配慮が
必要としたすべての児童生徒を対象）の立場で，学校図書館から児童生徒にどのような特
別支援ができるのかを紹介していきます。

2. 学校図書館における特別支援の要素

　学校図書館における特別支援に必要な要素として，「個を尊重した配慮」「学習スキルの
手だて」「ニーズに即した資料提供」「環境の整備工夫」が挙げられます[16]。以下，各々の

13　定義は外務省の「障害者の権利に関する条約」を参考とした。「障害者の権利に関する条約」（http://www.
　　mofa.go.jp/mofaj/files/000031633.pdf).
14　緒方明子「通常の学級における発達障害への教育」『発達障害の教育支援法』放送大学教育振興会，2006,
　　p.156.
15　前掲注 10 参照。
16　松戸宏予『日英のフィールド調査から考える学校図書館における特別支援教育のあり方』ミネルヴァ書房,
　　2012, p.400.

要素について，根底となる理論を述べるとともに，具体例を紹介していきます。理論を知ることは，学校図書館担当者自身の指針がぶれないことにもつながります。

2.1 個を尊重した配慮

（1）クライアント中心主義

　「人間はみずからの基本的潜在能力を最大限に発展させようと努める存在」として相手を尊重し共感的に理解するロジャースのクライアント中心主義があります[17]。

　クライアント中心主義とは，カウンセラーが，クライアントを一人の人間として無条件に尊重し，肯定的な関心を示し続けるなかで，クライアントのすべてをありのままに認め受け入れようとする姿勢です[18]。学校司書も，教科を担当する教員とは異なる立場から，児童生徒を「そのまま受けとめる」ことが研究により確認されています[19]。児童生徒が，学校図書館の利用を始めた頃は学校司書との間では本についての興味や話題が主に出されます。しかし，児童生徒と学校司書の互いのコミュニケーションや信頼関係が深まるにつれて，児童生徒は自分自身の内面をあらたまった相談という形ではなく，「つぶやき」という形で学校司書に出してくることがあります。

　筆者も，中学校図書館である生徒から「どうしてぼく生まれてきちゃったのかな」といった「つぶやき」を聞いたことがありました。そのような「つぶやき」は，他者があまりいない場合か，もしくは逆に他者がとても多く，何を話しても他者には聞かれない場面に出されています[20]。そのようなときに，ただ，本人の伝えたいことを，学校司書が「そうか」とうなずくだけでも，児童生徒にとっては気持ちが違ってくるのではないでしょうか。養護教諭やスクールカウンセラーは，学校司書を「もうひとりの相談相手」と評価しています[21]。

（2）「質問を尊重する」と「質問者を尊重する」

　学校図書館では，調べ学習での対応，レファレンスサービス，読書相談といったカウンターでの対応など児童生徒と接します。その際，上記のクライアント中心主義にもとづいて，「質問を尊重する」と「質問者を尊重する」ことに留意します[22]。

17　佐治守夫ほか『カウンセリングを学ぶ：理論・体験・実習』東京大学出版会，1996，p.1-61.
18　氏原寛ほか編『カウンセリング辞典』ミネルヴァ書房，1999.
19　松戸宏予「特別な教育的ニーズをもつ児童生徒に関わる学校職員の図書館に対する認識の変化のプロセス：修正版グラウンデッド・セオリー・アプローチによる分析を通して」『日本図書館情報学会誌』54（2），2008.7，p.97-116.
20　前掲注 19 参照。
21　前掲注 19 参照。

① 質問を尊重する

　児童生徒が質問をしてきたら，注意深く聞き，内容を確認します。特に，知的障害や発達障害の1つである学習障害（Learning Disability；以下 LD）の児童生徒には「質問を尊重する」ことを留意してください。質問を尊重することで，問いを明らかにし，利用者を励ますことができるからです。

　なお，混乱させないために，一度にたくさんの情報を与えないように心がけます。一度に1つの情報を与えて，彼らがそれをあせらず少しずつ段階を踏んで把握できるようにするためです。つまり，何か話をするときには一度に1つの話題にとどめることが大切です。

② 質問者を尊重する

　学校司書は，児童生徒からの質問を聞くときには，興味を持って対します。そして，児童生徒に，わからないことは，恥ずかしいことではないと伝えます。何がわからないかを本人に確認させていくことが，本人自身も「何が分かって，何が分からないか」を客観視できるメタ認知（本章 2.2（1）参照）につながります。

　なお，質問以前の段階として，探究学習で児童生徒が1人でポツンとしている場合を見かけたら，学校司書から声をかけてみましょう。どんな場面で行き詰っているのかを尋ねてみることから特別支援は始まります。

2.2 学習スキルの手だて

　学習スキルとは個々の学習活動の基礎となる技能です[23]。児童生徒が学校を卒業した後も，生涯学習者として情報リテラシーを身につけ，公共図書館を躊躇せずに利用できるようになるためには，必要最低限の学習スキルが必要です。

　学校図書館における学習スキルでは，情報探索の手順，索引の使いかた，事典の使い方，インターネットの検索方法，PC の入力方法，そして，レファレンスサービスの活用が挙げられます。これらの学習スキルの必要性について，メタ認知と行動修正の観点から説明します。

（1）メタ認知とは

　見る・聞く・書く・話す・理解する・覚える・考えることは個々の認知活動です。そし

22　Hansen, Eileen. 7 Ways to Help Mentally Disabled Students.　School Library Journal. 41（11），1995, p.27–29.　Walling, Linda Lucas & Karrenbrock, Marilyn H. Planning services for Children with disabilities. *Disabilities, Children, and libraries*. 1992, Libraries Unlimited.

23　國分康孝監修『現代カウンセリング事典』金子書房，2001, p.440.

て，メタ認知とは，「自己の認知活動（知覚，情動，記憶，思考など）を客観的に捉え評価した上で制御すること」[24]を指します。例えば，児童生徒が，メタ認知の考え方を身につけるようになると，1つの見方ではなく，さまざまな見方ができます。そして，全体を見渡したうえで，客観的に（総合的に）状況判断して，方略を立てることができます。具体的には，英語の学習の際に，1ページの英文を覚えられない。原因は何か。その原因を解決するにはどうしたらよいかと自分で考えられることです。

　学習に際しては，児童生徒が見通しを持って学び，自分が何を行っているのかを認識させること（モニタリング）が大事です。モニタリングには，問題解決の手順表やワークシートなどが役立ちます。探究学習では，パスファインダー（付録参照）も役立ちます。

　問題解決の手順を生徒に伝える際には，①今，自分（児童生徒）は何をやるのか見通しをもたせること，②見通しをもたせるための写真・イラストで表した手順を示すこと，③児童生徒自身が今どの状態にいるのかを確認できる工程表を作成することが大切です。図書館内の壁に問題解決の手順表を掲示しても良いでしょう。学習の見通しを持たせることができると，特別なニーズのある児童生徒のみならず，どの児童生徒にとっても彼らが探している情報に主体的にアクセスできるようになります。

　パスファインダーは，何を学習するのか，どのような情報資源を利用できるのか，キーワードを具体的に示したものが有効です。

　見通しを持たせた学習支援として，次の2つの事例を紹介します。

① 探究学習支援

　児島陽子（鳥取大学附属特別支援学校前司書教諭）と入川加代子（鳥取大学附属特別支援学校司書）は，担任と相談しながら，パスファインダーやリライト資料を作成していました。

　例えば，中学部の「レッツ鳥取じまん〜因州和紙の巻〜」の探究学習では，因州和紙で作られている製品調べを行う際に，生徒が知りたい情報資源に自らアクセスできるように，キーワードや検索ワード，資料名のタイトル等を入れて，パスファインダーを作成していました（図10-2）[25]。また，探究学習を行う時に，調べ学習の手順やデジタルカメラの使い方等の手順表やワークシートを作成しました。併せて，学校司書が窓口となり相互貸借制度を利用して，公共図書館から生徒に適した写真や絵を含む資料を取り寄せていました。

24　中山遼平，四本裕子「メタ認知」『脳科学辞典』DOI：10.14931/bsd.2412　（https://bsd.neuroinf.jp/wiki/）.

25　松戸宏予「視覚化した支援と連携：特別なニーズをもつ児童生徒の個々のニーズを把握して」『図書館雑誌』109（11），2015.11，p.704-707．　なお，図は児島・入川が作成した資料を編集委員が加工した。

その効果として，生徒は見通しをもって学習できました。

② 「図書の時間」のメニュー表

　自閉症の児童に行動の見通しを持たせるため，栗山佳織（元浦安市立明海小学校司書）は「図書の時間」の流れを示したプログラム「今日のメニュー」を掲示していました。

　「今日のメニュー」では，児童の活動内容をステップ化したものを，「返す」「読み聞かせ」「好きな本を探す」「席について読書」「本並べ」というカードにします。そのカードを図書の時間の進行順にホワイトボードに貼り，それぞれのカードの隣に予

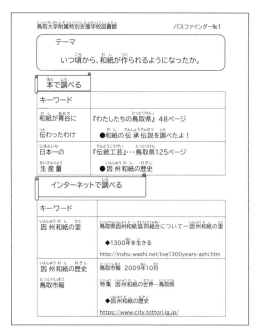

図10-2　パスファインダー

定時間を記入しておきます。自閉症の児童生徒に対しては，視覚に訴えた方が伝わりやすいからです。栗山は，カードの効果として，①メニュー表（基本スケジュール）を通して図書の時間の流れが理解しやすいことから，理解の遅い児童だけでなく，どの児童にも見通しが持てること，②メニュー表をもとにプログラムを検討するなど学級担任との図書の時間の打ち合わせが容易になったことを挙げています[26]。

（2）行動修正とは

　児童生徒が学習を行う際に，特別支援教育では行動修正という技法が取り入れられています。児童生徒に合わせ課題を細かく段階的に提示していること，児童生徒がそれぞれの課題をうまく乗り越えたときしっかりほめていること，児童生徒がそうしたやり方を喜んで受けいれている指導技法です[27]。

　探究学習を行っている場合，段階ごとに小目標を立て，特別な教育的ニーズのある児童生徒が小目標に向かう過程において，授業担当者，学校司書，司書教諭が励まし，児童生徒が小目標に到達したら，その都度，ほめる。そして，次の段階の小目標に向かわせることは，児童生徒の自己効力感にもつながります。

26　前掲注16参照。
27　上野一彦「行動修正は指導の基本」『LD（学習障害）とADHD（注意欠陥多動性障害）』講談社，2003，p.138-142.

　黒川千恵子（船橋市立若松小学校司書）は，児童が調べている最中に，「出来たら見せて」と児童に励ましの言葉をかけています。この背景には，学校司書が学校教育に携わる者としての視点があります。児童が課題を中途半端に取り組ませたくない，児童が課題をやり遂げることで，達成感を得てほしいことが，学校司書の声かけとして表出されるのです。実際に課題を最後までやり遂げられるように声かけすることによって，児童の学習する意欲を引き出していました[28]。

　LD 児の場合，二次障害として，自分に自信が持てずに無気力になりがちな傾向が出てきます。児童生徒の自己効力感を育てるうえで，学校司書が彼ら彼女らの適性を見ながら，図書委員やボランティアとして本を整理する，ブックカバーをかけるなどの役割を与えてみましょう。そして，彼らが作業を行っている間に前述した声かけや，一定の仕事をやりとげた際に，必ずほめることで，「自分にもやればできる」という自信につながります。このような児童生徒の社会性を育てる教育的な支援が可能です。

2.3　内容を理解するためのニーズに即した資料提供

　LD 児の場合は，中枢神経系になんらかの機能障害があると推定されているため，①音声言語のみの指示がわかりにくい聴覚に問題があるタイプ，②よく似た字を読みまちがえる，行を飛ばし読みなどする視知覚に問題があるタイプ，③注意集中力や短期記憶が苦手なタイプなどの3つに大別できます[29]。

　また，自閉症の児童生徒の場合，こだわりから1つのトピック（例：車，昆虫，魚）のみの資料を読む傾向もあります。では児童生徒が資料の内容を理解していくために，どのような配慮をしたら良いでしょうか。

（1）理解しやすい傾向にある資料の特徴

　特別な教育的ニーズの有無に関わらず，「何かおもしろい本ない？」という質問は，学校図書館でよく聞かれます。図 10-3 は，特別な教育的ニーズの児童生徒が理解しやすい傾向にある資料の特徴をまとめたものです。

　田沼恵美子（元東京学芸大学附属特別支援学校司書）は，プール開きの日に合わせて，絵本『およぐ』[30]を小学部と中学部の図書館に展示しました。すると，中学部の生徒がその絵本に興味を持ったので読み聞かせを行いました。生徒に読み聞かせると，生徒は，途中

28　前掲注 16 参照。
29　尾崎・草野らは学習障害児にみられる行動特徴として，聴覚認知，短期記憶，視知覚，空間認知，社会的知覚，身体知覚に困難があることを述べている（尾崎洋一郎，草野和子，中村敦，池田英俊『学習障害（LD）及びその周辺の子どもたち：特性に対する対応を考える』同成社，2000，p.66.）。
30　なかのひろたか『およぐ』福音館書店，1981，p.28.

（1）　抽象的な内容よりは，主人公が具体的にどう動いているかが明確なもの。
（2）　テーマは本人が体験している「家族」「学校」「友達」など身近なもの。
（3）　文章による読み取りを具体的な挿絵で補えるもの。
（4）　自分の気に入っているもの，興味あるもの。
（5）　1つのテーマが見開き2ページで，内容がまとめられているもの。
＊読み取りが難しいものは，ジャンルがファンタジーで，空想的な要素が入っているもの。

図 10-3　理解しやすい傾向にある資料の特徴

（出典：松戸宏予「特別な教育的ニーズのある生徒への学校図書館支援：読みが苦手な生徒への資料提供の場合」『読書科学』50（1），2006, p.31-40.）

の洗面器に顔を付けるところを手でおさえ，ページを繰るのを止めました。学校司書は，そこで何度も何度も「ブクブクパッ　ブクブクパッ」と読むと，その男子生徒は発語が難しいのですが，「ブッ，ブッ，」という口の形をして，顔を真っ赤にしてくりかえし「ブ」という声を出したのです。その日の生徒のプール体験と絵本が結びついたのです[31]。

（2）　リライト資料と手作り資料

　リライト資料とは一般資料や新聞記事の読み取りが難しい場合，理解が得られるように内容を分かりやすく書き直した市販の資料（ジュニア版など）です。市販化されていない場合は，手作り資料で提供することもあります。

　自閉症の特性の1つに，特別な興味関心というこだわりがあります。そのこだわりが解消されると，また別の興味へと関心が移る傾向があります。児童は，今，特定の資料が欲しいのであり，注文していたのでは要求時期に間に合いません。そのため，栗山佳織（元浦安市立明海小学校司書）はアスペルガーの児童のニーズに応えるため，手作り資料を作成しました。

　この児童の場合は，千葉県浦安市内を走る「東京ベイシティバス」が載っている本にこだわりがありました。そして，図書の時間の度に，児童は「東京ベイシティバス」が載っている本はないか，学校司書に尋ねていました。しかし，「東京ベイシティバス」の写真が出ている図鑑や本はありません。そのため，学校司書は，バスの外見のほかに，中のフロアサイドから見た運転手席など，さまざまな角度から写真を撮りました。さらに，児童が使う停留所の写真及び「東京ベイシティ全線路線図」や，バスカードを1冊のクリアーファイルにまとめ，児童に貸出ができるような形にしました[32]。そして，児童は学校図書館を毎日利用するようになりました。

31　田沼恵美子「読むことは世界に開かれた窓」『学図研ニュース』396, 2019.2, p.6-7.
32　前掲注16参照。

（3）プリントディスアビリティに対する個のニーズに応じたメディアの活用

　プリントディスアビリティとは「印刷物を読むことが困難な人々」(persons with print disabilities) を指します。肢体不自由等を含め，障害によって書籍を読むことが困難な者が広く対象となります[33]。本稿では，日本語を母語としない児童生徒も含みます。以下，プリントディスアビリティの児童生徒が利用できる主なメディアを紹介します。

① 情報資源としてのメディア

　情報資源（学校図書館で取り扱われる資料）としての主なメディアに，マルチメディア DAISY 図書，DVD 教材・デジタル資料，布の絵本，LL ブックがあります。

◆マルチメディアDAISY図書　マルチメディア DAISY (Multimedia Digital Accessible Information System) 図書とは，国際標準化されたデジタル録音図書です。特徴として，①音声にテキスト，画像をシンクロ（同調）させること，②音声が出ている箇所を自動的にハイライトで表示すること，③フォントサイズ，音量，読みの速度が調整可能なことが挙げられます。マルチメディア DAISY 図書は文章の内容理解に効果があります[34]。プリントディスアビリティの児童生徒にとって，読書の動機づけや文字を読む前の内容理解が得やすいです。

　なお，著作権法第 37 条 3 項，37 条の 2（視覚障害者等のための複製等）により，2010年から学校図書館においても教科書や一般図書を DAISY 図書に複製製作できるようになりました[35]。また，マルチメディア DAISY 教科書入手について，学校図書館からも（公財）日本障害者リハビリテーション協会に申請し登録したうえで，入手が可能です[36]

◆ DVD 教材・デジタル資料　DVD 教材やデジタル資料も，プリントディスアビリティの児童生徒にとって便利なツールです。活字資料をテキストあるいは PDF に変換したデジタル資料は，PC やタブレットにある読み上げ機能を利用すれば，音声を通して，資料に書かれている部分が読み上げられるため，内容の理解が得られやすいのです。英語の教科書に付随した DVD 教材は，単語の発音や音読の反復練習が可能なため，自然に英文を覚えられます。

33　文化庁「著作権法の一部を改正する法律（平成 30 年法律第 30 号）について」(https://www.bunka.go.jp/seisaku/chosakuken/hokaisei/h30_hokaisei/).

34　児島陽子・入川加代子「知的な遅れがある子どもたちにも読書の楽しさを！：学校図書館オリエンテーションでの活用を通して」(https://www.itc-zaidan.or.jp/pdf/ebook/waiwai_katsuyou2_066_073.pdf).

35　マルチメディア DAISY の入手に関した情報は（公財）日本障害者リハビリテーション協会で得られる。

36　申請書類は，（公財）日本障害者リハビリテーション協会のサイトからダウンロードできる。2019 年度は 34 学校図書館が利用。（公財）日本障害者リハビリテーション協会「マルチメディアデイジー教科書」(https://www.dinf.ne.jp/doc/daisy/book/daisytext.html).

　なお，一般図書をデジタルに加工した資料の場合，国立国会図書館の視覚障害者等用データ送信サービスを利用することも可能です。視覚障害者等用データ送信サービスに学校図書館として登録した場合，国立国会図書館が製作した学術文献録音図書 DAISY データ等と，他の図書館等が製作し国立国会図書館が収集した視覚障害者等用データ（音声 DAISY データ，点字データ等）を，インターネット経由で送信してもらえるサービスです[37]。

◆点字資料　　　点字は視覚障害者などが，活字情報の入手や発信の手段として用います。点字はたて 3 点，よこ 2 点の 6 つの点の組み合わせ（63 通り）による音標文字です。それぞれが 50 音や数字，アルファベット，記号を表します。「サピエ」というサイトでは，全国の点字図書館が製作した点字データやデイジーデータを会員（加盟施設・団体・個人）に配信しています[38]。

◆布の絵本　　　布の絵本は，フェルト・ひも・スナップ・吸着テープ・ボタンなどを用いており，遊具や教具の機能が備わっています。内容も物語のほか，数遊び，昆虫，動物などさまざまなトピックが扱われています。例えば，布の「絵」にあるボタンはめ，ひも結び，ファスナーかけ，スナップどめ，数を数えることを通して，手指の作動能力・言語能力・数の概念・集中力を養っていきます[39]。知的障害，肢体障害や認知障害のある児童生徒が利用できます。

◆触る絵本　　　視覚障害児向けに触素材をページに貼り付けるなどして絵を構成し，絵を触って分かるようにしたものです。絵本として楽しめること以外にも，触察の仕方の向上や点字学習の促進，触覚的なイメージを豊かにし，想像力を伸ばしていくことにも役立ちます[40]。

◆ LL ブック　　　LL ブックとは，スウェーデン語の「Lättläst」（英語では easy to read）の略で，「やさしく読みやすい本」を指します[41]。プリントディスアビリティの児童生徒が生活経験や生活年齢に合った内容を理解するため，LL ブックでは，絵記号（ピクトグラム），イラスト，写真，わかりやすく書かれた文章などを用いて作られています[42]。

◆**教具系メディア**　　　教育の方法または手段として使われる具体的な道具を「教具資料」

37　国立国会図書館「視覚障害者等用データ送信サービス」(https://www.ndl.go.jp/jp/library/supportvisual/supportvisual-10.html)．　学校図書館として登録可能。
38　サピエ「サピエとは」(https://www.sapie.or.jp/sapie.shtml)．
39　東京布の絵本連絡会『布の絵本からのメッセージ』東京布の絵本の連絡会，1996，p.87.
40　金子健・菅井裕行「視覚障害児のための触る絵本の作製と活用および普及についての研究」(https://www.nise.go.jp/kenshuka/josa/kankobutsu/pub_f/F-104/EHON/index.html)．
41　藤澤和子・服部敦司編著『LL ブックを届ける：やさしく読める本を知的障害・自閉症のある読者へ』読書工房，2009．p.327.
42　前掲注 41 参照。

と呼びます[43]。例えば，オセロ，すごろく，カルタ，トランプ，ケン玉，パズルなどが挙げられます。教具資料を用いると，特に自閉症を含めた児童生徒のコミュニケーションスキル，集中力，攻略法を考える発想，社会性が養われ，ルールを覚えられます[44]。

② 読みやすさへの配慮

　読みやすさへの配慮として，リーディングトラッカー，ふりがな，文字の書体とフォント数などを取り上げます。

◆リーディングトラッカー[45]（読書補助具）　　定規の真ん中の薄い透明な色の部分を，読みたい文章の行に当てて，文章を読んでいきます。行の読みとばしを防ぎ，読む箇所に集中できるといった効果があります。

◆ふりがな　　土田由紀（滋賀県立大津清陵高等学校司書）は，プリントディスアビリティの児童生徒への配慮として，文章にふりがなを振る際に数字やローマ字にもふりがなをつけることを提案しています[47]。数字やローマ字の意味は理解しても，読み方が分からないというのが理由です。

◆文字のフォント（書体）とフォント数（サイズ）　　活字資料の場合，プリントディスアビ

リティにとって，明朝体では線が細くて文字を認識しづらい，特に，はねやはらいといった部分が気になってしまうことが報告されています[48]。このため，読みやすくまちがえにくい書体として作られたユニバーサルデザインフォント（Universal Design 以下，UD 体）があります。なお，UD 体を使う場合，特にメイリオは行間が広くて読みやすいです。しかし，図書館便りなどには字間や行間に紙面のスペース

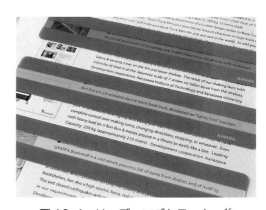

図 10-4　リーディングトラッカー[46]

43　久里浜の教育同人会編『障害をもつ子どもの教材・教具：その作成と活用』教育出版，1979. p.103.

44　Walling, Linda Lucas & Karrenbrock, Marilyn H. Tangibles: materials that use the tactile/Kinesthetic mode. *Disabilities, children, and libraries.* Libraries Unlimited, 1992, p.175-194.

45　リーディングトラッカーの呼び方には，ほかにも「リーデングスリット」「リーデングハイライトストライプス」「タイポスコープ」などがある。本章では，「リーディングトラッカー」に統一している。

46　キハラ株式会社「KIHARA READING TRACKER」（https://www.kihara-lib.co.jp/wp-content/uploads/2019/07/Loupe-and-tracker.pdf）.

47　土田由紀「「困り感」への対応についての実践報告」『学図研ニュース』396，2019.2，p.8-12.

48　2018 Office Tsutawaru「伝わるデザイン」（https://tsutawarudesign.com/universal2.html）.

が：とられるため，土田由紀は試行錯誤のうえ，プリントディスアビリティの児童生徒に
も読みやすさを確認したうえで，書体を主に丸ゴシック，フォント数12ポイントを採用
しています[49]。

◆ローマ字変換表　　PC入力する際に，クリアケースに入れたローマ字変換表を用意し
ておくと，児童生徒はローマ字入力をするときに躊躇せずにすみます。これらのメディア
については，日ごろの児童生徒のニーズを観察して対応することが必要でしょう。また，
連携という視点から，教員にメディアの情報提供を行います。例として，図書予算で購入
できる場合は，英語のテキスト教材DVDが図書館に用意されていることを英語担当教員
に伝え，担当教員からも授業を通して，児童生徒全員に周知してもらいます。

② アプリの活用や情報提供

　東京都障害者IT地域支援センターでは，「iPhone, iPad用・障害のある人に便利なア
プリ一覧」[50]が紹介されています。前述の2.3.（3）とも重複しますが，これらの情報を該
当の児童生徒や教員，保護者に伝えることは，間接支援として有効です。

　鳥取大学附属特別支援学校図書館では，児童生徒が主体的に情報資源にアクセスできる
ように伊藤忠記念財団から寄贈されたマルチメディアDAISY図書コーナーを含めた資料
整備を行っています。NDC項目と書架の見出しには，イラストやルビがつけられていま
す（図10-5）。また，マルチメディア
DAISY図書を一作品ずつ分割して目録デー
タを作成し，児童生徒が主体的に選べる
ように工夫しています[51]。

（4）資料提供の意義

　庄山美喜子（元熊本県立松葉養護学校司
書），田沼恵美子は，児童生徒はもちろん，
保護者・教職員に向けた貸出も行っていま
す[52,53]。特別支援学校の資料収集では特別
支援のセンター校として，専門書を地域に

図10-5　マルチメディアDAISY図書コーナー

49　前掲注47参照。

50　東京都障害者IT地域支援センター「iPhone, iPad用・障害のある人に便利なアプリ一覧」（https://www.
　　tokyo-itcenter.com/700link/sm-iphon4.html#iphone-10-00700）.

51　児島陽子「学校図書館における合理的配慮：障害者差別解消法に向けて」『学図研ニュース』359, 2016.1,
　　p.7-9.

52　庄山美喜子「本を楽しむ子どもたち：特別支援学校の場合」『がくと』25, 2010, p.16-27.

貸出すため，障害に関する専門書も必要となり，公共図書館や近隣校図書館との相互貸借制度を活用しています[54]。

　また，土田由紀（学校司書）は障害・病気・LGBT に関連して緩和，対応，法規や支援，性や家族など幅広いジャンルでコミックも含めて収集しています。排架の際には，収集した資料をカテゴリーごとに差し込み板を書架につけています。そして，障害や病気に関するコーナー，LGBT・性・家族に関するコーナーの展示を設けています。

　この実践から，資料の貸出を通して教職員は主に教材研究を目的として資料を用いていることが分かってきました。例えば，障害理解教育を目的とした授業の教材資料です。また，保護者は子どもと一緒の活動を行えていることも明らかになりました。保護者と子どもの一緒の活動を通して，保護者は児童生徒が「読むこと」「調べること」「実際に体験すること」に自然と興味を持つようになることを望んでいます。例えば，絵本を読む，読み聞かせを行う，調べ物を行う，料理を作るなどです。このため，保護者が借りた資料の主なジャンルは，絵本，百科事典，図鑑，写真の多い資料，料理でした。また，保護者は障害関連の資料を通して情報を収集できることも分かりました[55]。

　カテゴリーごとに書架に差し込み板をつけた排架法やコーナー展示を通して，利用者の知りたい情報のみならず，特別な教育的ニーズがある児童生徒を理解するための啓発資料を提供できることをこの実践は物語っています。

2.4 環境整備の工夫・可視化

　学校図書館の環境の整備工夫では，児童生徒が必要とするメディアに主体的にアクセスできることが課題となります。このため，アクセシビリティの保障のための資料の組織化として，図書館マップ，書架見出し，分類記号の表示の仕方について，可視化することがポイントとなります。

　例えば，NDC には「3 類 社会科学」など抽象的な語彙が出てきます。できるだけ，具体的な語句を用い，その語句を示すシンボルであるピクトグラム（図 10-6，第 5 章 4.2 参照）やイラストで児童生徒がイメージできることが必要です。他に，情報資源がどこにあるのかをわかりやすく示す方法に，例えば，動物関係の資料であれば，その書架棚のうえに動物のマスコットを置く例（図 10-7）もあります。図 10-9 は，資料の組織化を進めるうえで可視化するための要点をまとめたものです。

53　田沼恵美子「第 12 章特別支援学校」『学校司書の役割と活動：学校図書館の活性化の視点から』学文社，2017, p.227-237.
54　前掲注 52 参照。
55　前掲注 47 参照。

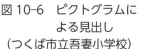

図 10-6　ピクトグラムに　　　図 10-7　マスコット　　　図 10-8　請求記号ラベルのうえに,
　　　　　による見出し　　　　　　　　　による分類　　　　　　　　　主題のシンボルラベル
（つくば市立吾妻小学校）　　　　　のシンボル　　　　　　　　　　（中山美由紀撮影）

●図書館マップと書架の枠のマッチング
・図書館マップにおける分類（主題ごとに）の色を分け，書架の枠も同じ色テープで合わせる。
●書架見出しの背景色
・書架見出しで扱う主題，あるいは著者名の文字色が黒の場合，背景色としてクリーム，あるいは，ラベンダー色を用いる。ただし，背景色は個人によって差がある。
●請求記号ラベルの可視化
・背表紙に貼付されている請求記号の見方についての説明を，図で示し，説明も具体的な言葉を用いる。その説明図は，誰もが見える場所（カウンター周辺，壁）に掲示する。
・さらに，請求記号ラベルの上に，主題を示したピクトグラム（シンボルマーク）のラベルを貼付する（図 10-8）。
●分類記号のシンボルマーク
・分類記号を表示するうえで，ピクトグラム，写真，あるいは，マスコット（例：特に人気のある主題，動物なら，動物のマスコット）を提示して，どのような主題の資料が集まっているかを提示する（図 10-6, 7）。

図 10-9　資料の組織化を進める上で可視化するための要点

　なお，環境整備の工夫は，一度にできるものではありません。日常業務の見直しとして，継続的に，年度ごとにテーマを決めて，心がけながら改善していくと，児童生徒への対応も含めて，知らず知らずのうちに特別支援の実践につながっていくのです。そして，どの児童生徒にとっても情報資源にアクセスしやすくなり，学校図書館のサービスの質全体を高めることになります[56]。

3. チーム援助の観点

　特別支援を進めるうえで，学校司書や司書教諭にどのようなことが求められるでしょうか。また，子どもたちに関わる学校の教職員はどのような役割を果たすのでしょうか。

3.1　学校図書館サービスの専門家として求められること

　まず，学校図書館サービスを専門とする学校司書と司書教諭どちらにも言えることは，児童生徒の障害特性や発達段階を把握することが基礎的要件であるということです。その上で，学校司書と司書教諭，それぞれに求められることをまとめると次のようになります。

（1）学校司書

　学校司書は図書館にある情報資源と児童生徒のニーズ（知りたい情報，資料への要求）をつなぎます。つまり，情報資源に関する専門性と，個々の児童生徒のニーズを見極めての対応が求められます。そして，司書教諭とともに学校図書館の専門的職種として，児童生徒の特性を踏まえて，学校図書館を活用した授業の提案ができることが求められます。

　また，学校司書は資料の専門家という観点から，教科学習などで，教員のチームティーチングのパートナーとして，児童生徒が自身で問題解決できるように個別対応の支援ができます。図書館利用案内のみならず，探究学習などで迷っている児童生徒への対応などです。

　さらに，学校司書は教室とは異なる「素」の児童生徒を見ています。つまり，学校図書館に来館する児童生徒の様子を把握できるのです。青木和子（狛江市立第三小学校学校司書）は，児童の様子から個別の配慮が必要ではないかと学級担任を含めた教職員につなげた結果，その児童が適切な教育的な配慮の機会が得られたことを報告しています[57]。次の3.2でも述べますが，チーム援助の観点で潜在的な発達障害，虐待，LGBT など個別の配慮を必要とする児童生徒について，学校司書から学校教職員へつなげることは間接支援となります。

（2）司書教諭

　教職員へ学校図書館の機能や学校司書の役割を理解してもらうため，学校教育のなかに学校図書館を位置づける手立てを講じます。また，図書館整備を行うため，学校司書とともに管理職に相談交渉ができます。例えば，学校図書館を学校教育に位置づけるために，

56　前掲注 22 参照。
57　青木和子「活字の読みにくい子どもたちのために」『図書館雑誌』112（12），2018.12, p.806-807.

実際に学校図書館を活用した授業を担当者と一緒に行い，１年間の貸出冊数やレファレンスサービスの質問受付件数等の実績データを年度末の職員会議で報告する等して，学校図書館や学校司書の重要さを他の教職員へアピールすることが求められます。

3.2 チーム援助の観点

　特別支援は「個々のニーズに応じた配慮や工夫」であり，特別なことを行うという意味ではありません。ただし，学校司書１人，司書教諭１人の単独支援では限界があります。現在，児童生徒を支えるスタッフには学級担任，授業担当者，管理職，事務職員のほか，特別支援教育コーディネーター，養護教諭，栄養教諭，学校栄養職員，学校用務員，スクールカウンセラー，スクールソーシャルワーカー，地域ボランティア，そして公共図書館職員が関わります。児童生徒を支える関係者それぞれが「援助資源」です[58]。そして，〈援助者が共通の目標をもって，役割分担しながら児童生徒の援助にあたる〉[59] チーム援助という観点で，各援助者との連携を踏まえた上で，日常業務のなかに特別支援の発想を取り入れていくことが必要でしょう。

　例えば，布の絵本製作では，家庭科担当との間で，保育の単元で連携が可能です。また，LLブックの場合，美術科担当やボランティア団体と連携が可能かもしれません。あるいは，公共図書館の障害サービス担当に相談すれば，布の絵本，LL ブック，マルチメディア DAISY，デジタル資料の借受も可能です[60]。各担当者それぞれが「援助資源」という観点で児童生徒に支援していくことが求められます。

まとめ

　学校図書館に来館する児童生徒一人ひとりのニーズは異なります。本稿では「障害」という語句を用いましたが，目に見える障害のみならず，目に見えない何らかの困難さを抱える児童生徒に対しても支援は必要です。

　3. で述べたように，チーム援助の観点で学校司書も意識をもって，児童生徒に声かけから始めてみませんか。声かけを通して，児童生徒と関わりが持て，少しずつ彼らのニーズへの理解を深めていきます。また，一例として，障害理解に関する資料の展示コーナーの設置は，学校に在籍するすべての児童生徒が互いを理解するきっかけともなります。インクルージョンは互いを知ることから始まります。（松戸宏予）

58　石隈利紀『学校心理学：教師・スクールカウンセラー・保護者のチームによる心理教育的援助サービス』誠信書房，1999, p.151, p.261.
59　前掲注 58 参照。
60　市町村の公共図書館に資料がない場合，ネットワークを活用して都道府県立図書館の障害サービス担当へ相談が可能。

第11章　学校図書館の広報活動・渉外活動

📖児童生徒・教職員でにぎわっている学校図書館ほど，広報活動に力を入れ，常に新しい情報を発信しています。広報活動を活性化させることは，利用者への情報提供につながるとともに，本や読書に興味・関心がない利用者を学校図書館に呼び込む手立てとなります。

📖また，学校図書館は，渉外活動を通じて地域の人々とつながることで，児童生徒の成長を促すとともに，地域の読書環境の進展にもかかわることができます。

📖この章では，利用者にとって役に立つ広報活動，学校図書館の活動を豊かにする渉外活動について考えていきましょう。

1. 広報活動のねらいと方法

1.1 広報活動のねらい

　学校図書館は公共図書館と違い，限定した利用者をサービス対象とする図書館です。利用者は休み時間などに気軽に立ち寄り，読みたい本を探すことができます。また，学校図書館は授業でも利用されます。児童生徒の調べ学習での利用はもちろん，教職員も教材研究や，児童生徒の指導・支援に必要な資料を探しに来ます。学校図書館に行けば必要な資料や情報が得られるという信頼関係を，利用者である児童生徒・教職員と作っていくことが大切です。

　利用者との信頼関係を作るためには，学校図書館が利用者にとって役に立つ情報を，常に掴んでおかなくてはなりません。そして，その情報を発信するために重要になってくるのが広報活動です。情報を入手し，提供したいと考えたら，どんな媒体でどんなタイミングで提供することが有益なのかをしっかりと考え，広報していきましょう。たとえば，書架にサインをつけたり，コーナーのレイアウトを変えたりしたことをおたよりを使って広報すれば，児童生徒は興味を持って図書館に足を運んでくれます。

　また，学校図書館や図書委員会の活動，新しく入った本の情報など，児童生徒の視野を広げる情報を発信することで，読書や学習の支援をするとともに，学校図書館の活動を理解してもらうことができます。

1.2 広報活動の方法

　広報と言えば，「学校図書館だより」などの紙媒体のものが一般的ですが，インターネ

ットの普及により，情報発信の仕方がかわってきました。広報の種類としては，
- 紙媒体の広報：①学校図書館だより・新着図書案内，②図書館報，③ポスター
- インターネット利用の情報発信
- 放送・映像による広報活動

があげられます。また，学校行事や授業支援にあわせた広報活動，児童生徒以外への広報
活動をしていくことも，とても大切です。

2. 広報活動の実際

2.1 紙媒体を利用した情報発信

（1）「学校図書館だより」の作り方

広報活動の中でよく行われるのが「学校図書館だより」の作成です。ここでは，「学校図
書館だより」の作り方を具体的に見ていきましょう。

①「学校図書館だより」で大切なこと

◆定期的に発行すること　　「学校図書館だより」は定期的に発行することが大切です。
月１回の定期発行をしている学校図書館も多いようですが，新着図書を紹介する新着図書
案内と一体化している場合で本の購入冊数が多い学校などは，もっと頻繁に発行している
場合もあります。

筆者が勤務する埼玉県立浦和第一女子高校図書館（以下，浦和一女）の場合，学校司書
が「らいぶらりー」という新着図書案内を中心にした「学校図書館だより」を月２回程度
発行し，生徒図書委員が先生のおススメ本を中心にした「図書だより」という図書委員会
報を月に１回発行しています。

利用者との信頼関係を保つためには，一度決めた発行期間は必ず守り，不定期にしない
ことが必要です。そして，定期的に発行することは新鮮な情報を提供することにもつなが
ります。情報が新鮮であることは，読書や図書館利用の動機付けとなります。

◆発行前に計画すること・決めておくこと　　「学校図書館だより」を児童生徒一人ひと
りに配布すると，そのおたよりは保護者の手にもわたります。保護者や地域の方が読む資
料は，起案し，管理職の決済を受ける必要があります。学校司書が主体となり，「学校図
書館だより」を発行するためには，「学校図書館だより」発行の目的や内容について司書教
諭や校務分掌の教員と事前に打ち合わせをし，内容を理解してもらうことが必要です。そ
のためには，どんな紙面構成にするか，発行頻度をどうするかなど，しっかりと考えて提

案をしましょう。

　事前に計画しておくこと・決めておくべきことを，ポイント別に整理すると次のように
なります。

- 勤務校の児童生徒の様子やニーズを把握する：学校の教育目標，地域の様子や，また
  高校図書館の場合，どのような進路希望が多いのかなどを把握し，生徒の進路実現に
  寄り添うための情報を入手する。
- 児童生徒や教職員のニーズにあわせ，誰のために何を目的に発行するのかを決める。
- 作成者を決める：学校司書が一人で発行するのか，司書教諭・係教諭・図書委員の児
  童生徒と協同で発行するのか。
- 配布対象を決める：児童生徒，教員の他に保護者を含めるか。
- 発行頻度・発行期間を決める：週刊・月刊など。情報が古くならないように注意。
- 大きさや形態を決める：リーフレット・パンフレット・新聞形式など。
- 手書きにするのか，PC で作成するのかを決める：PC の場合は，フォントを決める。
  ユニバーサルデザインフォント（第10章2.3参照）を採用したい。
- 紙面構成を決める：イベント案内，本の紹介，新着図書紹介など。
- 配布方法を決める：教室や廊下に掲示する方法もあるが，児童生徒一人ひとりに配布
  することが望ましい。この方法には，自宅に持ち帰り保護者といっしょにゆっくり読
  んでもらうことができ，家庭での読書の会話につながるというメリットがある。持ち
  帰った新着案内を保護者といっしょに読んだ児童生徒が，保護者のために本を借りて
  行く事例も見られる。

　なお，「学校図書館だより」に親しみをもってもらうために
は，児童生徒に「学校図書館だより」の愛称やキャラクタ
ーを募集することもお勧めです。浦和一女の学校キャラク
ターはあひるなので，図書館のキャラクターもあひるが本
を読んでいる「あひるのイッチ」です。期間を決めて生徒
からキャラクターを募集し，集まったものに投票してもら
い決定しました。

　また，児童向けに発行する場合はわかりやすい言葉遣い
をし，ひらがなを用いる，文字を大きくする，漢字を使う
場合にはルビを振るなどの配慮も必要です。

図11-1　浦和一女図書館
キャラクター
「あひるのイッチ」

②「学校図書館だより」の内容

　「学校図書館だより」には，紙名（タイトル），発行日，発行者，発行回（○年○月号）

を，毎回必ず記載しましょう。

　本文には次のような項目を記載します。

- 図書館からのお知らせ：蔵書点検の告知やプレゼント企画のお知らせなど。
- 新着図書の紹介：タイトル・著者名などの基本情報の他に，書影を載せたり，あらすじ・概要を載せたりして，読んでもらえるような工夫をすることが大切。
- 「おすすめの本」の紹介：学校司書，児童生徒，教員などが新着図書などの中から「おすすめの本」として本を選び，その内容がわかる紹介文を書く。オンライン書店の紹介文をそのままコピーするのではなく，自分自身の言葉で本の紹介を掲載することは，どんな本を読んだらよいかわからない児童生徒の興味関心を刺激することにつながる。
- イベント紹介：図書館や図書委員会主催のイベントの告知。
- 季節の情報：クリスマスやバレンタインデーなどの由来紹介，企画展示の案内など。
- 授業関連の情報：授業関連の本の別置情報など。
- 児童生徒や教職員から掲載を依頼された情報：POP コンテストの投票呼びかけなど。
- その他のお知らせ：地域の公共図書館や博物館，美術館などの類縁機関からのお知らせや情報，出版社や書店などのコンテストやコンクール応募などの情報。学校図書館には，学校・地域の情報ステーションとしての役割がある。児童生徒の豊かな成長を助けるために類縁機関の情報も積極的に提供しよう。

　紙媒体で本の紹介を掲載する際には，書影は許諾なく利用できますが，ウェブサイト上の書評をコピー＆ペーストしてはいけません（第 12 章 2.2 参照）。出版社や書店の紹介文を引用したい場合は，引用元を明記しましょう。作成にあたっては，著作権を守ると同時に，個人のプライバシーを侵害していないかなどについて配慮します。

　たとえば，よく読まれた本のランキングを載せることは，どんな本を読んだらよいか考える際の参考になりますが，貸出が多い児童生徒の名前を載せることは必要でしょうか？読書量は人と競争するものではありませんし，冊数を知られたくない児童生徒もいます。個人情報・プライバシーの取り扱いは十分配慮して行いましょう。

　図11-2は，浦和一女図書館が発行する新着図書案内「らいぶらりー」です。表面は，その月の利用状況，イベントの告知，司書の書評などを掲載し，裏面はその週に入った本の一覧を掲載しています。

　前述の「発行前に計画すること・決めておくこと」でも紹介したように，図書館だよりの作り方は学齢によって異なり，児童向け（小学生向け）につくる場合には，文字の大きさを変える，ふりがなをつける，といった工夫が必要となります。

　図 11-3 は小学校の図書館だよりの例です。図 11-2 と比べるとわかるように，大きな文字，ふりがなといった表現上の工夫がされています。保護者向けのコンテンツが含まれ

図11-2　高校の図書館だよりの例（埼玉県立浦和第一女子高校）

ている号もあります。本書はカラーではないので，わかりにくいですが，実物はカラフル
な色使いがされており，明るく親しみやすい紙面になっています。

（2）図書館報の作り方

　学校図書館や児童生徒図書委員会が主体となって年1回，または年2回の図書館報を出
している学校もあります。図書館報は，1枚ものが多い図書館だよりとは異なり，冊子形
式になっているものが多いようです。

　図書館報には，図書館や図書委員会の活動報告，書評，特集記事などが掲載されていま
す。特集記事を設けている場合もあり，学校にかかわること，読書にかかわることなどを
テーマに選び，図書委員が関連施設を取材するケースもあります。図書館報は，広報紙で
あると同時に，図書館や図書委員会の活動記録となっています。

　図11-4に示した，浦和一女の図書館報『あひるの本棚』は，生徒図書委員が主体とな
り作成しています。2020年3月に発行された128号では，1年間の図書委員会の活動報
告のほかに，浦和一女卒業生の石井桃子さん（児童文学作家・翻訳家）を特集しました。
特集にあたって生徒図書委員が石井桃子さんにゆかりのある東京子ども図書館やさいたま
市立中央図書館を訪問し，インタビューを行いました。その内容を誌面にまとめ，掲載し
ています。

図 11-3　小学校の学校図書館だよりの例（福島県川内村立川内小学校）

◆図書館報コンクール　　神奈川県高等学校文化連盟図書専門部会では，2012 年から，毎年 11 月に「図書館報コンクール」を行っています。「図書館報」という名称になっていますが，神奈川県高等学校文化連盟図書専門部に加盟している図書委員会が制作した広報誌であれば，発行頻度や形態にかかわらず応募できます。一次審査を各学校で行った後，本審査も生徒図書委員がグループに分かれて行います。コンクールの募集要項などは「神奈川県高校文化連盟」のホームページでも一部見ることができます[1]。

（3）ポスターの作り方

　児童生徒図書委員会が主催するイベントのポスターを図書館や教室に掲示することも立派な広報活動です。

　行事やイベントの告知のためのポスターを作る時には，行事名をはっきり目立たせて書く，開催日時を明記する，定員や参加条件がある場合はわかりやすく記載することが大切

1　「神奈川県高校文化連盟」（http://www.kanabun.jp/）.

図11-4 「あひるの本棚」表紙と内容（一部抜粋）

です。廊下などにポスターを掲示する時には，事前の許可が必要かどうか確かめましょう。

　また，掲示する時にはマスキングテープを利用するなど，壁を傷つけない工夫が必要です。掲示期間が終わったら，忘れずにはがしましょう。

　元原稿や掲載期間が終わったポスターは，記録の意味も含め学校図書館で保管します。現物を保存するだけでなく，写真に撮ってデジタルで保存することもできます。

2.2 インターネットを利用した情報発信

（1）インターネット広報活動の効果

　近年，多くの学校がウェブサイトを作り，学校の情報や子どもたちの様子を発信するようになりました。学校のウェブサイトに学校図書館のページを作り，児童生徒の図書館利

用の風景や授業の様子，本の展示写真などを掲載することで，学校図書館の活動を視覚に訴えることができます。写真や動画で見ると様子がよくわかり，学校図書館がぐっと身近になります。これからは，インターネットを使った配信を積極的に考えて行きましょう。

　インターネット上では，Twitter，Facebook などの SNS の活用も盛んになりました。公共図書館や大学図書館などは SNS のアカウントを作り，広報に活用しているようです。SNS は速報性のあるコミュニケーションツールとしては有効ですが，学校の方針として児童生徒の SNS 利用を禁止している，投稿の際に管理職の承認が必要で速報性に欠けるなど，SNS の特徴を生かすことが難しいという理由から，学校図書館での活用例は少ないようです。

（2）インターネットを利用した広報活動の実際

　学校図書館の広報活動はホームページを活用して行うこともできます。学校図書館のホームページでは次のような情報発信が行われています。

- 図書館紹介：図書館の利用案内，資料収集方針，図書館年間計画，蔵書数，図書館利用状況
- 図書館の展示の様子
- 図書委員会の活動
- 新着図書・おすすめの本などの情報
- 学校図書館での学習支援の様子
- OPAC（蔵書目録）の公開

このほかにも，調べ学習・探究学習に役立つ情報源を紹介したパスファインダーやリンク集を掲載している学校図書館もあります。学校図書館のホームページはその活動を伝えるだけでなく，実際の授業に役立つコンテンツとしても活用することができます。

　広報活動に力をいれている学校図書館ホームページとしては，「関西学院中学部図書館」や「三重県立津高等学校図書館」などがありますのでぜひ参考にしてみてください[2]。

（3）インターネット利用で注意すること

　学校のウェブサイトで情報発信をする場合にも，管理職の決済が必要です。発信したい情報が決まったら，学校ごとの所定の様式・方法に従って，管理職にその掲載の可否を必ず確認するようにしましょう。

　また，児童生徒個人が特定され，悪用されることのないように，写真を使う際には，顔

2　「関西学院中学部図書館」（https://library.kgjh.jp/）.
　　「三重県立津高等学校図書館」（http://www.mie-c.ed.jp/htu/library/index.htm）.

がはっきりと顔がわかるものは使わないようにし，個人名も併記しないようにするなどの配慮も必要です。どうしても個人名を掲載したい場合は，本人はもちろんですが，管理職への確認だけでなく，保護者への了解も書面でとるようにしましょう。

　こうした，インターネットを活用するためのルールは学校全体で設けられている場合もありますが，設けられてない場合は，学校司書自身が提案して「図書館ホームページガイドライン」を作成し，目的・運営管理者・担当部署・肖像権などプライバシー保護に関しての取り決めなどを明記し，校内で共有することが大切です。

2.3　放送・映像での広報

　児童生徒の図書委員が校内放送を使って行う広報活動もあります。図書委員会からのお知らせや，本の紹介など，昼休みや朝の時間を利用します。

　仲間や先輩の声で本を紹介されることで，親近感がわき，本を読んでみたいという気持ちが生まれます。また，図書館の利用方法についてオリエンテーションビデオを作るなど，映像を使った形も広報の一つです。

2.4　その他の広報活動：学校行事や授業支援に役立つ広報活動

　読書週間でのイベントなどの読書行事，季節の行事，遠足や修学旅行などの校内行事にあわせて，広報紙を作ることも大切です。

　埼玉県立春日部女子高校では，芸術鑑賞会のしおりを「LibraryNAVI」[3] を活用して作成しています。このしおりでは，芸術鑑賞会で上演された歌舞伎の演目のあらすじなどの作品情報の他に，関連する本やエッセイ，写真集の情報などを掲載して，行事で芽生えた興味関心が学校図書館の利用につながるように工夫しています。LibraryNAVI はコンパクトな作りなので，持ち運びに便利です。この芸術鑑賞のしおりも制服のポケットに入るため，利用者に好評でした。

　他にも，LibraryNAVI で，学校図書館の利用案内を作成したり，授業や進路指導に役立つブックリストを作成したりしている事例もあります（図 11-5）。

　また，児童生徒の興味関心にあわせたパスファインダー（付録参照）などを作っておくことも大切です。そのためには，学校司書は学校の年間計画（行事）や授業内容を把握しておくことが必要です。

3　LibraryNAVI とは，2002 年に，神奈川県学校図書館員研究会の研究活動から生まれた情報・メディアリテラシー教育のためのツール。2007 年には「LIBRARYNAVI」として商標登録された。「LibraryNAVI」のロゴを入れれば誰でも活用できる（http://librarynavi.seesaa.net/参照）。

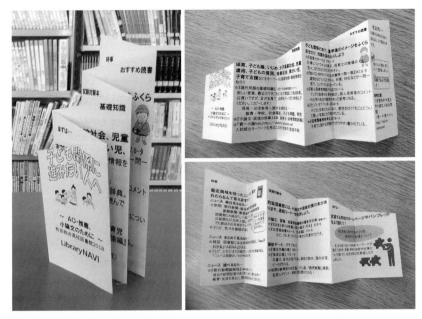

図 11-5　LibraryNAVI を活用した進路と図書館とのコラボレーション
「子ども関係に進みたい人へ」（東京都立小川高校　千田つばさ作成）

2.5　教職員への広報活動

　浦和一女では，教職員向けの広報を春と秋の年2回発行しています。データベースの利用方法など授業や教材研究に役立つ情報や，教職員向けの本紹介，書店情報，本の巡回展示のお知らせなどを掲載しています。また，図書館活動報告など，図書館利用についての様子を知ってもらうことも大切にしています（図11-6）。

3. 渉外活動：学校の外の人々・地域との連携

　第1章「5．学校図書館を支える人々」でも述べていますが，これからの学校図書館活動は，学校図書館を支える関係者（ステークホルダー）との連携が大切です。
　学校司書が学外の公共図書館や類縁機関とつながることで，児童生徒・教職員は，必要な情報をより多く手に入れることができます。また，学校司書や児童生徒が学外の機関とつながることによって，地域の読書環境によい影響をもたらすことも期待できます。学外の人に学校図書館の活動や目的を知ってもらうためにも，積極的に地域との連携を図っていきましょう。

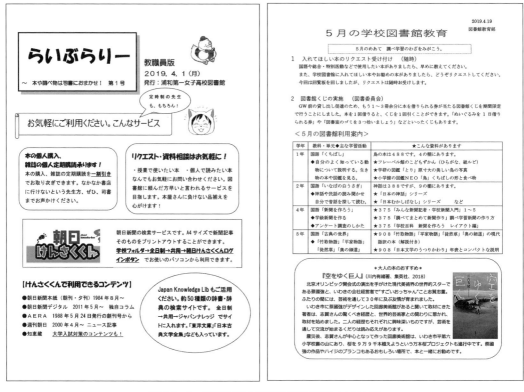

図 11-6　教職員向け学校図書館だよりの例
（左：埼玉県立浦和第一女子高校，　右：福島県川内村立川内小学校）

3.1　公共機関・書店との連携例

（1）地元の公共図書館との交換展示

　埼玉県立飯能高校図書館では，飯能市立図書館と連携した活動を積極的に行っています。飯能市立図書館のティーンズコーナーに，飯能高校図書館の本を生徒図書委員が書いたPOP と共に展示し，反対に市立図書館職員が選んだ市立図書館の本を POP と共に飯能高校図書館に展示し，それぞれ貸出可能とする交換展示を行っています[4]（図 11-7）。

（2）公民館で読み聞かせ

　毎年，岡山市立小中学校の学校司書が 4 月 23 日の「子ども読書の日」に，中学校区の高校，公民館職員，保護者，地域の人とともに，公民館を会場として「子ども読書フェスティバル」を開催しています。また，秋の読書週間の時期には，「おはなしとどけ隊」とし

4　川﨑彩子「飯能市立図書館 YA 向けサービス試行錯誤の記録：埼玉県立飯能高校図書館との連携を中心に」『図書館雑誌』112（5），2018.5，p.298-299.

図 11-7　交換展示の様子
（左：飯能市立図書館，右：埼玉県立飯能高校）

て，学校司書がチームを組んで岡山市内の老人ホームや市民病院，児童福祉施設，児童館などを訪問しています[5]。

（3）書店でのブックフェア・読み聞かせへの参加

　神奈川県立鶴見高校図書委員会では，地域の書店との連携を積極的に行っています。書店内に「鶴見高校図書委員推薦本コーナー」を設け，図書委員会広報班作成のPOP や，本の紹介等を載せた冊子「万華鏡」を展示しています[6]。また，書店が開催している「読み聞かせ」に生徒図書委員生徒が参加し，読み聞かせも行っています[7]（図 11-8）。

図 11-8　神奈川県立鶴見高校図書委員会と
書店の連携の様子

5　岡山市職員労働組合学校図書館白書3編集委員会編『ひろがるつながる学校図書館：学校図書館白書3：実践からみえる到達と課題』岡山市職員労働組合，2010.

6　「鶴高図書委員推薦本コーナーができました」2018.9.5（https://www.pen-kanagawa.ed.jp/tsurumi-h/seikatsu/toshokan.html）.

7　「北野書店で図書委員が読み聞かせをしました」2019.11.14（https://www.pen-kanagawa.ed.jp/tsurumi-h/seikatsu/toshokan.html）.

3.2 地域との連携例

（1）地域とつながり，生きた情報を提供する

　学校図書館が学校外部の人とつながることにより，児童生徒が地域社会で生きていくために必要な情報を得ることができます。

　神奈川県立田奈高校では，校内の図書館を在校生や卒業生の居場所づくりとして活用する「ぴっかりカフェ」という取り組みを行っています。〈学校図書館の使命は，子どもたちに，自分が生涯にわたって学ぶ権利があることを知らせ，学び方の多様な方法に気付かせることである〉という理念のもと[8]，コーヒーやジュースを無料で飲みながら，くつろいだカフェのような雰囲気の中で生徒と先生が気軽に利用できる居場所として，また，若者を支援する専門家と大学生のボランティアがスタッフとなり，何気ない会話や生徒の悩みを聞いてくれる相談窓口として機能することを目的にスタートしました。

　この活動にはサロンとしての機能があり，生徒たちは普段先生たちにはなかなか相談できないことも，年齢の近い大学生ボランティアや市民ボランティアの方たちに相談しています。この「ぴっかりカフェ」は，「NPO 法人パノラマ」[9] が「バイターン」（有給職業体験）プロジェクトの一環として行っています（図 11-9）。

（2）本を通して地域とつながる・地域の読書を振興する

　全国の学校司書のいる高校図書館で，地域と協力して読書の振興を図る連携が生まれています。各地の事例をいくつか紹介します。

◆埼玉県の高校図書館司書が選んだイチオシ本

　埼玉県では，2000 年から司書の採用試験が中断され，12 年の間，採用試験が実施されない期間が続きました。この現状を打破するため，県民のみなさんに学校司書の必要性と，「人」のいる高校図書館の楽しさを知ってもらいたい

図 11-9　ぴっかりカフェでの地域の人たちとの交流の様子
（神奈川県立田奈高校）

8　松田ユリ子『学校図書館はカラフルな学びの場』ぺりかん社，2018, p.167.
9　「NPO 法人パノラマ」とは，社会フレーム（枠組み）では収まりきれずに，社会的弱者となるリスクの高い子どもや若者たちなど，すべての人々がパノラマ写真のようにフレーム・インできる社会で，活きいきと暮らせる社会を創るために活動している NPO。

と，2011 年 2 月に「埼玉県高校図書館フェスティバル」を開催しました。2013 年に採用試験が再開したのでこのイベント自体は中断していますが，その企画の一つとして始めた「埼玉県の高校司書が選んだイチオシ本」はその後も継続して，毎年発表を行っています。2019 年で 10 年目を迎えました。

　イチオシ本は，埼玉県の公立高校の司書と私立高校の専任司書教諭が投票して，前年度の 11 月から次年度の 10 月までに出版された本からベスト 10 を選んでいる読書ランキングです。毎年，2 月に発表をし，発表の翌日から県内の公立図書館，書店で「埼玉県の高校図書館司書が選んだイチオシ本フェア」が開催されています。10 周年となった 2019 年度は，118 名より 182 タイトルの応募がありました。大賞に選ばれたのは，『ぼくはイエローで，ホワイトでちょっとブルー』（ブレイディみかこ著，新潮社）でした。2019 年のフェアには県内の 50 書店，82 図書館が協力しています。

　この企画を主催している埼玉県高校図書館フェスティバル実行委員会は，書店・作家・出版社を巻き込み長年活動を続けてきた功績が評価され，「Library of the Year 2019 ライブラリアンシップ賞」を受賞しました。

◆**神奈川学校図書館員大賞（神奈川 KO 本大賞）**　　神奈川県では 2008 年から，「かながわ・おもしろ・本」「Knock・Out された本」「これは・おさえておきたい・本」として，神奈川県学校図書館員研究会会員が，この 1 年間に自分で読んで「おもしろい！生徒にもすすめたい！」と思った本を選んでいます。13 回目となる 2019 年度の第 1 位は，『ぼくはイエローで，ホワイトでちょっとブルー』でした。

◆**京都・We Love Books 中高生におすすめする司書のイチオシ本**　　京都府私立学校図書館協議会・司書部会では，「We Love Books 中高生におすすめする司書のイチオシ本」を開催しています。2019 年のイチオシ本は，2018 年 11 月から 2019 年 10 月末までに刊行された書籍を対象に，京都府私立学校図書館協議会加盟校（40 校）の学校図書館の司書・教員が投票を行い，ベスト 10 を選出しました。2019 年の第 1 位は，『ぼくはイエローで，ホワイトでちょっとブルー』でした。2020 年 1 月より，京都府内の書店 16 店舗で同時にフェアも展開されました。

◆**岡山・でーれーBOOKS**　　でーれーBOOKS は，岡山の高校司書によるおすすめ本コンテストです。「図書館には多様なジャンルの本があることを知ってもらいたい！」という願いから，小説以外のおすすめ本を選考対象としています。「でーれー」とは岡山弁で，「ものすごい」という意味。岡山県高等学校図書館ネットワーク研究委員会が主催し，2013 年度に第 1 回を実施，2019 年度で 7 回目となります。2019 年度の第 1 位は，『キリン解剖記』（郡司芽久，ナツメ社）で，岡山県立図書館や岡山市立図書館，書店などでフェアが行われました。

　以上のようなコンテスト形式の取り組みの他にも，さまざまな形で学校の外へ読書の振興を図る活動が広がっています。ここでは最近の取り組みを1つ紹介します。

◆東京・学校図書館スタンプラリー　　東京都では学校の夏休みを利用して，中学・高等学校図書館を学校外部の人に公開するイベントとして，東京・学校図書館スタンプラリー実行委員会が主催し，2012年から「学校図書館スタンプラリー」が開催されています。スタンプラリーは，学校の夏休み期間を利用し，東京都内の中学・高校図書館を学校外部の人に公開するイベントです。

　「図書館を見ると学校がわかる！？」というキャッチコピーのもと，中学・高校の受験を考えている小中学生と保護者に対し，学校での教育活動全般を支援している学校図書館を見学・体験することで，進路先への理解を深めると同時に，学校図書館の魅力を知ってもらうことを意図しています。2019年のスタンプラリーは，国公私立の高等学校・中学校・中等教育学校35校が参加し，期間中に1,283名の参加者がありました。

　スタンプラリー参加校が協同し毎年，読書案内小冊子を作成。2017年には，『学校図書館の司書が選ぶ小中高生におすすめの本300』（東京学校図書館スタンプラリー編著，ぺりかん社）が発行されました。

まとめ

　紙面のレイアウトや字体を工夫し読みやすい広報紙を作ることはとても大切ですが，いちばん大切なことはそこに載せる情報です。たとえば，本の紹介を載せるにしても，学校司書が自分でその本を読み，この本をぜひ児童生徒に読んでほしいと自分の言葉で書いた本の紹介と，インターネットからコピー＆ペーストしてきた紹介では，伝わり方が違います。

　情報を入手し，提供したいと考えたら，どんな形でどんなタイミングで提供することが児童生徒にとって有益なのかをしっかりと考え，情報提供していきましょう。

　また，学校図書館が情報ステーションとしての機能を発揮するためには，学校外の人々と積極的に情報交換し，連携していくことも大切です。多くの学校司書は一人職種として校内で勤務していますが，学校司書同士がつながり，読書推進をする活動が各地で広がっています。公共図書館や類縁機関，書店などとつながって情報を発信することで児童生徒の学びの場を深めていくことができます。

　利用者にとって必要な情報を的確に入手し発信するためには，学校司書自身が好奇心と広い視野から正確な情報をつかみ，内容を精査して提供することが大切です。学校図書館に来る利用者を待つのではなく，上手に広報を活用し，人を呼び込む活動を展開していきましょう。（木下通子）

第12章　学校図書館サービスと著作権

　🔲学校司書の仕事の多くは，学校図書館にある図書や雑誌やインターネット上の情報などを使って行われています。そして，これは「著作物」に当てはまることが多いため，学校司書には，著作物の利用をめぐる権利の範囲を定めた「著作権法」の専門家としての理解が求められます。
　🔲本章では，学校図書館のさまざまな活動と著作権法との関わりを具体的な事例とともに説明します。法律にもとづいて学校図書館サービスを正しく行えるように，著作権法の基礎知識を学んでいきましょう。
　🔲著作権とは，広い意味では，実演家や放送事業者などの権利である「著作隣接権」も含みますが，本章では学校図書館の活動に関わりが深い，狭義の著作権について整理してみます。

1. 著作権と著作権法のしくみ

1.1「著作物」と「著作者」

　著作権法を理解するためには，まずはその保護対象となる「著作物」と，それを創作した者である「著作者」という用語の意味を正しくとらえることが大切です。
　「著作物」とは，世の中にあるすべての表現物・記録物を指しているわけではなく，著作権法第2条第1項第1号によって，次の4つの要件を全て満たすものと定義されています。
　①思想または感情が表現されたものであること（内容の要件）
　②創作的に表現されたものであること（創作性の要件）
　③外部へ表現されたものであること（表現性の要件）
　④文芸，学術，美術および音楽の範囲に属するものであること（種類の要件）
　例えば，思想・感情の表現ではない客観的なデータそのもの（人名，人口，標高，気温など），周知の歴史的事実に関する記述，絵画などの複製写真，まだ表現されていないアイデアや構想，事実の伝達に過ぎない雑報についても著作物ではないことになります。また，著作権法では，「著作物として保護しないもの」も第13条で定めており，立法・司法・行政関係の文書がそれにあたるため，「法令」「国や自治体の告示・訓令・通達など」「裁判所の判決・決定・命令・審判など」は著作物として保護されません。
　著作権法では，「著作物」を創作した人物や団体を「著作者」と呼んでいます。小説で言えばその作者であり，音楽CDに収録されている楽曲の場合は作詞や作曲者，編曲者となります。絵本であれば文を書いた人とイラストを描いた人，翻訳書であれば作者と訳者，

というように，著作者が複数いる場合もあります。また，著作権法では，著作権を持つ人物や団体として，「著作権者」の存在も認められています。著作者と著作権者は通常は同じ人物となりますが，著作者から権利の一部（いわゆる“財産権”または“著作財産権”）を相続・購入した人物・団体が含まれることがあるのです。

1.2 著作権の種類：著作者人格権と財産権

著作権法では，著作者等の権利を，「精神的な面」と「経済的な面」の２つの側面から保護するために，図 12-1 のように，２つのグループに分けてその種類を区分しています。

なお，財産権については，著作物の利用形態の変化に伴って，新たな権利が生まれるこ

著作権	著作者人格権	著作者が精神的に傷つけられないよう保護する権利のグループ ※原則として，売買や死後の相続はできない権利	①公表権（第18条）：著作物を公表するか，しないかを決める権利
			②氏名表示権（第19条）：著作物を公表する際，著作者名を表示するかどうか，表示する場合は実名か変名かを決める権利
			③同一性保持権（第20条）：著作物の題名や内容を無断で変更されない権利
	いわゆる財産権（著作財産権）	著作者が経済的に損をしないようにする権利のグループ ※売買・相続ができる権利 ※右に挙げた権利は学校図書館に関わりが深いもの	①複製権（第21条）：著作物を有形的に再製する権利
			②上演権・演奏権（第22条）：公に上演，演奏する権利
			③公衆送信権（第23条１項）：テレビ・ラジオ・インターネット等で公に著作物を送信する権利
			④口述権（第24条）：著作物を読み上げるなどして公に伝達する権利
			⑤貸与権（第26条）：著作物の複製物を貸与により公衆に提供する権利
			⑥翻訳権・翻案権（第27条）・二次的著作物に関する権利（第28条）：翻訳，編曲，脚色，映画化によって二次的著作物を著作者以外が創作することを禁止する権利

図 12-1　著作権の種類と内容

ともあるため，その改正動向にも充分に目配りするようにしましょう。

1.3 著作権法の目的：権利の専有と制限・保護期間

　「著作権」とは著作者の権利なのですから，当然，著作権法の目的は，著作者の権利を守ること，と考える人が多いのではないでしょうか。しかし，著作権法第 1 条をよく読んでみると次のような構造になっていることが分かります（筆者下線等）。

第 1 条　この法律は，著作物並びに実演，レコード，放送及び有線放送に関し著作者の権利及びこれに隣接する権利を定め，①これらの文化的所産の公正な利用に留意しつつ，②著作者等の権利の保護を図り，もつて 文化の発展に寄与することを目的とする。　　２つの手段を組み合わせて　　　目的を実現する

　著作権法第 1 条には，その目的について次のようなこと書かれています。
- 著作権法の目的は「文化の発展に寄与すること」である。
- 「権利の保護を図」ることは，目的ではなく，その目的を達成する手段である。
- 文化の発展に寄与する手段には，「権利の保護を図」ることだけでなく，「文化的所産の公正な利用に留意」することも含まれる（手段は 1 つではなく 2 つある）。

　著作権法の解説書等に出てくる専門用語を使って説明すると，「権利の保護を図（る）」ことは「権利の専有」，「公正な利用に留意（すること）」は「著作権の制限」ととらえることもできます。第 1 条では，文化の発展に寄与するという目的を実現するために，著作者等による権利の専有を認める一方で，著作者等に権利が集中しすぎることは文化の発展に寄与する上でかえって不都合な場合もあることを考慮して，その権利を一定の条件の下で制限するということが定められているのです。

　この点をよりわかりやすく説明するために，この「専有」と「制限」の関係性を「複製権」を例にして説明してみましょう。

　複製権は，著作権法第 21 条で著作者・著作権者が専有すると定められています。一方，第 30 条から 47 条の 2 では，一定の条件下において複製権が制限されることも定められています。例えば，「私的使用のための複製」（第 30 条）では，家庭内でその著作物の複製物を使用する目的であれば著作者等に許諾を得ずに著作物を複製することができることになっています。具体的には，テレビ番組を録画して，家族で，または個人で楽しむような場合には，複製権はもともと制限されていますので，著作者にいちいち許諾を取らなくて

もよいことになっているのです。もしこうし
た制限が設けられていなければ，視聴者は録
画のたびに番組製作者へ許諾を申請をしなけ
ればならず，好きなテレビ番組を繰り返し見
て，感性や創作意欲を高めていくような，新
たな文化を生み出す土台が失われてしまうか
もしれません。文化の発展のためには，著作
権は専有されるだけでなく，制限される必要
があるのです。

　ここで，著作権の制限と同じような機能を
持つルールをもう 1 つ紹介しておきましょう。

表 12-1　著作権の保護期間

区分	保護期間
個人の場合	著作者の死後 70 年　（無名・変名[1] の場合は公表後 70 年）
共著の場合	最後に死亡した著作者の死後 70 年
団体の場合	公表後 70 年
映画の場合	個人や団体を問わず，公表後 70 年

著作権法第 51 条には，「権利の消滅」というルールが設けられています。著作権の保護期
間は，著作物の創作によって開始し，著作者の死後は相続人がその権利（財産権）を引き
継ぎ，保護期間を過ぎると，自由に利用することが原則としてできるようになっているの
です。保護期間は，著作物の種類や制作方法によって表 12-1 のように細かく定められて
います。

　著作権（財産権）の保護期間の計算方法は，個人著作物の場合は死亡，団体の著作物の
場合は公表した年の「翌年の 1 月 1 日」からの起算となっています。なお，2018 年 12 月
31 日までは映画を除く著作物の保護期間は 50 年でしたが，2018 年 12 月 30 日に改正著
作権法が施行され，保護期間は一律で 70 年となりました。改正前に著作権が切れた著作
物には適用されませんので，1967 年没の著作者の著作権はすでに消滅していますが，
1968 年没の著作者の著作権は 2038 年 12 月 31 日まで保護されることになりました。

2. 学校図書館サービスと著作権法との関わり

2.1 考える手順

　ここでは，よく寄せられる質問を取り上げながら，著作権法と学校図書館の活動，特に
サービス面に注目して，その関わりをより具体的に説明します。

　学校図書館において，著作物を利用して何らかの活動を行う場合，その活動に著作権法
上の問題がないかどうかを検討するためには，次のステップで考えていくとよいでしょう。

1　無名とは，著作者名が表示されていないこと。変名とは，実名（本名や正式名）やペンネームや略称以外の
　　名前や団体名のことで，一般に広く周知されていないもの。

- STEP①　利用しようとしている表現物・記録物は保護対象となるか？（著作物か？）
  - →保護対象ではない場合は自由利用が可能（著作物の要件を満たさないもの）
- STEP②　保護期間は過ぎていないか？
  - →保護期間が過ぎていれば自由利用可能
- STEP③　著作物の利用行為は，著作権法上，どのような行為に該当するか？
  - →該当しない（＝著作権が働かない）場合は自由利用可能
- STEP④　著作権法上，その行為を制限する規定はあるか？（※著作権法施行令や著作権法施行規則にも留意）
  - →制限規定がある場合はその範囲で利用可能
  - →制限規定がない・または制限規定を逸脱する場合は権利者の許諾が必要
  - （自由利用を認める表示がある場合を除く）

　STEP④の最後に出てくる，権利者（著作者・著作権者）からの許諾を得る方法としては，利用したい著作物のタイトル，著者名，利用目的，利用形態，対象人数，会場，入場料の有無，期間等を記載した文書を作成し，出版社のウェブサイトからメールやファックス等で送付するのが一般的です。日本書籍出版協会が著作物の利用に関する申請書をネット上で公開していますので，この文書を活用してもよいでしょう。

2.2　ケーススタディ：図書館だより・授業内でのコピー・DVDの貸出

　以上の手順を理解するために，学校図書館での著作権法の運用方法を3つのケースを手がかりに考えてみましょう。

> ケース①：　「図書館だより」の新着図書案内として，インターネットからダウンロードした本の表紙画像を掲載することに問題はないでしょうか？　また，その「図書館だより」をホームページに載せることは著作権法上可能でしょうか？

　まず，「STEP①利用しようとしている表現物・記録物は保護対象となるか？」について考えてみましょう。本の表紙の多くは，イラストや写真，デザイン文字などが使われているため，著作物の条件を満たすことが多いと思われます。表紙が著作物に該当する場合は，「STEP②保護期間は過ぎていないか？」を確認します。ただし，ケース①では「新着図書案内」のための掲示を想定していますので，その表紙をつくったデザイナーさんが死亡して70年経過することはまずないと考えた方がよいでしょう。

　「STEP③著作物の利用行為は，著作権法上，どのような行為に該当するか？」については，著作権法の第18条から28条までを確認していきます。本の表紙を「図書館だより」

に掲載することは「複製」（第 21 条），インターネット上にアップロードすることは「公衆送信」（第 23 条）となり，いずれも著作権法上に定められた行為となりますので，次の「STEP④著作権法上，その行為を制限する規定はないか？」に進まなくてはいけません。各権利の制限規定については，第 30 条以降をみていきます。

　著作権法では，第 21 条で複製権，第 23 条で公衆送信権という権利を著作者に専有させる一方で，第 30 条以降でその制限規定を設けています。著作権法の解釈は，法改正の影響やガイドラインの策定によって，時期ごとに変わることがありますが，新着図書案内のための本の表紙の複製については，現在は著作権法第 47 条の 2 を運用するという解釈が一般的になってきています（下線筆者）。

　　　第 47 条の 2　　　美術の著作物又は写真の著作物の原作品又は<u>複製物の所有者</u>その他のこれらの譲渡又は貸与の権原を有する者が，第 26 条の 2 第 1 項又は第 26 条の 3 に規定する権利を害することなく，その原作品又は複製物を譲渡し，<u>又は貸与しようとする場合</u>には，当該権原を有する者又はその委託を受けた者は，その申出の用に供するため，これらの著作物について，複製又は公衆送信（中略）を行うことができる。

　この条文は，美術や写真などの著作物の複製（コピー）に関するルールを定めたものです。学校図書館が所有する資料には，その表紙に，絵画やイラスト，写真などが使われることが多いのですが，そうした表紙そのものは，著作者が最初に創り出した原画などの「原作品」ではなく，それをもとに「本」などの形で発行された「複製物」となります。とすると，条文にある（資料の）「複製物の所有者」は「学校図書館」と読むこともできます。学校図書館が「図書館だより」に新着図書を紹介するのは，通常，貸出することが含まれると思われますので，条文中の「貸与しようとする場合」に該当し，貸与（貸出）する権利を持っているのも所有者である学校図書館ということになります。さらに，図書館だよりへの本の表紙の紹介は，利用者が潜在的にもっているその本の貸与の「申出の用に供する」行為に該当することになります。したがって，学校図書館が所蔵している本の貸出を広く呼びかける場合については，図書館だよりへの表紙の「複製」と，ホームページでの表紙の「公衆送信」をしてもよい，という解釈が導かれることになるのです。ただし，もともとこの条文は「貸与＝貸出」を行う場合についての制限規定となりますので，貸出の対象にならない「禁帯出」扱いの本などの表紙を掲載することは制限規定を超える恐れがあることには注意が必要です。

　この条文は学校図書館にとってたいへん便利な条文ですが，気を付けたい点があります。厳しく解釈すると，「複製物の所有者＝学校図書館」が「複製，または公衆送信」を「行う

ことができる」と書いてあるため，学校司書自身が自分でその本の表紙を複製しないといけないということになります。よって，オンライン書店の画像をそのままコピーして使うことは制限規定を超えるという解釈もあります。

　また，著作権法には下位法規として，「著作権法施行規則」というルールが作られており，第4条の2，第1項に次のようなことが書かれています（一部抜粋）。

著作権法施行規則　第4条の2
　1　図画として法第47条の2に規定する複製を行う場合にあつては，当該複製により作成される複製物に係る著作物の表示の大きさが50平方センチメートル以下であること。
　2　デジタル方式により法第47条の2に規定する複製を行う場合にあつては，当該複製により複製される著作物に係る影像を構成する画素数が32400以下であること。

　この条文から分かるように，表紙画像を「図書館だより」の紙面に掲載する場合には，50平方センチメートル以下であるという大きさの定めがあります。おおよそ，横5センチ，縦10センチが上限となるため，精度の高い画像は掲載してはならない，というルールが別に定められているのです（ネット公開する場合は画素数の上限も定められています）。

　以上の2点を考えると，オンライン書店の書影画像をそのままコピーして使うのではなく，学校図書館で購入した本の表紙をスキャンするか，新着図書を並べて上から写真を撮って，小さなサイズで掲載するという方法を採ることが安全と言えるでしょう。

> ケース②：　学校図書館にコピー機を置いて，子どもたちに所蔵する資料をコピーさせてもよいのでしょうか？（公共図書館と同じようにコピーサービスはできるのでしょうか？）

　学校図書館が所蔵する資料の多くは，STEP①著作権法の保護対象であり，STEP②保護期間は過ぎていないと思われますので，ここでも，「STEP③著作物の利用行為は，著作権法上，どのような行為に該当するか？」を考えていく必要があります。

　ケース1と同様，「コピー」という行為は，著作権法上は，第21条に定められた「複製」という行為に該当します。したがって，「STEP④　著作権法上，その行為を制限する規定はあるか？」について，第30条以降をみていくことになります。

　著作権法第31条には「図書館等における複製等」という制限規定がありますが，これは公共図書館や大学図書館，国立国会図書館などに適用されるもので，学校図書館には適用されません。学校図書館でのコピーに関わる条文は第35条です。

　第 35 条　学校その他の教育機関（営利を目的として設置されているものを除く。）に
おいて教育を担任する者及び授業を受ける者は，その授業の過程における利用に供す
ることを目的とする場合には，その必要と認められる限度において，公表された著作
物を複製し，若しくは公衆送信（自動公衆送信の場合にあつては，送信可能化を含む。
以下この条において同じ。）を行い，又は公表された著作物であつて公衆送信される
ものを受信装置を用いて公に伝達することができる。ただし，当該著作物の種類及び
用途並びに当該複製の部数及び当該複製，公衆送信又は伝達の態様に照らし著作権者
の利益を不当に害することとなる場合は，この限りでない。

　第 35 条には，学校の中で著作物をコピーするための条件が定められています。ここで
いう「学校」には学校図書館も含まれますので，図書館の資料をコピーする際にもこの条
件を厳守する必要があります。重要な部分を紹介すると次のようになります。

- 「授業の過程」での使用であること：各教科や総合学習の他，カリキュラムの年間計画
に含まれるものであれば学校行事や委員会活動，クラブ活動も含まれる。
- 複製の対象が公表された著作物であること：公に提供・提示されていることがその要
件となるため，未公表の著作物はコピーできない。例えば，児童生徒が授業で書いて
教員に提出した作文，公開の範囲が限定されている手紙・メールなどはコピーできない。
- 教員または児童生徒が複製すること：本来は学習者自身が複製をしなければならない
が，「手足理論」という考え方により，学校司書が教員・児童生徒の依頼を受けてコピ
ーすることは認められている。
- 必要と認められる限度内であること：授業を受けている児童生徒の数よりも多くコピ
ーすることはできない。
- 著作権者の利益を不当に害しないこと：個人で購入してもらうことを想定して安価に
作られている学習ドリルや検定テキストなどを 1 冊だけ買って，授業で配布するよう
な行為は認められない。必要最低限の範囲で複製することが求められる。

　このように，学校図書館内にコピー機を置いて資料をコピーするサービスについては，
授業での利用を目的として，教員・児童生徒，または彼らから依頼を受けた学校司書が，
著作者の権利を侵害しない範囲でコピーするならば，著作権法上の問題は生じることはあ
りません。例えば，学校図書館の図鑑や事典の一部をコピーしてポスターに貼り付ける
といった調べ学習が行われることがありますが，これらの行為は上記の条件を満たしてい
るため，著作権法上，特に問題はないということになります。
　ところで，この第 35 条には，公共図書館等でのコピーについて定めた第 31 条にあるよ
うな「本は（1 冊で 1 つの著作物となっているものは）1 冊の半分まで，雑誌や新聞の最

新号は1つの記事の半分まで」といった分量に関するルールははっきりとは書かれていません。とすると，授業を目的とするのであれば，学校図書館の本1冊丸ごとコピーしてもよいように思いますが，2020年に公表された第35条関係のガイドラインでは，授業目的での複製物の利用であっても，「原則として著作物の小部分の利用」でなければならないと明記されている点には注意が必要です。例えば，図書館の本を1冊丸ごとコピーして授業で児童生徒に配布するような利用法は「小部分」ではなく「全部の利用」となり，原則として認められないという解釈になっています。ただし，このルールだけでは授業に支障が生じることから，新聞記事や写真・絵画・短歌を部分的に切り取ってコピーするような，「小部分の利用が著作者人格権（同一性保持権）の侵害にあたる場合など」については「全部の利用が認められる場合もある」という解釈も示されています。詳しいルールはガイドラインを参照してください[2]。

　第35条は，授業での利用を想定したルールになっていますので，授業とは無関係なコピーは，学校図書館が管理するコピー機では認められていません。例えば，生徒が好きなタレントが掲載された雑誌の写真をコピーしたいと言ってきた場合には，たとえその範囲がごく一部であったとしても，学校内ではコピーができないことになります。

　このことについては，同じ図書館であるのに第31条が適用されるのは公共図書館や大学図書館だけであり，学校図書館は適用されない，という点に違和感を持つ人もいるかもしれません。その理由は，第31条にある「調査研究の用に供するため」という条文に学校図書館が当てはまらないため，という説明がなされることがありますが，学校図書館も公共図書館や大学図書館と同様に利用者が調べ，学ぶ機関であることに変わりはありません。現在の著作権法では第35条の下で，授業に関連する調べもののためのコピーは可能ですので，学校図書館でのコピーがここに位置づけられているのは良い点もあるのですが，授業とは関わりがない個人的な関心に基づくコピーは調査研究目的であっても，教員であれ児童生徒であれ，学校図書館内ではできないことになっており，充分な図書館サービスができる状態ではありません。学校図書館もまた日常的に調べものをするための調査研究機関と積極的に位置づけ，法律の改正を求めていく必要があります。

> **ケース③：**　学校図書館では，市販のDVDソフトは貸出できないと聞いたことがあるのですが，本や雑誌についているおまけのDVDなども貸出できないのでしょうか？

　貸出サービスの対象となる資料の多くは，STEP①著作権法の保護対象であり，STEP

---

2 「改正著作権法第35条運用指針（令和2（2020）年度版）」（https://forum.sartras.or.jp/wp-content/uploads/unyoshishin2020.pdf）.

②著作権の保護期間は過ぎていないと思われますので，ここでも，貸出という利用行為が，「STEP③著作権法上，どのような行為に該当するか？」を考える必要があります。

　著作物を第三者に貸し出す（レンタルする）行為は，著作権法第 26 条の 3 に定められた「貸与権」において，著作者の専有が認められています。そして，著作権法では，この貸与行為についても，STEP④の制限規定が第 38 条第 4 項において定められています。

　　第 38 条 4　公表された著作物（映画の著作物を除く。）は，営利を目的とせず，かつ，その複製物の貸与を受ける者から料金を受けない場合には，その複製物（映画の著作物において複製されている著作物にあつては，当該映画の著作物の複製物を除く。）の貸与により公衆に提供することができる。

　この条文に定められているとおり，①貸出をするものが公表された著作物であること，②営利を目的としないこと，③利用者からの料金をもらわないこと，といった条件を満たす場合であれば，著作者の許諾なしに図書館が貸出を行うことは可能です。ただし，この制限規定は DVD ソフトのような映画の著作物には適用されません。なぜなら，映画の著作物については，別に頒布権という権利が第 26 条に定められており，この頒布権には制限規定が事実上存在しないため，原則として著作者の許諾がなければ貸出はできないことになっているからです。さらにこの第 26 条では，映画の著作物の出版形態は問われていませんので，映画のパッケージソフト以外に，本や雑誌の付録 DVD もこの条文が適用されることになります。したがって，これらの貸出サービスを行うためには，商品自体に図書館での貸出を許可していると明記されているもの以外は，補償金が上乗せされた貸出許可済みのソフトを購入するか，これらに当てはまらない場合は，権利者に許諾を得る必要があります。

　さて，図書館での DVD ソフト等の貸出については以上のような解釈が一般的ですが，学校図書館についてはまた別の解釈もありますので，最後に補足しておきます。学校図書館は公共図書館のように独立した建物ではなく，学校の中の一部と捉えることもできます。その映像ソフトの保管場所は確かに学校図書館ですが，学校という建物の中での DVD ソフトが，学校図書館から教室や職員室へ行ったり来たりするだけであれば，それを著作権法上の「貸与」とみなさなくてもよい，とする考え方も成り立つでしょう。上述のように，著作権法では学校での授業目的での著作物の利用をかなり許容している特徴があり（第35 条），このことを踏まえて考えると，授業目的で使うために学校図書館から教員等がDVD ソフトを持ち出すことについてもある程度許容されていると解釈できるでしょう。ただし，学外への貸出や授業以外の目的で貸し出す場合はこの範囲には含まれないと考え

られますので，第26条のルールを守るようにするべきでしょう。

2.3 その他のサービスにみる著作物の利用

　多様な機能をもつ学校図書館では，さまざまな場面で著作物を利用しています。著作権法との関わりもまた上記のケースのほかにもたくさんありますが，すべてを解説することは難しいため，表12-2にまとめて簡潔に解説します。なお，これらのサービスで利用するものは，STEP①著作物であり，STEP②保護期間は過ぎていないものとします。

　この表の中に出てくる，引用のルールは，第7～9章で取り上げた授業での図書館利用に大きくかかわっています。探究学習・調べ学習では著作物である資料の中の文章や図を活用して，レポートをまとめたり，ポスターを作ったりする活動が営まれます。その際，引用のルールを逸脱して著作権侵害が起こらないよう，授業時間の一部を活用してレクチャーを行うことも，著作権法の専門家である学校司書の大切な役割です。

3. 図書館利用に障害を抱える児童生徒への対応

　第10章でも取り上げたように，学校図書館でのさまざまな活動のなかでは，図書館利用に障害（困難）を抱える子どもたちに対して特別な配慮が求められます。著作物の利用においても同様であり，例えば，図書館の本の文字が読みづらいという困難を抱えている児童生徒には，拡大コピーや音読（対面朗読）などの特別な配慮が必要となることもあるでしょう。

　著作権法上，拡大も，コピーも，録音も全て「複製」行為に該当し，著作者が専有する権利となります。したがって，第30条以降の制限規定に当てはまるかどうか，という確認が必要になりますが，図書館利用における障害（困難）は，身体障害（肢体障害・内部障害），精神障害，知的障害，学習障害，発達障害，性同一性障害など，人それぞれである上に，学校図書館の場合は，個人利用，授業での利用と，著作物を利用する場面もさまざまですので，どの条文を適用するのか，ということがややこしくなってしまいます。こうした問題をクリアにするために知っておきたい条文が，次に挙げる著作権法第37条です（一部抜粋，下線筆者）。

　　第37条　（視覚障害者等のための複製等）
　　3　視覚障害その他の視覚により視覚による表現の認識が困難な者の福祉に関する事業を行う者で政令で定めるものは，公表された著作物であつて，視覚によりその表現が認識される方式（視覚及び他の知覚により認識される方式を含む。）により公衆に

提供され，又は提示されているものについて，専ら視覚障害者等で当該方式によつて
は当該視覚著作物を利用することが困難な者の用に供するために必要と認められる限
度において，当該視覚著作物に係る文字を音声にすることその他当該視覚障害者等が
利用するために必要な方式により，複製し，又は公衆送信を行うことができる。ただ

表12-2　学校図書館サービスでの著作物の利用形態と著作権法の関係

ケース	専有規定	制限規定	守るべき条件	注意点
読み聞かせ	第24条（口述権）	第38条第1項	①公表された著作物であること，②営利を目的としないこと，③聴衆等から料金を受けないこと，④読み手に報酬を支払わないこと	・報酬は実費以外とされるため，読み手への交通費の支払いは可能。弁当支給も可能。 ・著作物の内容を変更すると，第20条の同一性保持権の侵害になるという指摘もあるため，絵本等の拡大上映等は控えた方がよいという解釈もある。
※ペープサート，パネルシアターなどの読書活動と著作権の関わりについては「児童書四者懇談会」が作成する手引き（「お話会・読み聞かせ団体等による著作物の利用について」2017年改訂，http://www.jbpa.or.jp/guideline/readto.html）も参考になる。				
引用	第21条（複製権）	第32条	①引用される著作物が公表された著作物であること，②引用する側が「著作物」として認められるものであること，③引用する著作物と引用されている著作物を明瞭に区別して認識することができること，④引用している著作物が「主」，引用されている著作物が「従」の関係にあること，⑤引用する必然性があること，⑥出典を明示すること	・著作権法では「複製」の概念を「有形的に再製する」こととしているため，資料から文章を抜き出す行為も複製となる。 ・引用される側が引用する側の分量を超えてしまうと④の条件は満たさない（出典を明記しても，大部分が他人の著作物からの転載の場合は引用とは認められない）。
閲覧新聞記事のスクラップ	—	—	（紙媒体の著作物を，手を加えずにそのまま見せたり，ファイリングすることには著作権法が及ばない）	・展示物を作成する際に，不要になった本のカバージャケット等を切り抜くことも同様の解釈となるが，異なる作者のイラストをコラージュしたり，背景の絵からキャラクターを切り抜いたりする行為は第20条・同一性保持権の侵害とする解釈もある。
※現物をそのままスクラップした場合は法律上の問題はないが，コピーしたものをスクラップすることは複製を伴うため，授業中の利用以外を想定している場合は第35条の制限規定を逸脱するため許諾が必要。				

し，当該聴覚著作物について，著作権者又はその許諾を得た者若しくは第七十九条の出版権の設定を受けた者若しくはその複製許諾若しくは公衆送信許諾を得た者により，当該聴覚障害者等が利用するために必要な方式による公衆への提供又は提示が行われている場合は，この限りでない。

　この条文は 2009 年，2018 年に改正されており，それまでの内容から大きく変更されています。日本図書館協会は，この法改正の趣旨を伝えるために，2010 年に「図書館の障害者サービスにおける著作権法第 37 条第 3 項に基づく著作物の複製等に関するガイドライン」を公表し，2019 年 11 月に改訂しています。このガイドラインによると，条文にある「視覚障害者等」とは，視覚障害者はもちろん，聴覚障害，身体障害，知的障害，発達障害，学習障害等を持つあらゆる人々が含まれているとされ，いわゆる「障害者手帳」の有無とは無関係であるとされています。また，一時的に図書館資料（厳密には，視覚によりその表現が認識される著作物）を利用できない人も含まれるため，目にものもらいができた人，顔面にマヒが生じた人など，視覚著作物の利用に困難がある人はすべてこの条文の対象となり得ます。条文にあるとおり，本や雑誌，映像資料などの視覚著作物については「必要な方式」に変更することが認められるため，音訳や拡大，データのメール送信，オンラインでの朗読，内容を分かりやすくダイジェストすることもできるとされています。

　障害をもつ利用者への対応は，2016 年 4 月以降，「障害者差別解消法」の施行に伴い，公立学校の図書館では「不当な差別的扱いの禁止」と「合理的配慮の提供」がいずれも法的義務として課されるようになりました。私立学校もまた学校教育という性質上は公的な機関と位置づけられますので，義務として捉えて努力することが求められます。著作権法第 37 条は，2019 年に施行された，情報入手に困難のある人の読書を保障することを目指す「読書バリアフリー法」を支えるものにもなっています。図書館利用に障害（困難）を抱える利用者への対応を検討するうえで，著作権法第 37 条とそのガイドラインを正しく解釈し，運用するように務めましょう。

まとめ

　最初に述べたように，学校司書には「著作権法の専門家」としての役割が期待されています。その役割は，本章で取り上げてきた学校図書館内での活動において発揮されることはもちろんですが，学校図書館の「外」でもぜひ発揮してほしいと思います。

　学校では，授業や学校行事などで著作物が利用されることが多々あります。例えば，教育課程には含まれない同好会的な活動において楽譜がコピーされたり，演奏や演劇の様子が SNS で公開されたりするなど，著作物が著作権法の範囲を超えて利用されるケースが

散見されます。児童生徒が書いた作文や絵画を教員が「よかれ」と思って，若干手を加えてコンクール等に出品する，ということもあるかもしれませんが，著作物とはその創作者の精神性が現れたものですから，同一性保持権を守る上でも，無断で手を加えることは決して許されません。

　教員が作る学習プリントの「余白」にネットからコピーした有名なアニメのキャラクターを掲載する行為は第35条を逸脱することになりますが，「授業のためなら何をしても大丈夫」と思い込んでいる教員もいるようです。学校のなかでそうした行為が繰り返されれば，児童生徒たちの著作権保護意識は低調なまま止まり，日常生活のなかでも同じような行為を繰り返して，トラブルに巻き込まれる可能性があります。

　学校司書は校内でも数少ない著作権法の専門家として，問題が起こらないように事前に注意喚起を行ったり，または，問題が起こった場合に適切なアドバイスを与えることもその大切な役割となります。（山口真也）

●コラム：著作権法の専門家としての学校司書の役割・専門性ってなんだろう？

　みなさんは公共図書館でコピーサービスをお願いした際に，「これはコピーできません，何故なら著作権法でこういう風に決まっているからです」という説明を受けたことはないでしょうか？　私は時々あります。私のようにおとなしい人間であれば，「あぁ　そうですか」と言って引き下がりますが，時々，コピーサービスの受付カウンターで怒っている方を見かけたり，「そこを何とかするのが司書じゃないんですか？」という怒鳴り声を聞いたりしたこともあります。

　こうした利用者を「クレーマー」として片づけるのは簡単ですが，著作権法の専門家としては，ただ「できません」で終わるのではなく，「できる方法」がないかを考えることも大事なのではないかと思います。

　例えば，公共図書館の場合，本に掲載された小説や論文は，本1冊の半分に達していなくても，各小説，各論文が1つの著作物となるため，最大半分のページしかコピーを利用者に渡すことができません。しかし，雑誌の最新号以外であれば，掲載された小説や論文を丸ごとコピーして渡すことが可能です。念のため，その小説や論文が本になる前に雑誌に掲載されていたかどうかを調べて，うまく掲載されていたならそれをコピーして渡すという方法もあるでしょう。

　学校図書館のサービスでも同様です。本書では，基本的な著作権法の運用方法として，5つのステップを示して，制限規定を逸脱する場合は著作者等の権利者の許諾が必要であるとしましたが，著作権法を知り尽くした学校司書だからこその代替案・解決策も見つかるかもしれません。なぜ学校司書は著作権法を理解しないといけないのか。それは，利用者によいサービスを提供するため，と言えます。利用者の立場になって，著作権法を運用する知恵を身に付けることも学校司書の専門性と言えるでしょう。

付録 パスファインダー

1. パスファインダーとは

パスファインダーは，図書館が提供する情報探索のガイドです。特定の主題に関して資料探索・資料収集の際の道案内になるよう一定の形式で作成されます。

設定される主題は，トピックと呼ばれます[1]。内容は，付録図-1のようにキーワードや，NDC，多様な情報源が記載されます。これにより，「調べる際に役に立つ検索語や索引語にはどのようなものがあるか」「どこから始めたらよいか」「どのような情報源があるか」「それらの情報源はどうすれば入手できるか」といったことがわかります。情報源は，図書だけでなく，雑誌，新聞，AV資料，デジタル資料，インターネット情報など多様なメディアが対象です。掲載される情報源は，自館が提供できるものが中心ですが，他館の案内や類縁機関なども紹介されます。

- 導入のことば（トピックのねらい，視点）
- キーワード（検索語，件名，索引語となるもの）
- 入門的な資料の紹介
- 分類記号（NDC）
- 多様な情報源（図書，逐次刊行物，視聴覚資料，デジタル資料，インターネット情報源，他館案内，類縁機関・人的ネットワーク）の紹介，入手方法

付録図-1 パスファインダーに盛り込まれる内容

今日では，インターネット上で多くのパスファインダーを閲覧できるようになりました[2]。たいていは，公共図書館や大学図書館のものです。学校図書館でもパスファインダーは作

---

1 国立国会図書館がパスファインダーリンク集を作成する際に設けた収集基準では，トピックは，〈特定の，適当な範囲（NDC分類第二次区分以下程度）の主題（トピック）を扱っていること〉としている。なおその他の収集基準として，〈扱うツール・情報源に限定を設けていないこと〉〈特定主題に関する解説・調べ方手順のガイド・各資料の解題などが施され，ストーリー性をもった資料・情報源一覧であること（解題や解説を伴わない資料一覧・検索により自動生成される解題付文献リスト，サブジェクトゲートウェイ等は除外する）〉をパスファインダーとして扱うとしている。国立国会図書館「パスファインダーリンク集 収集基準」(https://rnavi.ndl.go.jp/research_guide/entry/pubpath.php#standard).
2 国立国会図書館の「公共図書館パスファインダーリンク集」は，都道府県立図書館，政令指定都市を対象にして収集している。大学図書館のウェブサイトでも多数公開されている。小規模自治体の公共図書館では，児童向けや地域のトピックに限定して公開している館もある。

成されています。しかし，学校図書館の場合は紙媒体が多いため，人目につきにくいのです。

2. パスファインダーの意義

　新しい学習指導要領では，「主体的・対話的で深い学び」の実現が求められています。今後は，児童生徒が自ら課題を見つけて，資料を収集し，閲覧し，他者との対話や交流を通して考えを深め，学んだことを発表する，といういわゆる探究型の学習が増えてくることと思われます。レポートや課題に取り組んだりすることも今まで以上に行われるでしょう。これからますます情報基盤としての図書館が重要になってきます。

　パスファインダーは，そのような探索活動に役に立つものとして用意されます。とはいえパスファインダーは，探索活動全体をサポートするものではありません[3]。探究のプロセスでは，まずテーマを定めますが，その次の段階として，対象となる事柄に関する資料にはどのようなものがあるか，それらの資料を入手するにはどうしたらよいかを探索します。その際，パスファインダーがナビゲーションの役割を果たすものとして用意されるのです。

　パスファインダーは，探索者が対象の分野に明るくなくても，調べものそのものに慣れていなくても，自力で情報資源を探索できるように配慮されて作成されます。したがって，初学者に役に立つのです。また調べものに慣れていない児童生徒は，実際に利用することによって，他の事柄を調べる際にも同じ方法をとればよいことに気づくことができるでしょう。そのようにして情報探索の必要な手順を自然に身につけることが期待されています。同時に図書館が情報検索の入口になるということも理解することでしょう。

　パスファインダーは，自力で情報探索ができることを目的にしていますが，それは学校司書が直接的なレファレンスをしないということではありません。むしろ，図書館では，パスファインダーの提供と同時に，折あるごとにレファレンスの援助も受けられることを伝え，積極的にレファレンスを行うべきです。しかし，パスファインダーがあれば，大勢の児童生徒が一度にレファレンスに殺到することが減り，混雑が緩和されるでしょう。レファレンスの質も変わってくるかもしれません。

　さらにパスファインダーが各館ごとのオリジナルな仕様であることにも意味があります。情報量が多い現代社会では，図書館の提供する固有の案内が重宝されます。教科書や参考書に掲載されている一般的な内容ではなく，実際に使っている図書館の実情をふまえたもの，資料の有無や設備の不備の事情も含めた現状を反映したもの，というところに意義が

3　Big 6 をはじめとして探究学習の型が各種提案されているが，課題設定→資料収集→まとめ→発表の筋はどの型も共通している。パスファインダーは，このうちの資料収集にかかわる箇所をサポートする。

あるのです。また，既製品とは違うので，館からのメッセージとしても受けとめられます。

3. 学校図書館でパスファインダーを活かすために

　パスファインダーを作成している公共図書館や大学図書館は，一定数のトピックを揃えて，インターネット上で公開したり，印刷したリーフレットをパンフレット架に並べたりしています。利用の多いトピックのパスファインダーをこのように用意しておけば，調べたい人が自由に使うことができます。学校図書館の場合も同様にパスファインダーを準備しておくとよいでしょう。しかし，学校司書は一人で業務を担当することが多く，一定数のパスファインダーを用意するのは負担が大きいと思われます。学校図書館では，個々の授業支援の際に作成することによって，パスファインダーを充実させていくとよいでしょう。

　授業支援のパスファインダーを作成するときは，担当の授業者と打ち合わせをします。ねらいを理解し，それに沿ったものを作成します。授業を受ける児童生徒の理解度なども加味します。そのため，シンキングツールや，ブックリスト，用語解説を加えた方がよいこともあります。その場合，パスファインダーの形式にとらわれる必要はありません。形式から大きくはずれるときは，「パスファインダー」という名称を使わないようにすればよいのです。

　パスファインダーの作成は，なかなか骨の折れるものです。作成したパスファインダーは，学校司書同士で共有して，使用する際には各館でカスタマイズするようにすれば，負担が軽くなります。いわゆるパスファインダーバンクの構築です[4]。現在，長野県図書館協会が学校図書館向けのパスファインダーバンク構築を志向しています。データ数はまだ多くありませんが，今後に期待したいところです。また，パスファインダーについての解説が同協会のホームページ上に掲載されていますので参考になります[5]（篠原由美子）。

4　大学図書館のパスファインダーバンクは，ウェブ上で閲覧できる。ただし，2008 年 4 月以降更新されていない。私立大学図書館協会東地区部会研究企画広報研究分科会「パスファインダーバンク」（https://www.jaspul.org/pre/e-kenkyu/kikaku/pfb/pfb_frameset.htm）.

5　長野県図書館協会「学校図書館・しらべ方案内（探求ナビ）：授業に役立つパスファインダー」（https://www.nagano-la.com/gakkou/pathfinder-annai.htm）.

もっと学びたい人のための参考資料

◉学校図書館

- アメリカ公教育ネットワーク，アメリカ・スクール・ライブラリアン協会，足立正治・中村百合子監訳『インフォメーション・パワーが教育を変える！：学校図書館の再生から始まる学校改革』高陵社書店，2003.
- 塩見昇『日本学校図書館史』全国学校図書館協議会，1986.
- 塩見昇編著『教育を変える学校図書館』風間書房，2006.
- 塩見昇『学校図書館の教育力を活かす：学校を変える可能性』日本図書館協会，2016.
- バーバラ・A・シュルツ＝ジョーンズ，ダイアン・オバーグ編著，大平睦美・二村健編訳『IFLA 学校図書館ガイドラインとグローバル化する学校図書館』学文社，2016.
- 堀川照代編著『「学校図書館ガイドライン」活用ハンドブック 解説編』悠光堂，2018.
- 松田ユリ子『学校図書館はカラフルな学びの場』ぺりかん社，2018.

◉学校司書

- 学校図書館問題研究会編『学校司書って，こんな仕事：学びと出会いをひろげる学校図書館』かもがわ出版，2014.
- 金沢みどり編著『学校司書の役割と活動：学校図書館の活性化の視点から』学文社，2017.
- 木下通子『読みたい心に火をつけろ！：学校図書館大活用術』岩波書店，2017.
- 塩見昇・木下みゆき編著『新編 図書館員への招待』教育史料出版会，2020.
- 高橋恵美子『学校司書という仕事』青弓社，2017.

◉利用者サービス

- 学校図書館スタートガイド編集委員会編著『学校司書・司書教諭・図書館担当者のための学校図書館スタートガイド：サンカクくんと問題解決！』少年写真新聞社，2015.
- 秋田倫子『学校図書館のアイデア＆テクニック：来館待ってます！ 手軽にトライ』少年写真新聞社，2017.
- 少年写真新聞社編『発信する学校図書館ディスプレイ：使われる図書館の実践事例集』少年写真新聞社，2015.
- 「こどもが変わる 学校が変わる 図書館づくり」（http://www.hirayumodel.com/）.
- 「SLiiiC Official Website」（http://www.sliiic.org/）.
- 高橋佑磨，片山なつ『伝わるデザインの基本：よい資料を作るためのレイアウトのルール（増補改訂版）』技術評論社，2016.
- 学校図書館問題研究会兵庫支部「どこをおさえる？レファレンスのツボ」『がくと』32，2016，p.65-69.
- 埜納タオ『夜明けの図書館』1-6，双葉社，2011-2019. ※刊行中

◉授業支援・探究学習

- 赤木かん子『調べ学習の基礎の基礎：だれでもできる赤木かん子の魔法の図書館学（改訂版）』ポプラ社，2011.
- 小笠原喜康，片岡則夫『中高生からの論文入門』講談社，2019.
- 桑田てるみ編『学生のレポート・論文作成トレーニング：スキルを学ぶ 21 のワーク（改訂版）』実教出版，2015.
- 桑田てるみ『思考を深める探究学習：アクティブ・ラーニングの視点で活用する学校図書館』全国学校図書館協議会，2016.

- 後藤芳文ほか『学びの技：14歳からの探究・論文・プレゼンテーション』玉川大学出版部，2014.
- 東京学芸大学　学校図書館運営専門委員会「先生のための授業に役立つ学校図書館活用データベース」（http://www.u-gakugei.ac.jp/~schoolib/htdocs/index.php?page_id=0）.
- 東京都立高等学校学校司書会ラーニングスキルガイドプロジェクトチーム編著『探究に役立つ！学校司書と学ぶレポート・論文作成ガイド』ぺりかん社，2019.
- 日本図書館協会図書館利用教育委員会図書館利用教育ハンドブック学校図書館（高等学校）版作業部会編著『問いをつくるスパイラル：考えることから探究学習をはじめよう！』日本図書館協会，2011.

⊙インクルーシブ教育

- 東京学芸大学特別支援科学講座 編集，高橋智ほか編著『インクルージョン時代の障害：理解と生涯発達支援』日本文化科学社，2007.
- 野口武悟編著『一人ひとりの読書を支える学校図書館：特別支援教育から見えてくるニーズとサポート』読書工房，2010.
- 野口武悟，成松一郎『多様性と出会う学校図書館：一人ひとりの自立を支える合理的配慮へのアプローチ』読書工房，2015.
- ヨンチャン漫画，竹村優作原作『リエゾン：こどものこころ診療所』1-3，講談社，2020.　※刊行中

⊙著作権

- 南亮一「知っておきたい著作権：学校や社会教育の現場で働くために」『Musa：博物館学芸員課程年報』26，2012.3，p.21-43.
- 「改正著作権法第35条運用指針（令和2（2020）年度版）」（https://forum.sartras.or.jp/wp-content/uploads/unyoshishin2020.pdf）.
- 「著作権情報センター・学校教育と著作権」（http://www.cric.or.jp/qa/cs01/）.
- 「特集　学校図書館にかかわる著作権」『学校図書館』811，2018.5，p.15-31.
- 「図書館の障害者サービスにおける著作権法第37条第3項に基づく著作物の複製等に関するガイドライン」（https://www.jla.or.jp/portals/0/html/20100218.html）.
- 「文化庁・著作権なるほど質問箱」（http://www.bunka.go.jp/chosakuken/naruhodo/）.

⊙図書館の理念・「図書館の自由」

- ランガナタン，竹内悊解説『図書館の歩む道：ランガナタン博士の五法則に学ぶ』日本図書館協会，2010.
- 日本図書館協会図書館員の問題調査研究委員会編『「図書館員の倫理綱領」解説（増補版）』日本図書館協会，2002.
- 日本図書館協会図書館の自由委員会編『「図書館の自由に関する宣言1979年改訂」解説（第2版）』日本図書館協会，2004.
- 日本図書館協会図書館の自由に関する調査委員会編『収集方針と図書館の自由』日本図書館協会，1989.
- 日本図書館協会図書館の自由に関する調査委員会編『子どもの権利と読む自由』日本図書館協会，1994.
- シャーリー・グレン，渋谷弘子訳『「走る図書館」が生まれた日：ミス・ティットコムとアメリカで最初の移動図書館車』評論社，2019.
- モーリーン・サワ文，宮木陽子・小谷正子訳『本と図書館の歴史：ラクダの移動図書館から電子書籍まで』西村書店，2010.
- マーガレット・ワイルド文，アーサー・ビナード訳『この本をかくして』岩崎書店，2017.

◉読書

- 大阪国際児童文学振興財団編『子どもの本100問100答：司書，読書ボランティアにも役立つ』創元社，2013.
- 大阪国際児童文学振興財団編『ひとりでよめたよ！　幼年文学おすすめブックガイド200』評論社，2019.
- 金原瑞人，ひこ・田中監修『今すぐ読みたい！　10代のためのYAブックガイド150！』1-2，ポプラ社，2015-2017.

◉パスファインダー

- 石狩管内高等学校図書館司書業務担当者研究会『パスファインダーを作ろう：情報を探す道しるべ』全国学校図書館協議会，2005.
- 鹿島みづき『パスファインダー作成法：主題アクセスツールの理念と応用』樹村房，2016.
- 伊藤白，小澤弘太「国内におけるWeb上パスファインダーの現況調査」『情報の科学と技術』58（7），2008，p.361-366.

学校図書館法

（昭和 28 年法律第 185 号／改正　平成 27 年 6 月 24 日法律第 46 号）

[資料1]

（この法律の目的）

第1条　この法律は，学校図書館が，学校教育において欠くことのできない基礎的な設備であることにかんがみ，その健全な発達を図り，もつて学校教育を充実することを目的とする。

（定義）

第2条　この法律において「学校図書館」とは，小学校（義務教育学校の前期課程及び特別支援学校の小学部を含む。），中学校（義務教育学校の後期課程，中等教育学校の前期課程及び特別支援学校の中学部を含む。）及び高等学校（中等教育学校の後期課程及び特別支援学校の高等部を含む。）（以下「学校」という。）において，図書，視覚聴覚教育の資料その他学校教育に必要な資料（以下「図書館資料」という。）を収集し，整理し，及び保存し，これを児童又は生徒及び教員の利用に供することによつて，学校の教育課程の展開に寄与するとともに，児童又は生徒の健全な教養を育成することを目的として設けられる学校の設備をいう。

（設置義務）

第3条　学校には，学校図書館を設けなければならない。

（学校図書館の運営）

第4条　学校は，おおむね左の各号に掲げるような方法によつて，学校図書館を児童又は生徒及び教員の利用に供するものとする。

一　図書館資料を収集し，児童又は生徒及び教員の利用に供すること。

二　図書館資料の分類排列を適切にし，及びその目録を整備すること。

三　読書会，研究会，鑑賞会，映写会，資料展示会等を行うこと。

四　図書館資料の利用その他学校図書館の利用に関し，児童又は生徒に対し指導を行うこと。

五　他の学校の学校図書館，図書館，博物館，公民館等と緊密に連絡し，及び協力すること。

2　学校図書館は，その目的を達成するのに支障のない限度において，一般公衆に利用させることができる。

（司書教諭）

第5条　学校には，学校図書館の専門的職務を掌らせるため，司書教諭を置かなければならない。

2　前項の司書教諭は，主幹教諭（養護又は栄養の指導及び管理をつかさどる主幹教諭を除く。），指導教諭又は教諭（以下この項において「主幹教諭等」という。）をもつて充てる。この場合において，当該主幹教諭等は，司書教諭の講習を修了した者でなければならない。

3　前項に規定する司書教諭の講習は，大学その他の教育機関が文部科学大臣の委嘱を受けて行う。

4　前項に規定するものを除くほか，司書教諭の講習に関し，履修すべき科目及び単位その他必要な事項は，文部科学省令で定める。

（学校司書）

第6条　学校には，前条第1項の司書教諭のほか，学校図書館の運営の改善及び向上を図り，児童又は生徒及び教員による学校図書館の利用の一層の促進に資するため，専ら学校図書館の職務に従事する職員（次項において「学校司書」という。）を置くよう努めなければならない。

2　国及び地方公共団体は，学校司書の資質の向上を図るため，研修の実施その他の必要な措置を講ずるよう努めなければならない。

（設置者の任務）

第7条　学校の設置者は，この法律の目的が十分に達成されるようその設置する学校の学校図書館を整備し，及び充実を図ることに努めなければならない。

（国の任務）

第8条　国は，第6条第2項に規定するもののほか，学校図書館を整備し，及びその充実を図るため，次の各号に掲げる事項の実施に努めなければならない。

一　学校図書館の整備及び充実並びに司書教諭の養成に関する総合的計画を樹立すること。

二　学校図書館の設置及び運営に関し，専門的，技術的な指導及び勧告を与えること。

三　前二号に掲げるもののほか，学校図書館の整備及び充実のため必要と認められる措置を講ずること。

附則　抄

（施行期日）

1　この法律は，昭和29年4月1日から施行する。

（司書教諭の設置の特例）

2　学校には，平成15年3月31日までの間（政令で定める規模以下の学校にあつては，当分の間），第5条第1項の規定にかかわらず，司書教諭を置かないことができる。

附則（平成9年6月11日法律第76号）

この法律は，公布の日から施行する。

附則（平成26年6月27日法律第93号）

　（施行期日）

1　この法律は，平成27年4月1日から施行する。

　（検討）

2　国は，学校司書（この法律による改正後の学校図書館法（以下この項において「新法」という。）第6条第1項に規定する学校司書をいう。以下この項において同じ。）の職務の内容が専門的知識及び技能を必要とするものであることに鑑み，この法律の施行後速やかに，新法の施行の状況等を勘案し，学校司書としての資格の在り方，その養成の在り方等について検討を行い，その結果に基づいて必要な措置を講ずるものとする。

学校図書館法附則第二項の学校の規模を定める政令
（平成9年政令第189号）

　内閣は，学校図書館法（昭和28年法律第185号）附則第2項の規定に基づき，この政令を制定する。

　学校図書館法附則第2項の政令で定める規模以下の学校は，学級の数（通信制の課程を置く高等学校にあっては，学級の数と通信制の課程の生徒の数を300で除して得た数（1未満の端数を生じたときは，1に切り上げる。）とを合計した数）が11以下の学校とする。

　　附　則

　この政令は，公布の日から施行する。

ユネスコ学校図書館宣言
(1999.11.26　第 30 回ユネスコ総会において採択)

　学校図書館は，今日の情報や知識を基盤とする社会に相応しく生きていくために基本的な情報とアイデアを提供する。学校図書館は，児童生徒が責任ある市民として生活できるように，生涯学習の技能を育成し，また，想像力を培う。

学校図書館の使命

　学校図書館は，情報がどのような形態あるいは媒体であろうと，学校構成員全員が情報を批判的にとらえ，効果的に利用できるように学習のためのサービス，図書，情報資源を提供する。学校図書館は，ユネスコ公共図書館宣言と同様の趣旨に沿い，より広範な図書館・情報ネットワークと連携する。

　図書館職員は，小説からドキュメンタリーまで，印刷資料から電子資料まで，あるいはその場でも遠くからでも，幅広い範囲の図書やその他の情報源を利用することを支援する。資料は，教科書や教材，教育方法を補完し，より充実させる。

　図書館職員と教師が協力する場合に，児童生徒の識字，読書，学習，問題解決，情報およびコミュニケーション技術の各技能レベルが向上することが実証されている。

　学校図書館サービスは，年齢，人種，性別，宗教，国籍，言語，職業あるいは社会的身分にかかわらず，学校構成員全員に平等に提供されなければならない。通常の図書館サービスや資料の利用ができない人々に対しては，特別のサービスや資料が用意されなければならない。

　学校図書館のサービスや蔵書の利用は，国際連合世界人権宣言*に基づくものであり，いかなる種類の思想的，政治的，あるいは宗教的な検閲にも，また商業的な圧力にも屈してはならない。

財政，法令，ネットワーク

　学校図書館は，識字，教育，情報提供，経済，社会そして文化の発展についてのあらゆる長期政策にとって基本的なものである。地方，地域，国の行政機関の責任として，学校図書館は特定の法令あるいは施策によって維持されなければならない。学校図書館には，訓練された職員，資料，各種技術および設備のための経費が十分かつ継続的に調達されなければならない。それは無料でなければならない。

　学校図書館は，地方，地域および全国的な図書館・情報ネットワークを構成する重要な一員である。

　学校図書館が，例えば公共図書館のような他館種図書館と設備や資料等を共有する場合には，学校図書館独自の目的が認められ，主張されなければならない。

学校図書館の目標

　学校図書館は教育の過程にとって不可欠なものである。

　以下に述べることは，識字，情報リテラシー，指導，学習および文化の発展にとって基本的なことであり，学校図書館サービスの核となるものである。

- 学校の使命およびカリキュラムとして示された教育目標を支援し，かつ増進する。
- 子ども達に読書の習慣と楽しみ，学習の習慣と楽しみ，そして生涯を通じての図書館利用を促進させ，継続させるようにする。
- 知識，理解，想像，楽しみを得るために情報を利用し，かつ創造する体験の機会を提供する。
- 情報の形式，形態，媒体が，地域社会に適合したコミュニケーションの方法を含めどのようなものであっても，すべての児童生徒が情報の活用と評価の技能を学び，練習することを支援する。
- 地方，地域，全国，全世界からの情報入手と，さまざまなアイデア，経験，見解に接して学習する機会を提供

する。
- 文化的社会的な関心を喚起し，それらの感性を錬磨する活動を計画する。
- 学校の使命を達成するために，児童生徒，教師，管理者，および両親と協力する。
- 知的自由の理念を謳い，情報を入手できることが，民主主義を具現し，責任ある有能な市民となるためには不可欠である。
- 学校内全体および学校外においても，読書を奨励し，学校図書館の資源やサービスを増強する。

　以上の機能を果たすために，学校図書館は方針とサービスを樹立し，資料を選択・収集し，適切な情報源を利用するための設備と技術を整備し，教育的環境を整え，訓練された職員を配置する。

職員

　学校図書館員は，可能なかぎり十分な職員配置に支えられ，学校構成員全員と協力し，公共図書館その他と連携して，学校図書館の計画立案や経営に責任がある専門的資格をもつ職員である。

　学校図書館員の役割は，国の法的，財政的な条件の下での予算や，各学校のカリキュラム，教育方法によってさまざまである。状況は異なっても，学校図書館員が効果的な学校図書館サービスを展開するのに必要とされる共通の知識領域は，情報資源，図書館，情報管理，および情報教育である。

　増大するネットワーク環境において，教師と児童生徒の両者に対し，学校図書館員は多様な情報処理の技能を計画し指導ができる能力をもたなければならない。したがって，学校図書館員の専門的な継続教育と専門性の向上が必要とされる。

運営と管理

　効果的で責任のもてる運営を確実にするためには，
- 学校図書館サービスの方針は，各学校のカリキュラムに関連させて，その目標，重点，サービス内容が明らかになるように策定されなければならない。
- 学校図書館は専門的基準に準拠して組織され，維持されなければならない。
- サービスは学校構成員全員が利用でき，地域社会の条件に対応して運営されなければならない。
- 教師，学校管理者幹部，行政官，両親，他館種の図書館員，情報専門家，ならびに地域社会の諸団体との協力が促進されなければならない。

宣言の履行

　政府は教育に責任をもつ省庁を通じ，この宣言の諸原則を履行する政策，方針，計画を緊急に推進すべきである。図書館員と教師の養成および継続教育において，この宣言の周知を図る諸計画が立てられなければならない。

（出典：長倉美恵子・堀川照代共訳「ユネスコ学校図書館宣言」『図書館法規基準総覧（第2版）』日本図書館協会，2002，p.1683-1685.）

＊英文には「the United Nations Universal Declaration of Human Rights and Freedoms」と記されている。

図書館の自由に関する宣言

（1954年　全国図書館大会採択／1979年　日本図書館協会総会改訂）

[資料3]

図書館は，基本的人権のひとつとして知る自由をもつ国民に，資料と施設を提供することを，もっとも重要な任務とする。

1　日本国憲法は主権が国民に存するとの原理にもとづいており，この国民主権の原理を維持し発展させるためには，国民ひとりひとりが思想・意見を自由に発表し交換すること，すなわち表現の自由の保障が不可欠である。

　　知る自由は，表現の送り手に対して保障されるべき自由と表裏一体をなすものであり，知る自由の保障があってこそ表現の自由は成立する。

　　知る自由は，また，思想・良心の自由をはじめとして，いっさいの基本的人権と密接にかかわり，それらの保障を実現するための基礎的な要件である。それは，憲法が示すように，国民の不断の努力によって保持されなければならない。

2　すべての国民は，いつでもその必要とする資料を入手し利用する権利を有する。この権利を社会的に保障することは，すなわち知る自由を保障することである。図書館は，まさにこのことに責任を負う機関である。

3　図書館は，権力の介入または社会的圧力に左右されることなく，自らの責任にもとづき，図書館間の相互協力をふくむ図書館の総力をあげて，収集した資料と整備された施設を国民の利用に供するものである。

4　わが国においては，図書館が国民の知る自由を保障するのではなく，国民に対する「思想善導」の機関として，国民の知る自由を妨げる役割さえ果たした歴史的事実があることを忘れてはならない。図書館は，この反省の上に，国民の知る自由を守り，ひろげていく責任を果たすことが必要である。

5　すべての国民は，図書館利用に公平な権利をもっており，人種，信条，性別，年齢やそのおかれている条件等によっていかなる差別もあってはならない。

　　外国人にも，その権利は保障される。

6　ここに掲げる「図書館の自由」に関する原則は，国民の知る自由を保障するためであって，すべての図書館に基本的に妥当するものである。

この任務を果たすため，図書館は次のことを確認し実践する。

第1　図書館は資料収集の自由を有する。

1　図書館は，国民の知る自由を保障する機関として，国民のあらゆる資料要求にこたえなければならない。

2　図書館は，自らの責任において作成した収集方針にもとづき資料の選択および収集を行う。その際，

　(1)　多様な，対立する意見のある問題については，それぞれの観点に立つ資料を幅広く収集する。

　(2)　著者の思想的，宗教的，党派的立場にとらわれて，その著作を排除することはしない。

　(3)　図書館員の個人的な関心や好みによって選択をしない。

　(4)　個人・組織・団体からの圧力や干渉によって収集の自由を放棄したり，紛争をおそれて自己規制したりはしない。

　(5)　寄贈資料の受入れにあたっても同様である。

　　　図書館の収集した資料がどのような思想や主張をもっていようとも，それを図書館および図書館員が支持することを意味するものではない。

3　図書館は，成文化された収集方針を公開して，広く社会からの批判と協力を得るようにつとめる。

第2　図書館は資料提供の自由を有する。

1　国民の知る自由を保障するため，すべての図書館資料は，原則として国民の自由な利用に供されるべきである。

　　図書館は，正当な理由がないかぎり，ある種の資料を特別扱いしたり，資料の内容に手を加えたり，書架から撤去したり，廃棄したりはしない。

　　提供の自由は，次の場合にかぎって制限されることがある。これらの制限は，極力限定して適用し，時期を経て再検討されるべきものである。

　(1)　人権またはプライバシーを侵害するもの。

　(2)　わいせつ出版物であるとの判決が確定したもの。

　(3)　寄贈または寄託資料のうち，寄贈者または寄託者が公開を否とする非公刊資料。

2　図書館は，将来にわたる利用に備えるため，資料を保存する責任を負う。図書館の保存する資料は，一時的な社会的要請，個人・組織・団体からの圧力や干渉によって廃棄されることはない。

3　図書館の集会室等は，国民の自主的な学習や創造を援助するために，身近にいつでも利用できる豊富な資料が組織されている場にあるという特徴をもっている。

　　図書館は，集会室等の施設を，営利を目的とする場合を除いて，個人，団体を問わず公平な利用に供する。

4　図書館の企画する集会や行事等が，個人・組織・団体からの圧力や干渉によってゆがめられてはならない。

第3　図書館は利用者の秘密を守る。

1　読者が何を読むかはその人のプライバシーに属することであり，図書館は，利用者の読書事実を外部に漏らさない。ただし，憲法第35条にもとづく令状を確認した場合は例外とする。

2　図書館は，読書記録以外の図書館の利用事実に関しても，利用者のプライバシーを侵さない。

3　利用者の読書事実，利用事実は，図書館が業務上知り得た秘密であって，図書館活動に従事するすべての人びとは，この秘密を守らなければならない。

第4　図書館はすべての検閲に反対する。

1　検閲は，権力が国民の思想・言論の自由を抑圧する手段として常用してきたものであって，国民の知る自由を基盤とする民主主義とは相容れない。

　　検閲が，図書館における資料収集を事前に制約し，さらに，収集した資料の書架からの撤去，廃棄に及ぶことは，内外の苦渋にみちた歴史と経験により明らかである。

　　したがって，図書館はすべての検閲に反対する。

2　検閲と同様の結果をもたらすものとして，個人・組織・団体からの圧力や干渉がある。図書館は，これらの思想・言論の抑圧に対しても反対する。

3　それらの抑圧は，図書館における自己規制を生みやすい。しかし図書館は，そうした自己規制におちいることなく，国民の知る自由を守る。

図書館の自由が侵されるとき，われわれは団結して，あくまで自由を守る。

1　図書館の自由の状況は，一国の民主主義の進展をはかる重要な指標である。図書館の自由が侵されようとするとき，われわれ図書館にかかわるものは，その侵害を排除する行動を起こす。このためには，図書館の民主的な運営と図書館員の連帯の強化を欠かすことができない。

2　図書館の自由を守る行動は，自由と人権を守る国民のたたかいの一環である。われわれは，図書館の自由を守ることで共通の立場に立つ団体・機関・人びとと提携して，図書館の自由を守りぬく責任をもつ。

3　図書館の自由に対する国民の支持と協力は，国民が，図書館活動を通じて図書館の自由の尊さを体験している場合にのみ得られる。われわれは，図書館の自由を守る努力を不断に続けるものである。

4　図書館の自由を守る行動において，これにかかわった図書館員が不利益をうけることがあってはならない。これを未然に防止し，万一そのような事態が生じた場合にその救済につとめることは，日本図書館協会の重要な責務である。

（出典：「図書館の自由に関する宣言　1979年改訂」『図書館法規基準総覧（第2版）』日本図書館協会，2002, p.18-20.）

さくいん

［執筆者］

篠原由美子	松本大学 非常勤講師		第1・4章
鈴木 啓子	元兵庫県立西宮今津高等学校 学校司書，大阪教育大学・神戸女子大学・阪南大学 非常勤講師		第2章
山口 真也	沖縄国際大学総合文化学部 教授		第3・4・12章
田村 修	神奈川県立鶴見高等学校 学校司書，桜美林大学 非常勤講師		第4・5章
飯田 寿美	元小林聖心女子学院 専任司書教諭		第6章
松井 正英	長野県諏訪清陵高等学校・附属中学校 学校司書，松本大学 非常勤講師		第7章
内川 育子	元豊中市立小学校 司書，豊中市立岡町図書館 司書，桃山学院教育大学 非常勤講師		第8章
宮﨑健太郎	埼玉県立入間向陽高等学校 主任司書		第9章
松戸 宏予	佛教大学教育学部教育学科 教授		第10章
木下 通子	埼玉県立浦和第一女子高等学校 担当部長兼主任司書		第11章

学校司書のための学校図書館サービス論

2021年2月1日　初版第1刷発行
2022年2月25日　初版第2刷発行

検印廃止

編　者ⓒ　　学 校 図 書 館
　　　　　問 題 研 究 会
発 行 者　　大 塚 栄 一

発 行 所　　株式会社 樹 村 房
〒112-0002
東京都文京区小石川5丁目11番7号
電　話　東京03-3868-7321
FAX　東京03-6801-5202
https://www.jusonbo.co.jp/
振替口座　00190-3-93169

組版・印刷／美研プリンティング株式会社
製本／有限会社愛千製本所

ISBN978-4-88367-349-0
乱丁・落丁本はお取り替えいたします。
本書は沖縄国際大学の「研究成果刊行奨励費」の助成を受けている。